课／程／政／策／与／课／程／史／研／究／丛／书

顾问　钟启泉

主编　田正平

刘正伟

颠覆与重构：

现代学校德育课程变革

岳刚德　著

山东教育出版社

图书在版编目(CIP)数据

颠覆与重构:现代学校德育课程变革/岳刚德著.
—济南:山东教育出版社,2015
(课程政策与课程史研究丛书)
ISBN 978—7—5328—8817—7

Ⅰ.①颠… Ⅱ.①岳… Ⅲ.①学校教育—德育—课程
—教育史—中国—1900~1937 Ⅳ.①G41—092

中国版本图书馆 CIP 数据核字(2015)第 050365 号

颠覆与重构:现代学校德育课程变革

岳刚德 著

主 管:山东出版传媒股份有限公司
出版者:山东教育出版社
　　　　(济南市纬一路 321 号 邮编:250001)
电 话:(0531)82092664 传真:(0531)82092625
网 址:www.sjs.com.cn
发行者:山东教育出版社
印 刷:山东新华印务有限责任公司
版 次:2015 年 5 月第 1 版第 1 次印刷
规 格:787mm×1092mm 16 开本
印 张:16.5 印张
字 数:245 千字
书 号:ISBN 978—7—5328—8817—7
定 价:43.00 元

(如印装质量有问题,请与印刷厂联系调换)
印厂电话:0531—82079130

丛书编委会

顾　问　钟启泉　田正平
主　编　刘正伟
编　委　（以姓氏笔画为序）
　　　　王文智　刘正伟　刘　徽
　　　　岳刚德　屠莉娅　潘洪建

总　序

一

　　课程研究是一个充满活力、面向未来的研究领域,无论是课程概念的发展,还是课程理论体系的建构,抑或是课程的实践改革,课程领域的专业工作者对课程理论和实践的重审、批判与建构从来都没有停息过。他们深知,"若要在价值日渐多元的社会形势下担负起价值整合和理想重建的使命,就必须成为理性的行动者"①,而要成为理性的行动者,就需要将课程同儿童幸福、社会进步与人类文化的发展联系起来,不断地更新关于课程理论与实践的认识,构建一个开放而常新的领域。这就意味着,课程不可能是某种社会规定的固化结构、某种外在于学习者的存在,而必须根植于学习者所生存的社会情境,并作为历史的产物给学习者提供一种不断变化的、能够被理解和超越的现实。

　　从 16 世纪开始,以科技革命为先导的社会革新与发展就从未停息过,从蒸汽机到电力的广泛应用,再到新能源和信息技术的革新,人类社会经历了从前工业社会到工业社会再到后工业社会的变迁。科学技术的发展带来的不仅仅是生产方式与生产关系的变革,更带来了人类认知方式的变革。从传统社会中口耳相传、偶发式的学习,到现代工业社会中的集体授课、系统批量的学习,再到后工业社会中合作对话、注重参与和生成的学习,人类学习的方式不断演化,尤其是新媒介的发展,公共的、虚拟的、互动的信息传播与沟通方式的出现,促使"人的思维从实体思维进入关系思维"。人们开始关注事物之间的关系,"关心人的存在方式、存在状态及其相互关系,而不只

---

①　施良方:《课程理论——课程的基础、原理与问题》,教育科学出版社 2011 年版,第285 页。

是在普遍的理性抽象中去探寻某种永恒的、客观的本质或规律"①。这就意味着,学习不再是对封闭的实体文化的被动复制或适应,而是一个在共同关系中拥有、体验、分享和创造新文化的过程,学习者和教学者的身份与关系被重新塑造。因此,科学技术的革命通过改变人类生活方式与相互关系,间接地塑造着学校课程与教学的内涵。

社会分工的扩大化和精细化促使知识进一步分化,学科门类不断增加。一方面,在层出不穷的新领域和新知识面前,斯宾塞的"什么知识最有价值"、杜威的"什么经验最有价值"成为学校选择与组织课程时重要的价值依据;另一方面,有关教育和学习的研究也分化为专业性更强的领域,尤其是20世纪50年代以来脑科学、神经科学和心理学的发展,促使新的认知理论、智力理论和学习科学的研究向纵深发展,不仅加深了人类对自身的认识,也更新着教育理论与实践的科学依据,改变了教与学的理念与方式。与此同时,儿童研究成为专门的领域。人类社会从"没有儿童""儿童成人化"和"童年消逝"的时代,进入到"发现儿童"的时代。② 学校课程也告别了以知识为本位、以客体化了的学习对象为中心的时代,步入了真正关心和尊重学习者的时代。

迅速变更的社会现实也带动着文化的多维发展,从前现代文明关注系统内部的完整、稳定与内在平衡,到现代文明的注重理性、逻辑、科学与效率,以及后现代文明对丰富性、开放性、多元性、对话与体验的追求,都推动着课程形态与文化的更迭。从最初学会与自然相处,到如今需要学会与更为复杂的社会文化相融,再到构建与他人、与自然共生的关系,从关注传统的"3R"的读、写、算等基础能力,到"3C"的"关怀、关心、关联",③以及数字时代对视觉和信息素养、跨文化能力和全球意识的关注,学校课程被赋予了更多的职责。当下真正能够践诺并推进社会历史进程的人,是需要关心变化与革新、能够反思自我、不断学习与创造、敢于发现、敢于批判、乐于合作、勤

---

① 靳玉乐、罗生全:《课程论研究三十年:成就、问题与展望》,载《课程·教材·教法》2009年第1期。

② 〔美〕尼尔·波兹曼:《童年的消逝》,吴燕莛译,广西师范大学出版社2012年版,第161、301页。

③ 钟启泉:《开发新时代的课程——关于我国课程改革政策与策略的若干思考》,载《全球教育展望》2001年第1期。

于实践,同时具有道德感、审美情趣、社会责任感与使命感的自主的人,要体现这种社会价值观念的转型无疑需要新的课程体系的支撑。

因此,作为社会变革敏锐的感应器,在不断变迁的社会现实中,课程研究必须与时俱进,不仅要直接地反映特定社会阶段人才培养的现实要求与具体条件,更要不断地建构社会发展的理想形态与未来价值。从这个意义上说,课程研究的领域自新具有重要的意义。

首先,作为一个独立的学科研究领域,课程研究同其他学科领域一样,都是"以特定的学术知识作为通向社会的通道",进而理解并建构其结构与关系。从最早的运用知觉经验和哲学思辨方法来认识课程问题,到实证分析的范式、实践探究范式,以及人文理解的范式和社会批判的范式,课程探究在方法论上的突破不断地打破思维界限和理论疆域,促使我们能够运用不同的信念、理论和方法,提出不同的课程问题,以特定的方式进行审视和解读。因此,从学科发展的内在规律来看,课程研究这个领域自身的理论疆域和研究方法处在不断演进之中。其次,课程研究还是一个现实的社会领域,它不仅关注当下人才培养的问题,也关心如何为未来培养社会公民的问题,需要在不断变迁的社会现实中做出"为什么教""为什么学"的价值判断,将社会现实与人的发展相互关联。因此,从社会演进的现实来看,课程研究总是要对现有社会的价值选择进行反思,重新塑造能够引领社会发展的课程观念与体系。最后,课程研究更是一个具体的实践场域,正因为我们都有学校,都需要教学,也因此会去思考"学什么""怎么学""如何评价"等基本的课程问题。课程研究总是同现实的学校教育相关联的,课程问题也是在实践中不断生成和创造的,是一个动态变更的实践领域。因此,课程研究是一个需要不断发展的领域,它需要我们关注课程领域的过去、现状以及可能的未来。

二

课程研究作为独立的学科领域真正进入研究视域始于 20 世纪初,并在博比特等人倡导的"课程科学化运动"中得到发展壮大。从那时起,课程的理论和实践就经历着研究视域和向度的不断拓展。首先,在实践领域,从 20 世纪 50 年代开始,发端于英美、波及全球的"新课程运动"带来了课程领域的系统变革。无论是 20 世纪 50 年代末到 60 年代末以"教育内容现代化"为主旨的课程改革运动,还是60年代末至70年代人本主义的课程改革运动,抑或是80年代以后新学科主义课程改革运动,以及世纪之交关于人的全面发展的国际课程变革,都推动着课程实践不断从"数量上的渐进的改革"(incremental reform)向"重建运动"(restructuring)乃至"系统变革"或"整体变革"(system-wide changes)发展,促使我们对课程的思考从传统的结构性、功能性和局部性理解发展到从一个系统或者一种文化的角度去思考课程变革的整体意义。其次,在理论建构层面,以西方发达国家为代表的课程研究在经历了科学化的课程开发阶段、课程概念重建阶段以后,开始进入课程研究的国际化和学科化发展的阶段。在这个过程中,课程研究也从传统的强调课程体系的规范组织、目标达成与效率控制的科学实证主义的取向发展到多元主义和多学科研究的阶段,从功能实证主义的理论假设转向解释性、批判性、激进人文主义的理论范型。应该说,从课程开发、课程实践走向课程理解与课程批判的学科建构路径,代表了课程研究取向的多样化,也拓展了课程研究的空间与方法,促使课程研究从"指令性、规定性、程序性的科学语言"走向"诗性语言"和"社会语言",更为关注描述性、阐释性、情境性和体验性的课程理解,探索从政治的、种族的、性别的、现象学的、审美的、神学的、人文的、存在的、制度的、社会学的等多元的视角进行课程问题与现象的诠释与反思,同时关心课程的政治与社会属性,"将课程理论化同课程的社会基础结合起来"①。

正是伴随着课程实践的丰富和理论的多元发展,以及课程研究同社会现实的紧密相关,课程研究正日益成为一个重要的学术领域。特别是当课程研究已经进入到一个高度自由、创造性发展、多元化发展和多学科整合的阶段时,继续关注这个领域的持续创新和突破,保持课程研究内在的科学性、批判性、连贯性和清晰度,成为新时期课程研究确立其合法化地位、回应课程领域中理论和实践危机的重要课题。也就是说,在课程研究极大丰富和疆域不断拓展的过程中,如何在课程研究异彩纷呈的局面背后寻找课程研究未来发展的内核,赋予课程研究以新的内涵与方向,变得至关重要,其中有几个重要的向度是值得我们关注的。

---

① 〔美〕艾伦·C.奥恩斯坦、费朗西斯·P.汉金斯:《课程:基础、原理和问题》,柯森主译,江苏教育出版社2002年版,第146页。

一是联结课程研究中的历史视角与现实观照。学科领域的建构与发展必然是建立在对该领域的一些基本事实的共识之上,如果丢弃了一个领域的历史,那么任何多元化的发展都是缺乏根基的,是将现实与历史相分割的散漫的研究。因此,无论在国内还是国外,当下的课程研究特别注重对课程学术史和实践史的追溯,在强调课程问题的当下情境的同时,注重将课程现实与过去建立联系,希望通过了解过去来获得对现在的更好理解。要把课程研究"当作是一个回归性的过程,确立对过去的不间断的关注"①,把课程体系的建构看作是一个连续关联的过程,把课程研究的过去和现在视为共同的基础。

二是关注课程研究的本土建构与国际对话。任何的课程研究都置身于具体的文化、政治与社会现实之中,并不存在某种抽离社会历史情境和具体关系的课程研究。随着课程理论与实践在具体情境中的扎根与发展,那些一开始以吸收与借鉴发达国家课程研究体系为主要模式的国家与地区,也开始发出在国际课程领域中摆脱依附性的研究身份和确立本土化学科体系的诉求。从本土传统与现实出发,结合课程实践的需要,确立原生性的课程理论体系,积累独特的课程实践经验,以此打破同一性的课程话语体系,在国际课程研究中确立自己的身份。一方面,课程研究的本土建构是进行平等的国际课程对话和交流的基础,只有认识了自身课程研究的特质与价值,才能在课程的专业对话中立足本土、彰显个性;另一方面,凭借课程研究的本土品性的发展,才能真正促成多元的思维体系、价值取向与实践经验的相互碰撞与融合,在相互比较与激励中实现对本土课程研究的批判与反思,更好地理解所在国家和地区课程研究的过去、现在和未来,也同时尊重他国的课程历史、现实与价值。

三是注重课程研究中的多学科的会通与整合。课程研究发展到今天,对课程的探究与理解已经不可能仅仅依托某种单一的模式或方法,而是进入了"需要具有多样的概念和理论的工具箱,寻求一元化和复杂化之间的多元化发展"②的阶段,综合不同的哲学基础、理论范型、方法体系和学科依据,

---

① William F. Pinar. *Intellectual Advancement through Disciplinarity：Verticality and Horizontality in Curriculum Studies.* Sense Publisher, 2007,13—14.

② S. J. Ball. *Politics and Policy Making in Education：Explorations in Policy Sociology.* London：Routledge,1990,43.

发展出课程的多元化认识,突破研究的思维定势与习惯,为课程研究提供新的洞察力与深刻性。一方面,课程研究不断超越传统的哲学、心理学、社会学的学科视角,从更广泛的政治学、文化学、语言学、人类学、艺术等多学科和跨学科的维度出发研究课程问题,一些研究甚至"做到同时运用几个不同的理论视角"①;另一方面,在研究范式的选择和方法的应用上,课程研究也主张确立开放的边界,寻求"应然与实然的谋和",整合"实证分析""实践探索""人文理解"和"社会批判"等不同的研究取向。应该说,课程研究的多学科和跨学科的特性,已经成为课程领域学科建构过程中的重要特征。正如比彻姆等人所说的那样,人类行为领域中优秀的理论不管它怎样坚定地扎根于一门学科之中,它必然是跨学科的。② 也正是在这个意义上,课程研究是一个开放的领域,依据这个领域发展的自然规律、学科传统和具体处境,不断拓展新的研究空间和方法,而不是人为地限制研究的潜在可能。这种开放的学科建构的框架,已经成为课程研究综合化发展的一种重要趋势,将课程研究引入到更为细致和深刻的层次。

四是强调课程研究与实践的联结。马克思说,"哲学家只是用各种方式解释世界,而问题是要改造世界"。课程研究同课程实践具有天然的联系。一方面,课程研究是建立在课程现实与实践的基础之上对课程内在规律的探索;另一方面,课程研究又是以解决现实的课程问题、引领课程实践发展为使命的。课程研究的实践观照及其对实践的规范,一直是课程研究发展中的重要课题。在当下,课程研究同实践的关联尤为密切,主要表现为以下几个方面。其一,以课程改革为焦点的课程研究大量出现。世界范围内的课程改革浪潮,掀起了对课程体系的系统反思和整体变革,也推动了同改革相关的课程研究的发展,为优化改革实践、探索改革规律提供了重要的理论依据。其二,为了弥补课程政策研究缺位、课程政策运作缺少有效引导的不足,开始加强课程政策的基础性研究,以提升对政策运作的预见、调整与修正的能力,使课程政策成为联结课程理论与课程实践的有效媒介。其三,强调课程活动的社会建构性,关注课程在"广义的政治、经济、社会和文化过程

---

① 〔美〕保罗·A.萨巴蒂尔:《政策过程理论》,彭宗超等译,生活·读书·新知三联书店2004年版,第3页。

② 〔美〕乔治·A.比彻姆:《课程理论》,黄明皖译,人民教育出版社1989年版,第10页。

中的运作"①,也同样关注课程研究的情境性与复杂性,强调从课程发生的现场出发、从课程运作的情境与脉络出发、从现实的课程问题出发,注重个体的意义阐释与认识的解放。最后,当下的课程研究超越了课程本身的技术性或功能性的意义,特别注重检视课程的道德意义、社会价值、伦理与精神的内涵,彰显课程作为个体和社会的文化引导与价值规范的意义。从这个角度说,课程研究不仅在微观组织的层面上,更在广义的公共领域对现实产生影响,体现着同实践具体而实质性的关联。

总而言之,随着课程研究的自身发展以及课程改革实践的逐步深化,课程研究已经从关注外显的现象形态走向聚焦内部过程与本体特征,从事实性分析走向价值的追索和规范的探讨,从发现问题走向问题分析和问题解决,研究不断趋向深入。无论课程研究发展到什么阶段,如果一个学科没有对领域发展历程和未来走向的深入认同,没有对它植根其中的社会文化情境的深切体验,没有对其他学科丰富学术资源的开放态度,没有对它所服务的相关实践活动的责任担当,就无法获得成功。

三

面对 21 世纪世界范围内的课程与教学革新的挑战,以及中华民族伟大复兴的机遇,如何在新的历史起点上实现教育的可持续发展,需要我们在系统的理论研究与实践探索的基础上,追本溯源,立足现实,放眼未来,为中国课程改革与发展、课程领域的建构与国际身份的确立提供平台与支点。《课程政策与课程史研究丛书》体现的正是这样的努力。丛书包括《危机与变革:民族主义与近代课程改革》(刘正伟)、《颠覆与重构:现代学校德育课程变革》(岳刚德)、《概念的寻绎:中国当代课程研究的历史回顾》(刘徽)、《从概念化到审议:课程政策过程研究》(屠莉娅)、《多重记忆:美国课程史学的话语变迁》(王文智)和《致知与致思:课程改革的知识论透视》(潘洪建)等六个分册,主要遵循狄尔泰人文科学研究的逻辑,在历时性和共时性视域内对课程与教学问题展开历史、理论与实践的多维度研究,从政治、文化、学术、政策和哲学的视角对领域内的重点与难点问题进行深度探究与系统思考,

---

① 谢少华:《试论教育政策研究分类的理论基础》,见袁振国主编:《教育政策评论》,教育科学出版社 2001 年版,第 297 页。

以寻找课程领域未来发展的新路向和支撑点。

研究秉持了一以贯之的历史关怀。历史探究已经成为课程领域最重要的研究方式之一，对共同历史的认同是研究多样化发展的基础。尤其在当前的中国语境里，源自西方的理论在课程改革实践中的适用性遭受着质疑，课程专业工作者普遍意识到需要提防不顾社会文化情境简单"移植"西方理论的倾向。该丛书尝试将理论研究的新取向与新观点放置在具体的社会历史脉络之中把握，并尝试反映理论探索与政策实践等不同场域当中"鲜活"的中国经验，在历史研究提供的纵深中挖掘掩藏于课程变革背后的社会动因和文化价值。

这样的研究反映了本土学科建构的迫切愿望。研究带着广阔的国际视野和开放的研究思路，着力对中国的课程经验和特征进行探讨。对国外前沿研究及改革实践进行的系统梳理和提炼，均源自于对本土问题的反思。研究关注中国课程改革与发展的内在动力、本体矛盾、结构性要素和复杂性关系等问题，强调研究内生化特征和本土意义，寻求国际化与本土化之间张力的平衡，探索本土课程研究话语创生和理论建构的可能路径。

无论是《危机与变革：民族主义与近代课程改革》从文化分析视角对我国近代以来课程改革在思想理论、经验教训上的回顾与总结，《颠覆与重构：现代学校德育课程变革》对学校德育课程的现代化历程中历史逻辑特征的提炼与概括，还是《概念的寻绎：中国当代课程研究的历史回顾》以课程概念史的视角追溯改革开放三十年来课程思想史的变迁，《多重记忆：美国课程史学的话语变迁》对美国课程史研究发展历程和演变趋势所做的整体把握，抑或是《从概念化到审议：课程政策过程研究》在理论分析和跨文化比较的基础上对新时期我国课程政策过程的一般框架和本土意义的提炼与建构，以及《致知与致思：课程改革的知识论透视》以知识论分析为依据为课程开发所确立的理论基础和实践策略，都从不同向度拓展了课程研究的领域空间和认识视域，联结了课程理论与实践，打通了课程变迁的历史与现实，展望了课程发展的未来可能与趋向。

诚然，作为一个开放的领域，课程研究如何有效地整合研究的学术性、前沿性和应用性，实现当前与未来课程理论与实践的永续发展，不仅是本土的研究课题，也是国际课程领域发展的重要方面，需要每一个有责任感的课程专业工作者和对此感兴趣的人们共同为这个领域的智力突破和实践优化做出勇敢而务实的努力。

  《课程政策与课程史研究丛书》是在山东教育出版社的组织策划下问世的,钟启泉先生、田正平先生慨允担任丛书顾问,他们对丛书的编撰提出了许多重要建议及支持。2011 年 4 月,山东教育出版社与教育部浙江大学基础教育课程研究中心联合举办丛书专题研讨会,田正平、肖朗、刘力、张文军等教授出席了研讨活动,并提出了许多宝贵意见,为丛书体例的确立与内容的修改提供了重要参考,在此一并表示由衷的感谢!

刘正伟

2014 年 10 月 7 日于浙江大学西溪校区

Contents
目 录 ■

绪　论

中国传统道德教育目标与现代公民人格的张力

第一节　当下我国中小学德育课程的范式危机

中国传统教育向来注重教育"成"人功能的实现。这里"成"人的含义是指成为一个有道德的圣人,成为一个谦谦君子和知书达礼的贤者。《大学》开宗明义即讲:"大学之道,在明明德,在亲民,在止于至善。"由此可见学校教育的德育宗旨以及道德教育的目标和理想在于培养具有圣贤人格的君子。或者换句话说,道德教育作为中国传统教育的核心内容,它是学校实现教育"成"人功能不可或缺的有效载体。

传统道德教育十分注重德性的培养,而德性的养成又主要是通过修身来完成的。《中庸》说:"故君子尊德性而道问学,致广大而尽精微,极高明而中庸。温故而知新,敦厚以崇礼。"这种强调"德教"的目的是启发人们的道德自觉,以"中庸"作为个人修身的准则,通过"修身"完善个人品格,达到人格完善。因此,传统道德教育与"修身"是不分离的,二者统一在个人"成"人的过程中。这在儒家提出的"格物、致知、诚意、正心、修身、齐家、治国、平天下"八大德目中,可以看出"修身"占据了承上启下的核心地位。也就是说,中国传统道德教育思想中所谓的"修身",不仅重视个人的"正心"、"诚意",而且非常重视以"格物致知"作为"知道"的手段或途径,以及"知道"以后如何"践履"和"躬行",最终实现"齐家、治国、平天下"的修身目标。由此可见,通过情、意、知、行,追求理想的道德境界,这是中国传统文化中非常重要的道德教育智慧。

但是，由于传统道德教育中的修身思想局限于个人道德修养的提升或个人品格的完善，这种过分着意于个人内在超越和独善其身的属于私德修养范畴的"修身"说，当遭遇现代国家、社会和个人之间伦理身份和道德关系的复杂性重构时，作为公民的个体进入由国家和社会构成的公共领域时，其伦理思想的理论缺陷在社会实践中就会逐渐显现出来。

在现代国家和社会中，由于公共空间或公共领域的存在，使得个体在不同的共同体中以不同的角色和身份出现。个体在社会关系网络中的角色多样性和身份复杂性对学校道德教育关于"成"人功能的实现提出了新的要求或问题。简言之，一个超越"公"与"私"的二元对立的公民人格在学校教育领域中何以养成？

自从 20 世纪 90 年代以来，在一些关于德育目标、内容和方法的著述及演讲中，公民教育成为一个被反复论及的公共话题。人们日益要求普通教育，尤其是学校教育，根据国家赋予的权利和义务，在增强公民素养方面，能够充分运用个体的理智能力分析他们的处境，并在提升价值观和道德品质上，为人们参与社会生活和公共事务做准备等方面发挥积极的作用。通过教授公民教育课程，学校被置于一个给社会和国家带来稳定，同时使公民积极参与社会和政治生活的关键位置上。因此，从公民教育的目标和宗旨来看，理想的道德人格就是国民的公民人格。

但是，"公民人格的样式是什么？""公民人格何以养成？"这是两个一直困惑学校德育目的确定和路径选择而交织在一起的难题。其令人困惑的关键之处在于：传统道德教育的内容能否成为建构现代公民人格的合理元素或知识基础，现代公民人格养成的可能路径有哪些？ 在回答上述问题之前，有必要对当下我国基础教育阶段学校德育课程及其实施的现状做一检视。

"德育"，顾名思义应该是"道德教育"的简称。在我国，德育是一个十分宽泛的范畴，它是一个外延十分宽广的概念，包括道德教育、思想教育、政治教育、世界观教育、人生观教育以及心理教育和环境教育。因此，对于学校德育课程设计者来说，当面对一个内涵确定而外延宽泛的德育概念时，在进行德育内容的判断和选择时，道德教育的边界会不断扩大，道德教育的内容会不断增加，从而可能给一线实施道德教育的教师带来困惑，导致学校层面在实施德育的实际操作中不可避免地会表现出一种非专业判断的随意性。尤其是在当下学校作为一个依附的被授权的行政单位存在，而不是一个依靠法律保障的相对独立的教育实体发挥作用,学校德育目标的实现由于德育边界的模糊性、德育内容增加的随意性以及德育教师的非专业自主性等因素的客观存在并发挥影响,会越发显得困难重重,举步维艰。

从我国中小学校的教育目的看来,与智育、体育相比,德育居于首要的位置。但是,在学校的课程体系中,德育课程却一直处于副科的地位。檀传宝等通过对"学校德育课程现状"进行专题调研,在"思想品德(政治)课在学校课程体系中的地位"调查中得到的数据显示,学生重视的课程中,排在前三位的依次是:数学(79.4%)、英语(69.4%)和语文(47.9%),只有8.8%的学生对思想品德(政治)课表示重视,在16门课程中排在第6位;仅有9.5%的学生表示喜欢这门课程,排在第12位;在"思想品德(政治)课是一种知识教育"的选项上,超过三分之一(37%)的教师赞同"思想品德(政治)课是一种知识教育"的观点;在关于"学校德育内容与现实生活的关系"调查中,分别调查了学生、教师及家长三个人群,认为"思想品德(政治)课程讲授的内容与生活没有多大关系"的学生人数比例占33.3%,认为"德育课程内容没有贴近学生生活"的教师人数比例占37.9%,有37.9%的家长认为"学校德育内容离现实生活太远"。①

由以上调查数据可以看出,当下学校德育课程的地位、德育内容、德育方式以及德育对于儿童生活的意义在学校师生看来,其认可度均不高。这种对学校德育课程缺乏认同的现状成为影响学校德育实效性的关键因素之一。而对于当前我国中小学阶段而言,根据《中华人民共和国义务教育法》第一章第一条规定,国家为了提高全民素质,保障每一个适龄儿童接受教育的权利,依法面向所有国民推行义务教育。这就意味着,国家层面制定的素质教育方针,由于德育目的的高要求与德育课程实施的低实效,使得当下学校德育课程设计和实施的脱节问题愈加突出。加之,由于华人社会盛行的考试传统,通过"以考定终身"实现社会分层功能,使得天下读书人有机会改变个人的命运,实现个人的人生理想,"朝为田舍郎,暮登天子堂"的求学动机和人性需求均源于这一社会基础。整个社会参与这种残酷竞争的无论是个体还是群体全部被纳入这种以纸笔测试为手段的"考试"评估系统中。

①参见檀传宝等:《问题与出路——若干德育问题的调查与专题研究》,浙江教育出版社2009年版,第17—31页。

当这种以考试区分和甄选的评价方式应用于学校德育课程实效性的考查和评定中时，对学校德育课程实施的导向必然停留在以传授知识为主，而忽视了德育体系中隐性课程的建设以及活动课程的规划、设计与实施，从而使得德育课程过程中最为核心的德育价值的传承、澄清和创新在应试教育中被迫迷失。显然，上述德育模式不仅与《义务教育法》相抵牾，而且与国家制定的促进国民全面发展的素质教育方针相背离，①造成当下学校教育"成"人功能的异化，以及对人的智力过度开发而造成儿童人格"单向度"扭曲发展的德育危机。

当代脑科学研究成果表明，具有适度挑战性的学习任务可以改变大脑的组织及构成，不仅有助于学生认知能力的发展，同时可以促进学生道德水平的提升。但是，在以追求考试最高成绩或分数作为惟一目标的应试"黑幕"②背后，对儿童智力的过度开发，不仅可能损害大脑的某些功能，影响儿童脑的正常发育，而且直接导致儿童的书本知识世界和生活经验世界之丰富意义的关联性断裂，造成儿童个性的畸形发展和病态人格的养成。因此，如何在义务教育阶段落实国家素质教育的方针和精神，促进儿童在"知识、道德和人格"层面全面发展，是当下学校无法回避的教育目的问题。作为居于学校教育首位的德育工作，又该如何破解当下学校面临的上述难题或困境？

本研究试图从思想史的视角，把学校德育课程的变迁置于整个社会宏大的历史背景和文化脉络中进行考察。一方面，探寻学校德育课程演进的历史背景，对前辈学人在中国教育现代化历程中如何发挥传统德育价值的修身功能，以及学校教育如何在受到西方文化冲击的背景中通过国民性改造塑造儿童现代公民人格的内在机制提供一个历时态考察的视角；另一方面，揭示德育内容变迁的历史逻辑，对我国近现代自从引入西方学校制度后，在中西文化交流背景下，中国传统道德价值与西方现代文明普世价值的

---

① 根据我国的教育方针，全面发展指的是促进学生在德、智、体、美等方面的发展，但是，在实际操作中，把智育作为惟一追求的目标，而德育没有实效性，体育、美育成了素质教育的装饰品，更为重要的是恰恰遗忘了一个重要的维度儿童"群"性的发展，严重偏离了教育在追求儿童个性化发展的同时帮助儿童完成社会化的本体功能即"成"人目标。

② 这里的"黑幕"意指参与应试竞争的主体都把对方作为一种假想敌，实际上彼此并不知道对手或对方在备考上做到什么程度。

碰撞并选择性融入德育教科书的嬗变历程进行勾勒和解释。

本课题研究的理论和实践意义在于：通过综合利用教育史学科和课程理论学科的相关知识与研究方法，从学科交叉的视域，在梳理学校德育课程演变历史的基础上，对影响和制约学校德育课程变革的因素进行历时态考察和分析，进一步探讨和认识在我国教育现代化历程和背景中德育课程演变的历史逻辑，从而对近代以来自从引进西方学校制度之后，中国近代德育课程在从修身科到公民科的变迁历史中，如何在传统道德价值和西方现代普世价值之间的冲突和博弈中进行对话，在抵制、接纳、融通中寻求平衡点提供合理的解释。在该种意义上，本课题研究旨在为反思"学校德育课程发展的逻辑"提供一个可资借鉴的历史视角。

第二节　主要概念界定

我国近现代中小学校德育课程的变迁历史，聚焦于由晚清新政改革确立的学校修身科、《壬戌学制》正式确立的公民科以及国民政府时期设置公民训练科的演变历史背景及过程，凸显了中国传统道德教育在修身科目中的地位和功能，以及基于中国现代化历程其国民性改造的需要对学校公民科课程目标提出的新要求，从而对学校德育课程变革如何在"传统与现代性之间"做出选择的必然性、可能性及其局限性——作出回应。

一、修身

"修身"是中国古代重要的德育概念，意为陶冶、锻炼自身的道德品质。中国古代思想家十分注重个人修身，道家、儒家和墨家等各派思想家、教育家，从人性的不同假设出发，提出各自的关于个人修身的目标、内容和实践主张，为修身科课程的编制提供了基本依据和原始素材。尤其以儒家的思想学说影响为最大。在儒家看来，"修身"是个人道德修养的重要方法和途径之一。人们常用"澡身"、"洁身"、"省身"、"正身"、"诚身"、"修身"等表示道德上的修养。一方面，人们为了实现一定的道德理想而对自己的品行进行锻炼和陶冶，通过"克己"达到由"忠、孝、仁、义"等一系列道德标准组成的为人处世规范；另一方面，经过长期努力形成道德情操，达到理想的道德境界。同时，修身，作为一种自律的道德修养，不是外在的强制，而是人发自内心的自觉行为；修身，作为一种道德自律，是与外在的礼、法规则约束相对而言的，它强调的是个体对"仁、义、礼、智、信"等传统"道德"价值的主动、积极的内在认同和接纳，而不是一种外显的被动接受的行为适应；修身，不能一蹴而就，一劳永逸，它应是持续一生的长期修炼和躬身践履的"德性"修炼过程。

作为一门"示范道德之方法者也"的课程，修身科在 20 世纪初清政府颁布的《壬寅学制》中正式被确定其在学校教育中的地位。它担负着"启德育之径，敦蒙养之基"的重任，其灌输的是以孝为首的伦理纲常观念，强调个人修养，附带国家社会观念的培养。① 这种只注重个人修养，强调"涵养德性导以实践"，关注的是教育的个体在私人生活方面的道德修炼与践履。但是，随着中华民国的成立，共和国的建设与社会发展，需要了解政治、法律、经济、社会、国家、国际等各方面知识以及能够参与社会公共事务的合格公民。简言之，即社会需要学校提供对儿童参与群体生活的公民训练和实践的教育，为共和国培养合格公民是每一所学校在规范意义上追求的教育目标之一。"昔时教育，重个人之修养，今则趋于社会效率之增进。学校教育皆主张训练有充足之效率，能为社会服务，有实利贡献之个人。公民教育，即其中最好之训练工具。"②

二、公民

"公民"是一个源自西方传统的概念，自产生之时起，便与特定政治共同体联系在一起。18 世纪资产阶级革命后，近代西方民族国家开始形成，"公民"即与"民族国家"联系在一起。脱离"民族国家"，则不复有"公民"；没有"公民"，则"民族国家"不具有"近代性"。"公民"概念的核心是指公民享有一种面向国家的资格、地位或权利。而要享有这种权利，须在个体与国家之间确立一种契约关系，即权利与义务的规约与制衡，即在享用权利的同时必须承担某种义务，这就意味着对个体要确立一种"资格"，或者说，在一个特

---

① 毕苑：《从〈修身〉到〈公民〉：近代教科书中的国民塑形》，载《教育学报》2005 年第 2 期。

② 雷震清：《公民教育概论》，载《中华教育界》1926 年第 6 期。

定疆域内的所有居住者中,确定谁将被看作是公民而被赋予特定的权利。①显而易见,公民资格是由法律规定的。因此,从政治概念到法律概念的历史演进中,"公民"都反映了一种身份、地位和资格,它始终是与"自由""共和""宪政"紧紧相连,并反映的是一种"公天下"的政治主张和法治诉求,而非"党天下"谋取私利的动机以及"家天下"的长官意志和身份意识。上述关于公民的价值诉求最终伴随着社会文明进步而逐渐走向现实。简言之,"公民"是一个在"国家"产生后形成的概念,与"臣民"相对。它指的是一种由法律规定"具有享受一定权利、承担相应义务,承担国家与社会依法赋予的责任"的国民身份、地位和资格。

三、公民教育

在西方,公民教育是一个比德育更为宽泛的教育范畴,其历史可以追溯到古希腊罗马时期。自近代以来,由于公民教育在西方资本主义国家的重新崛起,关于公民教育的各种思潮也纷纷涌现,代表性的思想主要有自由主义(Liberalism)、共和主义(Republicanism)、社群主义(Communitarianism)和多元文化论(Multiculturalism)等四种公民教育思潮。② 上述四种思潮主要论及"什么是公民"、"公民教育的宗旨或目标",并各自阐述了"公民与政府"、"公民与社群"、"公民与多元文化"以及"权利、责任与义务"等涉及公民教育的重大议题。由于上述公民教育思想产生的历史条件和时代背景不同,其内涵与价值取向也不尽相同,但是,尊重人的主体性,注重个人参与国家、社会政治生活的理念,为国家、为民主社会培养良好的合格公民却是一以贯之的教育精神宗旨。由此可见,西方公民教育思想以倡导人性的解放为主旋律,以尊重公民在民主社会中的自由、平等为前提条件,反对奴役人性、培养盲从臣民的教育观念和教育行为,并在实践中不断对自身的理论缺陷和偏差做出修正,显示出强烈的批判性和鲜明的时代感,为世界各国研究和实施公民教育提供了可资借鉴、反思和建构的理论模型。

公民教育的目的,是让学生了解一个公民所具有的权利和义务,个人与

---

① [英]伊辛、特纳主编:《公民权研究手册》,王小章译,浙江人民出版社2007年版,第17页。
② 胡艳蓓:《当代西方公民教育思想述评》,载《国外社会科学》2002年第4期。

群体之间的关系，了解在宪法和法律保护下一个公民的自由以及自由的法律局限（不能以侵犯他人的自由来取得个人自由），从而培养守法守纪的行为和服务利他的公共情怀，使学生成为具有民主、尊重、守法和负责的公民素养的人。在民主国家，公民教育强调民主与开放，尊重多元价值，维护宪政体制，透过反思和行动增进公民的素质。

公民教育的最终目的是缔造公民社会（Civil Society），公民社会是指围绕共同的利益、目的和价值上的非强制性的集体行为。它不属于政府的一部分，也不属于私营企业的一部分。它是处于"公"与"私"之间的一个领域。公民社会通常包括那些为了社会的特定需要，为了公众的利益而行动的组织，诸如慈善团体、非政府组织（NGO）、社区组织、专业协会、独立工会等等。简言之，构成公民社会的公益组织具有的三个显著特征是：在法律限定自由的框架下行动或行为的自主性、自律性和自治性。

总的说来，公民教育是培养个体公民意识，传授公民知识，培育个人有效地参与社会公共事务和生活的行动能力的一种手段。有学者从狭义和广义的角度理解公民教育：狭义的公民教育只注重政治知识的训练和政治团体分子的训练；广义的公民教育除了训练政治团体分子外还注重同时训练社会团体分子，不仅需要进行社会常识的训练，而且还注重公民知识、道德和技能的训练。① 因此，有学者认为，公民教育是以公民生活训练为目标的教育活动，②即公民教育涉及到"如何参与"以及"训练什么"两个问题，属于与公民课程研究相关的公民知识训练与公民道德训练等问题域。

四、公民课程

对于公民教育目的的贯彻、达成与实现，需要借助公民课程来落实。学校公民课程包括公民课程标准纲要、公民教科书以及公民训练等具体的文本方案和课程实践。

公民课程标准纲要是根据公民教育的目标而编制的涉及公民教育内容标准和评价标准的文件，它阐明课程质量标准与人才培养规格之间的关联性，是学校课程实施的重要指导性文件。

---

① 陈筑山：《公民道德之根本义》，中华平民教育促进会1931年版，第1页。
② 龚启昌主编：《公民教育学》，正中书局1948年版，第7页。

公民教科书是集中体现课程标准纲要关于公民教育内容组织实施的重要载体,它反映了一个国家公民教育水平及其发展的阶段,是教师进行公民教育教学活动设计和开展的重要依据,也是教师指导学生参与公民实践的教学指南。

公民训练是公民教育的有效环节。一方面,它需要公民教育理论的支撑;另一方面,它有待于在学校教学实务层面去落实。公民训练包括公民知识、公民道德和公民参与公共事务的技能训练,目的是培育健全的公民人格。有学者认为公民训练最要紧的是养成一个好公民的习惯、态度。这不仅是书本的功夫,而要能以学校的环境生活和自治组织的训练在学生人格上发生影响。① 因此,在公民训练中,公民自治是公民参与社会生活的重要技能,也是进行公民训练的重要环节和有效举措。在学校,教师和学生自治是养成合格公民的良好途径。其中,教师自治既是学校民主管理和行业自律的体现,也是对学生自治的示范和支持。

由上所述,在实现教育的"成"人功能上,传统教育追求的道德修身"成"人宗旨与现代教育造就健全的公民人格目标在认识上存在差异。前者注重个人私德修养,达致"内圣外王"的道德境界;后者致力于公民社会中平民人格的培育、训练和发展,其目的在于造就法治社会中的合格公民。因此,作为学校德育的重要载体,德育课程如何在传承传统道德教育的合理元素的同时融入现代德育的价值诉求,以实现"培养健全公民人格"的德育课程目标,成为学校德育无法绕开的课程理论与实践问题。

本研究的选题正是围绕上述问题予以展开,以晚清新政改革以来中小学校德育课程由修身科到公民科的历史变迁为研究对象,围绕以下三条主线展开研究：一是通过从修身科到公民科演变历史背景的考察,对学校德育课程如何在"西学东渐"的背景下解决"传统与现代"的紧张和"中西文化"的价值冲突与融通过程进行解释,揭示在特定的历史语境及文化脉络中学校德育课程演变的思想动力机制以及学校德育课程价值嬗变的内在逻辑,以此探析"中体西用"、"读经复古"以及"全盘西化"等思潮对学校德育课程现代化历程产生的深刻影响;二是不同历史时期提出的教育宗旨与学校德育课程价值选择之内在逻辑关联性,探究教育宗旨蕴含的价值诉求对学校德

① 张耿西主编:《小学公民训练的理念与实际》,中华书局1936年版,第3页。

9

育课程编制过程中价值选择的制约；三是不同时期德育教科书在编写过程中内容选择、价值取向以及组织方式的演变特征，以进一步探明作为课程重要载体和师生对话平台的教科书，在学校德育课程演变历史中所发挥的作用及其限度，从而回应学校德育课程承载教育"成"人功能的可能性与局限性。

第三节　研究成果述评

一、关于从修身科到公民科演变历史背景的研究

教育变革总是在具体的文化脉络中与社会变革和时代变革交织在一起而展开的，因此，教育变革总是承载时代精神的价值诉求，沟通多元文化之间的对话，满足社会转型与变革需求。但是，任何教育变革的目标最终必须通过学校课程变革来实现。因而，课程价值的演变是在教育变革的历史背景以及文化传承与创新的脉络下发生的。晚清新政改革，确立"中体西用"作为实务运作遵循的价值准则，在上述社会思潮背景中，对教育宗旨的颁布、学制的确立和教科书的编写层面都产生一定的影响。现有研究成果主要从以下三个方面阐述了德育课程演进的历史背景。

（一）考察了学校课程演变的历史及影响因素

中国近代教育史的研究成果从学制演变的主线对学校课程演变的历史分期进行了划分，并对其演变的历史背景进行了分析。陈侠在《近代中国小学课程演变史》中探讨了课程的意义和地位、小学课程演变的动力和近代课程演变的分期。在著者看来，活动和材料是课程的两大重要属性，在学校教育实践中，课程通过课程的科目即科目表和各科的内容来体现，它既是国家实现其教育理想的手段，完成其教育政策的工具，达到国家教育宗旨及学校教育目标所期望的结果，也是帮助学习者由不成熟到成熟的必经途径，可以补充学习者的直接经验，扩大其间接经验，培养和训练科学态度和科学方法。在论及课程演变的动力时，作者从"社会需要的变迁"、"时代思潮的迁嬗"、"教育学术的演进"、"教育宗旨的变更"以及"学校制度的改革"等几个方面讨论了促成课程演变的动因，并将近代课程的演变分为以下五个阶段：

草创时期(1902—1911);因袭时期(1912—1921);改造时期(1922—1928)和革新时期(1928—1941)。① 关于历史分期的代表性成果还有《中国教育史大纲》(王凤喈,1928)、《中国学校课程沿革史》(徐雉,1940)、《中国国民教育发展史》(司琦,1981)。

曾毅夫在《近代中国中学课程变迁之史的研究》中,以盛宣怀创办的南洋公学作为中学教育的滥觞,把现代中学课程变迁的过程划分为以下历史时期:清末(光绪二十七年至宣统三年)和民国(民国元年至十九年)。作者认为,由于课程是实现教育目的的工具,而教育目的的制定要受到社会环境和各种教育思潮的影响。因此,课程的变迁必然受到教育目的的制约、社会环境的变化以及各种教育思潮的影响。② 所以,考察教育思潮与教育宗旨演变的影响有助于思考和分析学校课程演变动力机制的构成以及课程变革的方向。

此外,在中国教育史的专题史研究中,有不少成果以学科教育史形态呈现了学校课程内容的历史变迁。

郑航在《中国近代德育课程史》中,将德育课程变革放在近代中国文化变迁的背景中考察,对德育课程变革进行了全面的文化学分析。作者对全面主义、生活德育、学生自治等德育课程理念进行了史学追踪,对德育课程变革过程进行了写实的社会学分析。③

由赵承福、郭齐家和班华主编的"小学各科教学史丛书",搜集了大量有关小学思想品德④和常识教学⑤的历史资料,不仅从宏观的角度把握了小学各科教学发生、发展、演变的历史轨迹,寻找和探索带有规律性的历史经验,而且对各科教学的一些重要问题,诸如教学活动、教学组织形式、教材、教师、教学原则、教学方法、教学思想、教学改革与实验等等,在微观上进行了分析研究,指出其来龙去脉、前因后果、功过得失及其在发展演变过程中各自形成的教学特色。

---

① 陈侠:《近代中国小学课程演变史》,福建教育出版社 2007 年版,第 6—8 页。
② 曾毅夫:《近代中国中学课程变迁之史的研究》,转引自邰爽秋等主编:《中小学课程问题》,开明书店 1935 年版。
③ 郑航:《中国近代德育课程史》,人民教育出版社 2004 年版。
④ 高谦民主编:《中国小学思想品德教学史》,山东教育出版社 1996 年版。
⑤ 田正平主编:《中国小学常识教学史》,山东教育出版社 1996 年版。

盛朗西对于新旧教育交替的过渡时期，针对小学课程设置，对包括修身科在内的各个学科课程更名的缘由和内容的变迁进行了较为详尽的梳理。①作者对当时学校公民训练注重形式的铺张而忽视其实际效果进行了批判，建议重视个别训练，指导儿童在家庭、学校和社会生活中身体力行地参与公民生活技能的训练。

（二）晚清以来公民教育思想演进对德育课程价值选择及组织形式的影响

我国学校设有公民课程的历史始于 20 世纪 20 年代前后。有学者考证了当时学校公民课程的名称为"公民学"，译自英文单词"civics"。② 事实上，学校公民科课程是从修身科演变而来，在《壬戌学制》颁布后正式设置为学校必修课程。学校课程从修身科到公民科的演变历程一直受到当时公民教育思想的影响。

刘保刚在《清末公民教育思想探析》中指出了晚清公民教育思想萌芽的两个标志：一是国家意识的觉醒，表现在国家主权意识和国家至上意识的觉醒，能够区分国家、朝廷和君主的不同。二是公民意识的觉醒，体现在三个方面：其一，国民要有忧国之责；其二，国民要有参政之权；其三，国民要有人格上的自觉。③ 所有这些与当时提出的"爱国、尚武、尊智及贵我"等公民教育主张，均源于当时的中国处在一种弱肉强食、残酷竞争的国际环境中，因此，有必要通过公民教育重振国人士气、培育国民精神以御外侮。

公民道德教育是公民教育不可或缺的组成部分。孙凤华以"公民道德教育"和"公民教育思想"两条主线，在《从修身科到公民科：清末民初我国学校的公民教育》一文中分析了学校德育课程演变的历史背景和阶段性特点。作者认为："我国的公民教育在清末民初完成了经由与道德教育融合、单独设科、进而再融合道德教育的历程。这一时期的公民教育，在对少年儿童身心发展规律、知识技能与价值观、人类社会整体状况等三层面进行理论与实践的综合考察的基础上，颁发国家统一的课程标准纲要，制定明确的学校公民教育目标。并且，当时的公民教育与道德教育、其他各学科教育有很多联

---

① 盛朗西：《小学课程沿革》，中华书局 1934 年版。
② 龚启昌主编：《公民教育学》，正中书局 1948 年版，第 1 页。
③ 刘保刚：《清末公民教育思想探析》，载《中州学刊》2005 年 11 期。

系。"①

公民教育的核心是价值教育。周玉妃撰文从公民教育的角度对"五四"精神进行解读，提出了以"爱国、进步、民主、科学"为核心价值的公民教育观。作者通过对"五四"精神形成的历史脉络进行文化学分析，阐释了"五四"精神存在的理论依据。由于"五四"时期的中国处于"激进主义、保守主义和自由主义三大思潮的冲击之下，并孕育了具有中国特色的民族主义"②，虽然自由主义在当时的中国也有一定的发展，却由于忽视中国的国情始终未能在中国扎下根来，但是作者仍然肯定了其对于公民教育的价值和意义。

二、关于德育课程价值演进的研究

价值选择是德育课程编制中最为繁难的课程问题。因此，探讨学校德育课程价值选择的历史变迁，在一定意义上可以反映学校德育课程价值演变的历史逻辑。

黄书光从晚清新政教育改革的价值原则"中体西用"出发，分析了近代中国在坚守伦理本位的"中学"基础上为了确保"西学"知识在体制内的合法身份，在学校德育课程设置、教科书编写和教学实践等层面既表现出浓厚的传统文化色彩，同时吸收了西方现代文明普世价值作为学校德育的合理元素，并从价值层面探讨和反思清末学堂德育变革，考察分析其利弊得失，为更好地把握社会转型期中国学校德育发展的文化走向提供了新的研究视角，也为进一步探讨近代学校德育课程价值选择奠定了基础。③ 其代表性成果还有《论清末民初新旧德育观的博弈》(黄书光，2007)、《价值观念变迁中的中国德育改革与反思》(黄书光，2008)。

传统价值的惯性力量在现代化历程中愈发凸显。郑航在《"五四"时期的文化革新与近代德育观念的转变》一文中指出，中华民国的成立并没有迅速建立起现代文明制度的大厦，相反，由于中国传统文化的惯性力量，不时泛起与现代文明相抵牾的"复古风潮"，引起近代学人对社会现实以及民众

---

① 孙凤华：《从修身科到公民科：清末民初我国学校的公民教育》，载《华南师范大学学报》(社会科学版)2008 年第 5 期。

② 周玉妃：《"五四"精神中的公民教育价值解读》，载《中国教师》2009 年第 6 期。

③ 黄书光：《"中体西用"价值选择与清末学堂德育探索》，载《河北师范大学学报》(教育科学版)2007 年第 5 期。

心态的民族文化精神进行更深层次的反思。以"科学"和"民主"为旗帜的"五四"新文化运动，率先表达了现代新青年的伦理觉悟。这种觉悟促成了现代德育观念的转变，表现在"五四"时期人们开始从社会改造的角度出发，运用民主主义和实用主义的教育观念对德育实践提出反思和批评，促使近代德育观念、德育标准以及德育模式的转变。① 为现代学校德育课程范式转型提供了价值支持和理论基础，对当时学校德育实践产生了一定影响。

三、关于德育教科书演变历史的研究

教科书是德育的重要载体，也是反映时代精神在学校德育中折射的一面镜子。因此，研究德育教科书的演变历史可以反观学校德育课程从修身到公民科的演变历程中，其课程内容的选择与价值判断的纠结。现有研究成果主要从三个方面阐述教科书演变：一是以修身教科书为例分析近代教育从传统到现代转型的缘由；二是分析了教科书作为课程载体，在从修身科到公民科变迁的过程中形塑国民人格的可能性；三是以公民教育或公民教育课程演变为背景，描述了教科书的历史变迁历程。

毕苑以修身和国文教科书为例，对近代以来经学教育的淡出和知识体系的转移进行分析，反映了传统与现代之间的紧张。作者认为，从晚清教育改革开始，经学教育的地位发生动摇使得学术中心开始游移变动，这一变动对于中国文化教育影响之巨，不仅思想界风气为之一变，而且以近代新学堂为载体的知识体系也随之发生位移转换。到了民国六七年间，随着文学革命运动兴起，西学成为潮流，出现了"用科学方法整理国故之风"，使得经学教育不得不在"国故"意义上被纳入新知识体系中。这种知识体系的转移，真切地反映出传统文化传播体系的崩溃和新教育模式的形成。因此，修身科目与经学教育的并立，一定程度上消解了经学教育的独尊地位；而国语教育的浪潮又在知识系统内部分解了经学教育的知识结构。近代教育对西学的吸纳和传统的告别，走出了传统经学教育所支撑的知识体系，展现出一种新的发展路径。②

---

① 郑航：《"五四"时期的文化革新与近代德育观念的转变》，载《华南师范大学学报》（社会科学版）2001 年第 2 期。

② 毕苑：《经学教育的淡出和近代知识体系的转移：以修身和国语教科书为中心的分析》，载《人文杂志》2007 年第 2 期。

传统经学向现代西学的转向,并非意味着传统经学价值的退隐,而恰恰体现出传统与现代融合过程中的功利主义色彩。在《从〈修身〉到〈公民〉:近代教科书中的国民塑形》一文中,毕苑指出,修身教科书坚持以孝为首的纲常伦理,注重个人修养,而公民教科书重在培养国民的国家社会观念,这一价值取向转变,凸显近代中国人公民意识的萌芽。作者简要地勾勒了20世纪初国民性改造缘由和三十年代的公民教育演变历史,分析了修身科从学校课程中逐渐退隐的历史背景以及公民科到党义科、社会科演进的时代特征,凸显了公民课程演变过程中的政党色彩及其承载的政治教育功能。①

王颖春在其硕士学位论文《从修身到公民再到三民主义与党义:民国公民教育课程的演变》中,以修身科向公民科的转变作为《壬戌学制》前后国民教育进程上的一个重要变化,反映了自由主义知识分子以西方现代民主政治和公民理念为模板来造就新国民,进而造就新的民主国家和民主政治的努力。这种努力在1928年之后逐渐式微,当国民党政权在形式上统一全国,国家层面的教育主导者由自由主义知识分子转变成了有组织的政党,国民党在公民科基础上增加了三民主义科与党义科,反映了国家对教育的控制和渗透。作者借助教科书这一文本,分析公民、三民主义、党义三科的实施情况与实际影响,以期把握公民教育课程演变中的历史逻辑。作者通过研究发现,这一时期公民教育的演变,始终存在着理论和实践脱节的问题,而这个问题说到底是来自西方的理想政治模板与中国文化传统惯性力支配之现实之间的巨大差异和矛盾。②

四、文献评述

现有研究成果对于研究民国时期学校德育课程演变的知识贡献,主要体现在以下三个层面:一是揭示了近现代学校德育课程从修身科到公民科演变的历史背景,初步探讨了影响课程变迁的各种因素和动力机制,描述了清末公民教育思想的发端对于现代学校德育课程转型的影响。二是阐释了从"中体西用"到"全盘西化"的价值选择对于确立学校德育课程价值平衡点

---

① 毕苑:《从〈修身〉到〈公民〉:近代教科书中的国民塑形》,载《教育学报》2005年第2期。

② 王颖春:《从修身到公民再到三民主义与党义:民国公民教育课程的演变》,北京师范大学2008年硕士学位论文。

的影响：一方面，作为晚清新政教育改革的价值指导原则，"中体西用"为当时如何消除传统惯性和现代文明之张力，以更好地研究或把握社会转型时期学校德育课程价值选择奠定了基础；另一方面，高举"科学"和"民主"两面大旗的"五四"新文化运动，为现代公民教育提供了价值合理性基础，同时促进学校德育课程完成从观念、标准到模式的转型，有助于实现"重建国民精神和平民人格"的学校德育课程目标。三是以教科书为载体分析了从晚清到民国德育演变的历史及功能转型。

由上可知，在探讨我国近现代学校德育课程价值演变的历史过程还有待进一步提升和加强的研究视域如下：一是在如何消除传统道德和现代文明之间的张力上，对于中国传统道德的修身功能与西方现代公民道德的行为规范之间的联系缺乏较为详细的梳理和贯通；二是对学校德育课程价值选择的变迁与社会各种思潮影响之间的关系或逻辑关联性缺少细致的分析；三是对于教科书的研究，一方面对教科书内容组织和编排的德目或人物缺少价值分析，另一方面，对于同一时期公开出版的德育教科书缺乏从内容选择到编排形式等层面的比较和评价。

本研究关注的历史时期，正是我国由传统教育向现代教育转型的新旧交替的重要历史时期，也是中国教育现代化历程中的关键时期。因此，如何立足现有研究的不足，借助文献比较和分析，运用整体的、系统的和复杂的思想史研究视角，在沟通宏观考察和微观分析的基础上，充分运用前人的研究成果，挖掘各种史料，结合其他历史研究方法，在系统分析和整体把握的基础上阐述这一时期学校德育课程价值演变的历史背景、演变历程以及对德育教科书编写之影响的比较研究，构成本研究始终关注学校德育课程演变逻辑所涉及的三个维度。

第四节 研究方法

首先，本研究立足于文献分析方法，在充分占有大量文献的基础上，探讨近代以降中国传统道德价值在遭遇西方现代文明普世价值冲击之后，如何消除彼此之间的张力并融入学校德育教科书，承载"成"人之德育功能的历史演进过程。主要从以下四个方面入手进行：一是对重要史料进行分类，从传统文化经典、近代先进士人思想文集、中国近代教育史料、近代学制演变史料以及清末兴学以来学堂使用的修身等德育教科书的层面进行文献搜集和整理；二是对传统文化经典中关于道德"修身""成"人的价值或功能进行比较、概括和提炼，凸显其在教育"成"人中的合理元素；三是通过对近代先进士人的思想文集进行分析，对近代国门洞开以来，在"西学东渐"的背景下，国人中的先进士人如何移植西方现代价值的路径，以及通过对西方伦理价值的认识、主张、实践过程及对伦理思想的知识贡献进行梳理，并对上述思想的形成和实践在对民众进行广泛意义上启蒙的同时，对学校教育宗旨的确立、学制制定和教科书编写产生何种意义的历史影响进行勾勒、描述和解释，并分析上述思想嬗变历程在形塑国民精神和独立人格中可能起到的作用；四是借助中国近代教育史料、近代学制演变史料以及清末兴学以来学堂使用的修身等德育教科书，探讨从清末到国民政府时期，学校德育课程从修身科到公民科演变的历史背景、德育课程目标的变迁、德育内容选择的价值取向以及教科书的现代化历程。在使用文献分析方法时，始终贯穿晚清实施新政教育改革以来"中西文化"价值取向的差异性对学校德育课程内容选择的影响结果，从"中体西用"、"读经复古"到"全盘西化"的价值选择准则出发，条分缕析近代以来学校德育内容在传统与现代之间的两难选择及反复对学校德育课程变迁之影响，进一步阐释了中国学校德育课程"现代化"在传统与现代性之间与"本土化"、"西化"之间的关联性。

其次，思想史的研究方法。在西方学术界，思想史一般被称为精神史（Intellectual History）或观念史（History of Ideas）。一般来讲，前者主要是指心智、知识、精神等等内容，"Intellectual"就是知识分子的英文单词；而后者更多地指"思想"（Thought）的观念性内容。似乎是前者的面宽，而后者稍窄，但实际上，它们之间存在着内在的一致性，指代的都是一种超越现实实践层面的精神上的观念力量。思想史家们认为，观念的创造导致现实的变化，因而，观念的力量要超出于物质的力量，观念的力量可以成为比物质的力量更具有决定性意义的变化动力。① 也正是由于观念的力量之存在，一个专制的政府十分惧怕进步观念在人民之间传播后形成的活力。正如法国历史学家饶勒斯在分析大革命的原因时也说："社会革命将并不仅仅依靠事物的力量来实现，它要依靠意识和观念的活力。"②以此作为思想史研究的意义和追踪事物的原因。当然，就思想史研究本身来说，它还包含着另一层意义，即探寻"价值"，探讨世界的真理、价值和意义，而这对于人类社会来说更有意义。如果说对原因的探讨是追溯过去的话，那么，这种对"价值"的探讨则将引领人们走向未来。在论及思想史研究的对象以及所承担的历史使命时，萧萐父认为，"思想史主要是写时代思潮，而不是拼盘式的各学科思想的罗列"，作为一个思想史研究者，"要善于从历史中抓住一些根本性的问题，清算前天和昨天，开拓今天和明天"。③ 进而言之，以时代思潮为研究对象，就可以进一步深究蕴含于不同时代思潮中特殊的问题意识和普遍流行于整个社会中人们的心理倾向，以及各学科的思想者们如何反映社会心理和解决时代所提出的特殊问题。

本研究运用思想史方法，旨在探讨晚清"西学东渐"以来传统道德价值及观念在个人修身中的作用及所发挥的功能，阐释西方现代价值对于形塑国民人格之道德力量，并对中国传统文化价值与西方现代文明普世价值之间的对话与融合对学校教育宗旨的确立、学校德育课程价值演变的影响以及教科书编写中的内容选择进行历时态分析和考察。

当然，每一种研究方法都具有自身无法克服的局限性。不论采用何种方法进行历史研究，首要的不可或缺的一个环节是如何对于原始资料进行收集和整理，在阅读、比较和分析的基础上进行归类，从中发掘前人未发现的所谓"新"历史。因此，本研究基于学校修身课程到公民科演变的历史为研究对象，以文献分析和思想史的梳理，综合运用其他方法，在比较各种史料之间的差异性时注意史料之间的相互印证，重点分析传统道德价值和西

---

① 拿破仑曾经说过，法国大革命就是由启蒙运动的观念而引发的。路易十六在阅读了伏尔泰和卢梭的著作后，叹息道："伏尔泰和卢梭亡了法国。"由此可见观念的力量之强大以及专制统治者为何与知识分子结下不共戴天之仇的缘由所在。

② 转引自王养冲：《十八世纪法国的启蒙运动》，载《历史研究》1984 年第 2 期。

③ 转引自许苏民：《思想史探究：把握时代思潮变迁中"活的灵魂"》，载《学术月刊》2004 年第 12 期。

方现代价值在学校德育课程价值变迁中的选择失衡与平衡,从历时态的视角对学校德育教科书在编制中关于德目选择和编排的合理性依据进行论证、分析和解释。

第五节　本书内容和结构框架简介

本研究以近代以来,从清政府颁布《癸卯学制》设置修身课程开始,到国民政府成立后学校以实施公民训练为主的中小学德育课程演变历史过程为研究对象。对清末到抗战爆发前(1900—1937年),学校德育课程在"西学东渐"的背景下,在遭遇"中体西用"、"读经复古"和"全盘西化"等思潮影响或思想观念冲击下,学校修身课程从传统德育以"克己"主导的个人修身到现代公民课程训练儿童参与社会公共生活能力为目标旨趣的演变发展过程进行梳理。本研究分为绪论、正文和结语三大部分,其中正文部分共分三章,具体内容和研究思路如下:

绪论部分论述中国传统道德教育目标与现代公民人格的张力,主要内容有:1. 研究缘起;2. 主要概念界定;3. 研究成果述评;4. 研究方法。首先,从中国传统教育注重修身以道德"成"人到现代社会对公民参与社会公共事务实践能力养成健全公民人格的现实要求出发,对学校德育课程注重知识传授、忽视价值澄清和道德实践活动的现状进行原因分析,提出了关于"修身"、"公民"、"公民教育"及"公民课程"四个概念的基本界定,阐明本研究的理论价值和实践意义;第二,对现有关于学校德育课程研究成果从三个维度进行分类:一是关于从修身科到公民训练演变历史背景的研究,二是关于德育课程价值演进的研究,三是关于德育教科书演变历史的研究。对上述研究成果分别进行了文献分析和评述,并结合本课题的研究目标,提出了以文献分析和思想史方法作为本课题研究的主要方法,以取得预期的研究结果。

第一章论述"中体西用"背景下清末学校修身课程的确立,主要内容有:1. 传统道德文化的修身功能与晚清士人伦理思想的启蒙价值;2. "中体西用"对清末教育宗旨和修身课程设置的影响;3. 清末修身教科书编写的现代化。本章围绕晚清实施新政改革提出的"中体西用"指导思想原则,以中国传统文化主流代表的道家、儒家和墨家的道德学说及其提出的修身思想主张为出发点，考察近代新式知识分子在遭遇西方文化价值冲击之下其思想观念的嬗变历程，以及这种思想观念背后承载的现代化价值诉求对学校德育宗旨的确立、修身课程的编制、教科书编写的影响以及现代公民教育思想的启蒙。

第二章论述民初修身课程的式微与现代公民思想的启蒙，主要内容有：1. 民初修身伦理思想的演进；2. 民初两次教育宗旨的更迭与修身课程标准的颁布；3. 民初修身教科书的编写与出版。本章基于中国现代思想史演进的逻辑架构，一方面以民初启蒙思想家"自由"、"平等"、"博爱"的现代道德思想阐释传统道德价值诸如"忠"、"仁"、"义"、"礼"、"智"、"信"，凸显学校德育价值在时代精神和传统文化惯性力的双重作用下演变的曲折性；另一方面，通过民初两次更改教育宗旨的研究，探讨"中西文化"的价值冲突在传统惯性与现代文明之张力的作用下对德育宗旨的更迭、德育课程内容的选择以及教科书编写的制约性。

第三章论述"五四"新文化精神启蒙与现代公民课程的演进，主要内容有：1. 现代公民思想的启蒙与社会伦理价值的诉求；2. 教育宗旨的变更和学制变迁；3. 学校课程标准的颁布与公民课程的设置；4. 公民科教科书的编写与出版。本章以"五四"新文化运动为主线，在以"科学"与"民主"作为现代社会之主流价值的时代精神感召下，现代知识分子在思想观念的碰撞上出现多种阵营，但是在如何处世上主要存在两种态度：一是以理论思考和反思继续对现实世界进行批判；二是投身平民教育运动通过教育实践改变和推动中国社会的变革与进步。二者殊途同归，通过现代公民思想的启蒙共同推进传统社会的伦理转型。《壬戌学制》的颁布，成为中国学校教育现代化的起点和标志，它首次正式将公民课程纳入学校课程体系。国民政府的正式成立宣布了军阀割据时代在形式上的终结和党治社会的开端。作为执政党，国民党为了迅速重建政治权威，在教育界以"三民主义"作为党义科取缔了公民科，凸显了党治国家之威权政治对教育领域的渗透与控制。虽然这一做法受到社会各界的强烈反对又不得不在学校恢复公民科课程的设置，但是对于"三民主义"的理论权威一直没有动摇。这一时期，教育部在颁布《中小学课程暂行标准》之后，接下来推出《中小学正式课程标准》，在广泛征求各方意见的基础上，最后颁布《修订课程标准》。而且，随着国民政府制定的《大学组织法》和《专科学校组织法》的公布，又陆陆续续公布了《小学法》、《中学法》、《师范学校法》和《职业学校法》四种，教育部据此分别制定《小学规程》、《中学规程》、《师范学校规程》和《职业学校规程》，同时终止教育宗旨，学校教育开始迈入制度化建设的现代化之路。透过公民教科书的内容的选编，与传统修身教科书进行比较，显示公民课程内容演进的连续性、时代性和进步性。

最后结语部分综述现代公民人格建构的文化语境分析及路径探索，主要内容有：1. 学校德育"成"人目标由圣贤人格到公民人格；2. 学校德育内容选择的"中西文化"价值取向；3. 学校德育教科书的现代化——从"修身"到"公民"。在结束对中国现代学校德育课程从修身科到公民科的演变历史过程进行梳理之后，针对这一时期学校德育课程在德育成人宗旨、德育内容选择以及德育教科书编写的历史变迁进行总结和提炼，揭示现代德育课程在处理"传统与现代"、"中国与西方"等问题时应该坚持的价值传承与内容创新原则，以及德育教科书作为德育课程的载体，其内容组织和编写原则在一定程度上受到时代背景的制约和历史条件的限制，同时凸显近代以来教科书在国民教育体系中承担的"文化传承、观念创新与精神启蒙"等社会责任。

第一章

"中体西用"背景下清末学校修身课程的确立

20世纪初，在经历了鸦片战争、太平天国运动、甲午战争、义和团运动和八国联军进京等"外侮"及"内患"交织在一起的多重打击之后，清朝政府被迫与西方列强签订一系列不平等条约，导致了部分主权的丧失，由此造成的经济危机和文化危机把中国社会推进到"瓜分豆剖"的"危局"，使得中华民族在遭遇社会动荡危机的同时陷入了民族身份丧失的精神危机，其双重危机之间的张力，直接推动了社会方方面面的适应性变革和颠覆性革命的不断发生，直接或间接地动摇了清朝政府岌岌可危的专制统治及其政治基础。

面对西方列强入侵和国内战乱频发的严峻形势，清政府不得不考虑如何寻求一条可能的政治出路，迅速走出困境，摆脱这一危机。

纵观近代中国历史，以洋务派为代表提出的"中体西用"思想始终占据着统治者研制政策或对策的主导价值准则，而且这一准则的价值取向随着社会和时局的变化不断调适和发展。所谓"中体西用"即"中学为体，西学为用"，在这里也常把"中学"和"西学"分别以旧学和新学代之，意思是指以中国传统文化中的纲常名教为立国之本，以西方的科学技术和具体的文化策略为强国之用。鸦片战争以来，西方列强凭借坚船利炮摧毁了天朝帝国的陈旧壁垒，年轻的西方文化以波涛汹涌之势冲击着古老的中国文化。泱泱大国一向引以自豪的"四大发明"却被转化为西方列强的枪炮和航海技术，迅速击破了专制皇朝的天然屏障。从此，所谓"闭关锁国"的和平盛世只能作为掩耳盗铃式的饭后笑谈，两种处于不同势能位置的文化形态在战争的硝烟弥漫之中展开了较量与博弈。"中体西用"正是这场文化价值交锋的天然产儿。其主要内容是，将中国传统文化的核心部分与西方先进的政治制度、坚船利炮和生产技术一类的文化归并到一个体系之中，以改革清王朝的颓势和现状。换言之，"中体西用"思想的实质是以"西学"为手段，以达固守"中体"的目的。归根结底是借用西语、西艺、西技和西政去巩固、强化封建专制制度和文化大一统。由此可见，"中体西用"的提出是中国现代社会"落后的生产关系不能满足先进的生产力发展要求的需要"的基本矛盾在文化领域的一种反映。"中体西用"在对待这种社会基本矛盾冲突上持一种形而上学的折中调和态度。它代表了在社会基本矛盾冲突中力图保持落后的生产关系的本体或主导地位，并以此为基础来学习西方先进的生产力，以期中西合璧来维护落后的生产关系的一种努力。当西艺、西技所发挥的作用极其有限甚至无法改变朝廷面对的危局时，清政府又试图学习西方政治制度，通过政治体制改革建立君主立宪以挽救狂风暴雨中摇摇欲坠的封建专制统治大厦，且已经初见成效。由此可见，近代史上的"中体西用"，作为"体"的"中学"和作为"用"的"西学"，它们的范围是不断变化的，随着人们对中国固有文化的进一步认识，"中学"的范围逐渐缩小，而随着向西方学习思潮的萌发，"西学"的范围不断扩大。正如陈旭麓先生所讲："三十余年间阐发'中体西用'者不止洋务一派，凡谈时务、讲西学的人，莫不接受或附和这一主张。"[1]从这个意义上讲，"中体西用"的思想虽然无论在政界、学界还是教育界都产生了一定影响，但是其影响的范围和程度却不尽相同。虽然"中体西用"思想的不同蕴意形成或产生的历史背景存在一定差异，但是，在维护清王朝的统治这一点上则是共同的政治诉求。因此，在洋务运动时期以"应变自强"为目的的"中体西用"到了晚清则演化为压倒摇摇欲坠的清王朝封建专制统治的最后一根稻草。

因此，如何对待中国传统文化和西方政治制度、科学技术及学校系统，成为晚清新政改革必须面对的指导思想问题。尤其是在教育变革过程中，学校德育课程编制如何正确处理与把握传统与现代之间的平衡点，在宏大的政治思想文化变革的背景中，从科目设置、内容选择、价值判断到教科书编写等层面在深层次上反映传统文化与西方现代价值之间的博弈和紧张，从而进一步求解和论证晚清以来德育课程演进的曲折性、必然性与可能性。

---

① 陈旭麓：《陈旭麓学术文存》，上海人民出版社1990年版，第278页。

第一节 传统道德文化的修身功能与晚清士人 伦理思想的启蒙价值

在中国的传统道德文化语境中,修身是教育最为核心的内容。作为提高个人思想道德修养的手段,修身被置于重要地位。道家、儒家和墨家都十分强调修身,只是在论说修身实践的切入点、强调修身的侧重点、修身的内容范畴以及隐藏在修身背后的道德价值观等不尽相同而已。道家以"道法自然"回避了中国古代思想家一贯将修身建立在人性善恶假设的基础之上,把人的自然属性置于"顺应自然"和"无为而治"的优先性地位,强调了个人修身得道的必要性。儒家以人性"善恶"假设作为其建立社会伦理秩序的理论根基,倡导以"克己"作为修身之要务,追求"君子"的理想道德人格。"爱人不亲反其仁,治人不治反其智,礼人不善反其敬,行有不得者,皆反求诸己,其身正而天下归之。"①与道家和儒家不同的是,墨家更加重视人的权利的平等性,提出修身应该依据的原则是"天志",即"规矩"或"规则"。这是中国古代思想家制度思想的萌芽,但是却没有也不可能成为等级森严的皇权专制统治者吸纳为治理宗法社会进行制度设计的合理元素。

一、道家的修身思想——自然无为

道家认为,人源于自然,是自然的一部分,他是构成自然界的不可或缺的生命体组成。在道家眼里,自然是宇宙的王道,"人法地,地法天,天法道,道法自然"②。由于人在宇宙中所处的特殊位置,人必须遵守自然律法,对自己生存的自然环境保持一种虔敬的心态。也即是说,道家的"人道"思想建立在"遵循自然法则"的基础之上,尽管"人道"不同于"天道",但是最终通过"自然之道"的动态调节达致万物和谐共存的生态平衡,实现天人合一。

---

① 《孟子·离娄上》。
② 《道德经》。

老子认为,"天道"与"人道"最大的区别在于,"天之道,损有余而补不足;人之道则不然,损不足以奉有余"①。在老子看来,"天道"即自然的法则,是减去有余的,补上不足的,自动调节达到平衡,"天道"在西方基督教文化中属于自然神的法则,它是"爱"取之不尽用之不竭的源泉;"人道"是人间的法则,它与"天道"恰好相反,通过减损不足的来供给有余的,由此造成贫者愈贫富者愈富的马太效应。因此,要实现"以余奉天下",只有依靠遵循"天道"而践行的"有道者"或"得道者"。也即换言之,人类只有得到"天之道","以圣人为而不恃,功成而不处,其不欲见贤"②,才能成为效法"天之道"的典范。但是,如何才能成为"圣人",达到"功成"而"不欲",道家提倡通过个人修身实践而得道,并提出了具体的指导原则。

老子明确指出,欲修身得道,必持有修身的三大法宝。他说:"我有三宝,持而保之。一曰慈,二曰俭,三曰不敢为天下先。"③老子以"慈爱、俭约以及把自己的利益置于天下人之后"作为自己修身的三大法宝。④ 在三大法宝中仍然坚持"天之道"的原则和对"人之道"的认识与判断。他常把"道"比喻成"母亲","母,生也","道生万物"⑤。在老子看来,慈爱是母亲特有的美德,我们心存慈爱,对所有的人都会珍惜不舍。虽然母亲将会逐渐衰老,但是"道"在后辈中的传承,使得"道"存在并支撑着我们生活中的每时每刻,"道"因为存在而不断创生新的意义,人类就会因为得道而生生不息。在道中,人类相亲相爱,互相关怀鼓励,善待周围的一切事物。因此,老子认为,"慈故能勇"⑥。只要我们拥有内在的慈爱之心,在面对自己的职责以及别人需要援助时,就会生发出无比的勇气,而这种勇气的根源来自"天道"和"人道"之自然力量。

"俭"是老子三宝中的第二宝,是指对万物要有俭约的态度。在老子看来,地球的资源是有限的,而人口却在不断增长。如何遵循"损有余以补不足"的天道原则,养成"俭"的习惯是必不可少的。因此,老子认为,"俭能以广"⑦,即在资源总量一定的前提下,每个人只要能够坚持勤俭节约的好习惯,就可以让更多的人享有基本的生活条件。由此可以看出,"俭"虽然表现

①②③⑤⑥⑦《道德经》。
④ 这里的三大法宝简称"慈"、"俭"和"后"。

出的是一种日常生活现象，但其实质是对个人占有欲望的自律、节制和监控，目的在于使个人修身由外而内，通过内心主导生活，避免个体因沉迷于物质享受而穷奢极欲。

"后"是老子的第三宝，即"不敢为天下先"，也即"让"。它意指在利益面前不敢把自己的利益放在首位，而是采取谦让的姿态，置个人利益于天下或他人利益之后。一方面，凸显了个人谦逊礼让的修身目标和理想；另一方面，也揭示了如何克服"人之道"之局限顺应"天之道"之基本原则，通过修身成为得"道"之人。

由于人也是自然的产物，是构成自然界不可或缺的组成部分。因此，人类通过自我意识的完善，提高自我认识，完全可以达到遵循"天之道"之自然法则的道德境界，这就是人类通过修身得道的理论依据和逻辑推论。

由上可见，老子提出"道法自然"的思想揭示了"天之道"和"人之道"之"自然"属性的区别与共性，同时阐释了二者之间相反相成之内涵。在揭示"人之道"之基本特质之后，老子提出运用"慈、俭、后"三大法宝身体力行，在尊重自然人性的基础上遵循"天之道"之自然法则。

自然的人性是人的本真、本然、天然、质朴和本能的内在属性和特质。这种人性特质相当于古希腊的"physis"（"自然"），与"nomos"相对。①"自然"即本来如此，道家"道法自然"的自然人性主张旨在维持人的本真、天性善良、自爱的本然状态，让人真正成为人，即达到真人的境界——至人。否则就是人性的堕落，人便不能成其为人。先秦道家在《老子》和《庄子》这些典籍中，用抽象的"天"、"自然"、"德"、"真"和具象的"素"、"朴"、"赤子"、"婴儿"等词来揭示理想的人性——自然人性。这种自然人性在道家看来，是人

---

① "nomos"最初是指"习俗惯例"、"约定俗成"。为了平衡贫富差距，将习俗中的一部分刻在石头和青铜上公开颁布，所有人都可以知晓和运用，这些习俗逐渐演变为成文法。待立法民主化、程序化后又扩展到法律领域，成为制定法。亚里士多德在《尼各马可伦理学》中对自然与习俗、法律做了明确的区分和对照。他指出："政治的公正，或者是自然的（phusikon），或者是约定的（nomikon），而哪些是由于自然，哪些不是由于自然，而是法定的，是由于习惯，这是显而易见的。出于自然的东西是不能改变，对一切都有同等效力，正如火焰一样，不论在波斯还是在希腊都同样燃烧；而约定的公正在开始时，既可以这样也可以那样，然而一旦制定下来，就只能这样了。"参见申建林：《自然法理论的演进——西方主流人权观探源》，社会科学文献出版社2005年版，第28页。

的本真属性,即每一个人都向往和追求返真复性,崇尚一种天然质朴、无拘无束的自由生活。但是如何达致这一理想生活的境界,与老子不同的是,庄子则提出了"无为"的修身方式。

"无为"是庄子修身思想的一个重要方面,是庄子用以救世的重要手段。他把救世的方向直指人的本心道德。在他看来,社会道德的滑坡,人类良心的丧失,最根本的原因就是人类丧失了据于内心的"道"。人心"失道而后德,失德而后仁,失仁而后义,失义而后礼"①。而这种本应居于内心的"道"在充满物质诱惑的世界中迷失,根源于人性中的"嗜欲"太深。人生一世为何而来,不外乎一场追名逐利之游戏罢了。"天下熙熙皆为利来,天下攘攘皆为利往。"②人一生下来就被抛入、沉溺于外部的物质世界之中,陷入无休止的争夺之中,斤斤计较于个人利益的得失与名誉的有无,这样的人生之路离"道"就越来越远。因此,要拯救人类和社会,最根本的方法就是重新拾回业已失去的"道"。但是,"道"何以得到?

庄子主张通过"无为"修身而得"道"。在他看来,"无为"的本义是人类决不人为地损害自然属性,无论是对于民众个体的修身还是用于统治者制定管理政策,"无为"成为道家为人类社会奉献的一种十分珍贵的伦理思想。首先,针对人的精神道德方面,庄子主张个人"无为"而修身,以"无为"降低人的"物欲",调整人的精神状态,使人德充于内,知耻无欲,无欲则刚,提高人的道德修养,以拯救世道人心,把人们从"小知间间"、"与接为构,日以心斗"③的沉重精神负担中解脱出来,从而挽救正在滑坡、世风日下的社会道德风气,实现整个社会的安定和谐;其次,针对统治者制定管理政策方面,庄子主张帝王"无为"而治天下,顺民之性,尢所用智,则可恢复上古淳朴风气,实现天下大治。由此可见,庄子提出的"无为"修身与"无为而治"主张,二者之间具有密切的内在逻辑,"无为"修身达致的道德境界是和谐社会的本质特征,为统治者实现"无为而治"提供了可能;相反,"无为而治"体现了居于强势地位的统治者对民众表现出来的最大宽容,这种顺应百姓自然、自由、自

①《庄子·知北游》。
②《史记·货殖列传》。
③《庄子·齐物论》。

在、自为的天然之性，其实是对民众自然权利的高度尊重，"无为而治"的社会环境充分保障了民众的消极自由，这是个人修身和统治者管理欲达到的最高境界。但是关键的问题是，如何才能达到或实现"无为"的境界呢？

庄子认为，对于个体而言，要达到"无为"，首先就要求人精神专一，要摆脱外物的束缚，不奔走于名利之场，不纠缠于得失之间，与世事无争，让人的精神进入一个澄明的境界。可是，人依赖于物质而生存，怎样才能从物质世界中挣脱出来呢？庄子主张以万物平等的"齐物"思想依次"外天下"、"外物"、"外死生"。因为"齐物"，也就是说，当主体与客观事物的对立被消除后，没有了这种对立，人就可以对"天下"、"名利"、"生死"置之度外，便可以从被外物束缚之中解脱出来，这样就能够获得一个纯粹精神的个体。其次，当个体将对物质的追求置之度外，这就达到了"无己"境界。抵达这个阶段，人就可以无欲而无争。

由上可见，庄子提出通过"齐物"而至于"无己"的观点，是源于他对人类生存状态的关怀，他要将万物平等的自然之道，迁移于社会管理秩序和人生精神追求，以引出"以隶相尊"①的道德观念，借以消解社会的争端，创造融洽和谐的社会环境。因此，在庄子看来，精神一旦从形体中分离出来，就可以与"道"合为一体。而"道"在时间上无始无终，在空间上无边无际。因而与"道"合为一体后，人就可以"芒然彷徨乎尘垢之外，逍遥乎无为之业"②，达到"无为而无不为"境界，从而使自然之"道"回归人的内在心灵，在个人重新得"道"之后，德、义、仁、礼皆不失于心，这样，人皆不以利为首，不以物为争，不以名为重，方可把人们从"自三代以下者，天下莫不以物易其性"③的物欲中拯救出来，让整个社会回归淳朴自然状态。这种个人都通过"无为而自修不治天下"，恰恰成为实现天下"无为而治"的理想自然社会伦理秩序。但是，作为管理者，如何才能做到不损害民众自然、自由、自在的天然权利，显而易见，一个基本常识是，把管理者的权力关进笼子里，把钥匙放在民众手里保管。

---

① 《庄子·齐物论》。
② 《庄子·大宗师》。
③ 《庄子·骈拇》。

二、儒家的修身思想——反求诸己

在中国古代思想家中，以儒家的修身思想影响为甚。在儒家看来，"修身"是人求学问道的起点，也是获得良好人际关系和治理国家的基础。作为儒家思想总纲的《大学》，可以说就是关于"修身"的一部总论。"身修而后家齐，家齐而后国治，国治而后天下平。自天子以至于庶人，壹是皆以修身为本。其本乱而末治者，否矣！"①由此可见"修身"之于"齐家"、"治国"和"平天下"之意义和地位。

事实上，儒家自孔子开始，就十分重视修身。孔子十分强调修身的"垂范"和"教化"的作用，在他看来，修身能够达到"推己及人"。当季康子问政于孔子时，孔子说"政者，正也。子帅以正，孰敢不正？"②这种"修己以安人"、"修己以安百姓"的思想不仅体现了"其身正，不令而行；其身不正，虽令不从"③的君王之国威，而且也是通过提升个体的道德良心，达致"社会和谐"和"天下大治"，从而实现儒家追求的"内圣外王"的最高道德境界。

在儒家看来，"修身"作为一种克己自律的道德修养，不是外在礼、法的强制，而是人发自内心的一种遵守律法的自觉行为。"修身"作为一种道德自律，它更加强调的是个体对"仁、义、礼、智、信"等"德"性价值的主动内化和积极认同，而不是被动、消极地接受外在"礼"的秩序和规约。

"仁"是儒家道德思想的核心价值。孔子以"仁"为人立极。"仁者，人也。"④"仁"是人的本质规定，是"人所以为人之理也"⑤。在阐述"仁"的思想的同时，孔子把"仁"与"义"紧密联系在一起。"仁"就是为人之"义"，"仁"就是"义"之于人的体现。"义"是君子之德的根本。孔子强调，对"仁"的认知与"仁义"的行为应当从人的内心自然而然生发出来，是自己对自身的自觉约束，不是迫于外部压力而实行的手段，"颜渊问仁。子曰：'克己复礼为仁。

①《礼记·大学》。
②《论语·颜渊》。
③《论语·子路》。
④《礼记·中庸》。
⑤《四书集注·孟子·尽心下》。

一日克己复礼,天下归仁焉。为仁由己,而由人乎哉?'"①在孔子的修身思想中,从表面上看,"修身"有时指对礼仪、诗、乐等知识的学习,有时指道德实践,有时指"内省"、"内讼"等对自己行为的反思,但无论是学、思、行,孔子强调的都是道德主体的自觉自动性,把学习当作是个人生命体验的过程。否则,那种外在于学习者的"为人"而不是"为己"的学习,把"学"当作一种惟一工具或手段,丧失了与本体存在意义的关联性,无法转变为个人内心认同的东西,这样的学习,在孔子看来,是一种机械的学习,不能与个体生命融为一体,会使忠孝、仁义等传统道德蜕变为僵化的外在道德说教和教条。孔子对学习的反思,与后来儒家成为儒教、"礼"的精神异化为压迫性的纲常礼法比较而言,在学习的精神价值诉求上二者之间恰恰是根本对立的。

在孔子看来,"仁"有两层含义:一是克己;二是爱人。所谓"克己",就是以"礼"约身,一切行为都遵守"礼"的法则,克制不合礼义的欲望。由此孔子提出了"义利之辨"的道德评价标准。他说:"君子喻于义,小人喻于利。"②对"义"和"利"的不同追求,既体现了君子和小人的道德价值取向的差别,也反映了君子和小人追求的不同学习结果。由此可见,孔子所说的"仁"就是孟子所说的"恻隐之心"、"不忍之心",用今天的话来说,就是人对于同类生命的基本的同情和关怀。缺少对生命和人性的同情与关怀,就叫做"麻木不仁"。儒家认为"仁"是为人的根本,是人的精神家园,用孟子的话说就是"人之安宅"。提倡"仁"的道德,就是要以人为本,把人当作人来对待,就是在确认自己是人的同时也承认他人是人,因为人与人在天命之性和生命价值上是平等的。因此,人与人之间应该以"己所不欲,勿施于人"的"忠恕"态度友好相待,以"己欲立而立人,己欲达而达人"的"救世"立场互相提携。

"仁"的精神也就是人性与人道的精神,就是以人为本的精神。儒家以"仁"为道德之源,这对当代社会道德文明建设有两点重要的启示:其一是说明就人的本质的、永恒的存在而言,人与人之间的关爱、和谐、合作,较之于人与人之间有时难以避免的竞争来说,是更为重要、更为根本的方面,具有更高的价值。其二是说明不论在什么情况下,人道与人性的价值,都是终极

---

①《论语·颜渊》。
②《论语·里仁》。

的最高的价值。任何科学技术的发明与运用,政治制度的设计与经济体制的建构与实施,都不能违背人道与人性的原则,都不能以牺牲人的性命为代价,否则就是不道德的。因此,科学技术与竞争机制只有更好地为人道与人性的根本目的服务才符合"仁"的价值原则和道德精神。正因如此,通过"内求诸己"达至仁的境界是个人修身或学习的主要途径。

儒家一致认为,"修身"与"养性"在本质上是同一的。儒家的"修身"标准,主要是忠恕之道和三纲五常,实质上是脱离社会实践的修身原则。"养性"主要是从个人修养即私德的角度思考的。比如儒家的"温良恭俭让"、"忠信笃敬"、"寡尤寡悔"、"刚毅木讷"、"存心养性"、"慎独"、"自戒"、"知耻"、"克己"、"反身"、"强恕"等等,都是对私德的注解。这些私德主要是用来调整君臣、父子、兄弟、夫妇、朋友的关系,即"五伦"。其中君臣伦理不等于国家伦理,朋友伦理不等于社会伦理,这样,社会伦理、国家伦理就被忽视了,剩下的父子、兄弟和夫妇之间的关系全部属于家庭伦理调节的范畴。由此可见,中国的传统道德历来重私德修养轻公德意识。

儒家认为修身的过程就是"格物、致知、诚意、正心",其中格物致知是修身之手段,诚意正心是修身的本质,修身的目的是为了"齐家、治国、平天下"。修身养性的本质是"正心",其宏大的人生目标是"齐家、治国、平天下"。由此可见,"内圣外王"是儒家修身思想的最高境界。无以"正心",难以达至"内圣",则无以"外王"的可能;同时,"外王"的威信和众服正是长期"正心"修身的结果。虽然这种个人私德修养看上去似乎与利群、利国或利天下的公德接近,但是在家姓王朝中,所谓的"国"就是"朝廷",忠于国,就是忠于朝廷和君王,这里个人与国家的关系就变成了君臣的关系,使得天下也成为一个十分空泛和空幻的概念想象。于是,在公德与私德的权衡与博弈中,如何消解以讲求血缘、亲缘、地缘关系和回报的传统私德与主张权利与义务制衡、弘扬公共精神的现代社会公德之间的紧张成为晚清知识分子的道德叩问、知识探求和精神焦虑。

三、墨家的修身思想——兼爱交利

在古代思想家中,墨子性格刚毅,自强不息。墨家的人生哲学一贯尚贤而崇智,反对命定论,强力从事。

从墨子开始，墨家以"爱"、"智"、"行"称道于世。爱，即兼爱天下，提倡平等人权，不仅爱自己的国家，也爱别人的国家；智，即研究自然科学，名辨道术；行，即兴利除害，行侠仗义。墨者修身，其目标是"为士于天下"，成为"厚乎德行，博乎道术，辩乎言谈"的"贤良之士"。为了达到这个目标，墨家先哲认为，要老老实实、规规矩矩地修炼自己。在《墨子·修身》篇，提到了墨子修身的要领或要点。

在墨家先哲看来，修身是立身行事之本。无论是做人还是做事，都应当分清本末，抓住根本，培根固本。"本不固者末必危"，"原浊者流不清"。① 墨子告诫世人，一个人如果想使自身更完善，成为一个有利于社会的人，就应当志向高远，追求道义，而最根本的便是努力修养自身的品性。

墨家修身十分重视身体力行，把实践作为检验言论和思想的标准。在道德修养中，墨家把实践作为修身的根本途径。"名不可简而成也，誉不可巧而立也，君子以身戴行者也。"② 实学力行，将自身置于社会实践中，才能养成良好的品德。事实上，墨家正是在艰苦的社会实践和生产劳动中磨炼意志、陶冶品行的。与儒家一样，墨家也十分重视通过"以人为镜"借助他人的评价反省个人的道德实践，以提高自己的道德修养。"君子不镜于水，而镜于人。镜于水，见面之容；镜于人，则知吉与凶。"③ 以人为镜，首先就是要把别人的评价当作反思自己的镜子，多角度全方位认识自己，在倾听中发现自己的不足，促使自己不断进步。《墨子·修身》认为，君子善于明察，从身边做起。若是没有修炼好自己而受人诋毁，那就自我反省，这样既可以减少怨恨又可以加强修行。他人的评价中当然也有谗害诽谤之言，但我们不必不入于耳，也不必出口攻击他人，更不必心存伤害人的念头，这样，即使遇有好诋毁、攻击的人，他们也无话可讲了。④

此外，墨家还十分重视慎交朋友。墨子以染丝为喻，哀叹素丝"染于苍则苍，染于黄则黄"，得出结论"染不可以不慎"，墨家认为不管是执政者还是

---

① ②《墨子·修身》。

③《墨子·非攻中》。

④《墨子·修身》："是故先王之治天下也，必察迩来远。君子察迩而迩修者也；见不修行见毁，而反之身者也，此以怨省而行修矣。谮慝之言，无入之耳；批扞之声，无出之口；杀伤人之孩，无存之心；虽有诋讦之民，无所依矣。"

一般的士人,都要注意当染。结交良友,有利于自己的进步;结交恶友,则不免堕落。由此可见,墨子在教育问题上重视环境对人的影响,这一点与"孟母三迁"的故事同于一理。

最后,墨家强调修身要坚持原则。在墨家那里,做任何事都有一定法则或规矩。这里的法则或规矩便是"天志"。人若有天志,"譬若轮人之有规,匠人之有矩,轮匠执其规矩,以度天下之方圆,曰:中者是也,不中者非也"①。就像规和矩是工匠衡量方和圆的器具一样,"天志"是人判断是非的标准,为人们的道德修养提供了最基本的法则。这个基本法则,体现为现实的道德准则,就是墨家思想的核心:"义,正也","兼相爱,交相利","曰顺天之意何若? 曰兼爱天下之人"。② 人们之所以必须按照道义行事,必须遵循"兼爱"等道德原则,这都是天的意志的体现。天不仅提供一套法则,还有按照法则对善恶进行惩处的作用,在墨家那里,天和人的意志是相通的,如果人做天喜欢的事,天也就会赋予人所追求的东西作为回应;反之,人若忤逆天意,天也必然会给予其处罚。这样,"天"又成了一种类似原始宗教的神秘力量,成为约束个体道德修养的外在法则。墨家认为,"天志"或"法则"与墨家的核心思想"义"和"利"是统一的。

综上所述可以看出,以道家、儒家和墨家为代表的中国古代思想家提出"修身养性"之道德修养方法,把提高个体道德水平作为构建社会秩序的基本前提和人性基础,无论是道家主张的"减欲",还是儒家倡导的"礼行",以及墨家提出的"规矩"和"原则",在当下仍极具启示意义:第一,道家以"自然人性"为理论基点,一方面,指出"人之道"必须顺从"天之道",以克服内心之贪欲,同时,运用"天道"之宇宙力量,秉持"慈、俭、后"三大修身法宝,克服"人道"之阴暗面,以"负阴而抱阳"③,在尊重人性的自然属性基础上把"道"

---

① 《墨子·天志上》。
② 《墨子·天志下》。
③ 《道德经》。

作为完善人性的一种自然力量①；另一方面，提出"人与万物平等"的"齐物论"思想，试图以此建立"无为而治"的理想大同社会，但是这种"出世"的思想主张是在遭遇现实生活的驳杂、零碎与无聊时而产生的一种逃避，它无法解决现实道德生活之问题本身，也即是说道家没有从根本上解决如何保障民众自在、自由、自然等天赋权利的核心问题。第二，儒家在"人性善恶"假设的基础上以"克己"作为修身入世之原则，提出了"仁、义、礼、智、信"的修身德目和目标，其目的是通过修身达致"内圣"，继而成为可以"治国平天下"的人上之人——"外王"或"君子"，显然，儒家在修身人格目标上是排斥"小人"的，这种追求"不平等"的礼治思想在封建专制制度行将崩溃之时必然受到重新审视。第三，墨家试图以"天志"说确立人类道德信仰，主张以兼爱修身，倡导平等人权，并以此作为建立社会制度规范和个人行为规矩的根本准则，但是，墨家的理想仅仅是在臣民社会中探寻一条可能的出路，这在一个皇权统治的宗法社会中只能成为对现实生活的理论批判和思想超越，而无法触及或动摇封建制度本身的统治基础。

由此可见，以道家、儒家和墨家为代表的中国传统文化在追求以道德修身"成"人的过程中，呈现出一幅五彩缤纷的传统人格图像。道家主张培养自然无为的顺天人格，不论是统治者还是民众，均以"无为"为手段达致心灵平静、无欲则刚的和谐社会；儒家力主倡导一种"内圣外王"的圣贤人格，主要通过"格物致知"、"诚意正心"、"克己复礼"和"反求诸己"的修身方法，力求成为一名"人上之人"的圣者、君子或贤者，严格遵守宗法社会的礼治秩序必然需要牺牲人性中诸多自然、珍贵的正常需求，其实质上隐藏了儒家背后的"诛心之术"，从而违背了内圣外王的终极价值诉求；墨家主张通过兼爱交利培养一种仗义而为的侠士风度，这种以天志为本并躬身践履、追求人格平等的社会理想，在一个具有尊卑、贵贱、长幼、上下之严格规约的宗法等级社

---

① 这种自然力量的文化价值体现了一种"相反相成"的思想内涵：一是由于"天之道"没有被提升到一种超自然力量，难以在"人之道"之人性中唤醒一种超验的终极信仰，生发对"天道"之敬畏之心，获得一种源于"天"之"人"的心灵慰藉；二是由于对"天之道"和"人之道"之自然属性的本质揭示，使得前者成为后者的道德准则和人性修炼之方向，且直接在"天"与"人"之间进行沟通与会合，凸显了中国传统文化中人本主义终极关怀的核心价值和文化精髓。

会中,表现出一种卓然的、反封建的、实践性品格。

道家、儒家和墨家之所以提出不同的人格范式,是源于其理论建构中的人性假设基础。道家坚持道法自然的原则,以"人之道"顺应"天之道",指出自然的人性是本真、本然、天然、质朴和本能等内在于人的属性和特质;儒家基于人性善恶的假设,旨在通过修身去恶从善,借助实践修行最后达致至善的道德境界;墨家认为人性与环境具有十分密切的关系,因此,墨家强调在实践中,在具体的情境中去认知、把握和体验人性中慢慢显现出来的东西,在墨家看来,人性不存在善恶之分,但是人在修身实践中必须遵守一种源于"天志"的规则或规矩,在这种意义上,墨家认为人与人是平等的。

尽管由道家、儒家和墨家建构的传统人格异趣纷呈,但是在封建专制统治的宗法社会中却一概异化为一种依附性人格。这种依附性人格的典型特征就是缺乏独立性,它在以三纲五常为礼教的伦理秩序中被迫模塑成一种分裂性的双重人格。中国国民的这种分裂性人格直到近代以来才首次遭到方方面面的批判。当西方列强用枪支弹药打开中华民族的国门之时,偕同鸦片一起输入的还有西方文化价值观、科学技术、政治制度、学校系统等隶属于西学的整个知识体系,中国传统文化首次遭遇了来自西方文化的严峻挑战。一些留洋学成归来的新式知识分子在对传统文化和西方文化进行认真检视之后,对东西文化进行了细致地比较分析,试图在国家强弱背后寻找文化基因上的血缘关系,并开始了一系列的"把脉、开方、煎药"工作,希冀通过西方现代价值的输入进行国民性改造,以彻底医治国民身上普遍显现出来的所谓"东亚病夫"的典型病症。到了晚清时期,对于清朝政府而言,处方开了,药也服了,但仍然一副衰弱不堪的病快快的样子,为了维护清朝封建专制统治,清朝政府下决心实施新政改革,在坚持"中体西用"的思想指导原则下,在政治制度、科学技术以及学校系统上全面展开向西方学习的救亡行动。

四、晚清士人对传统道德人格的批判

正如前文所述,中国国民的典型传统人格是一种依附性人格,这种人格特征表现为在日常生活中,每个人在处理具体的事务工作时首先考虑的是彼此之间关系远近、亲密程度和利益分割,而不是依靠遵循处理事务的基本

规范或根本法则。显然,这种缺乏独立性的双重人格在遭遇近代以来西方现代文明的普世价值带来的冲击之后,被知识分子重新进行了解构。他们通过对西方文化脉络中自由、人权、平等话语的思考并作为思想资源,用以考察和解释传统道德的价值,为中华民族的文化复兴与重构指出可能的路径。其中以严复、康有为、谭嗣同、梁启超和刘师培等的影响为甚。

（一）严复的"自由"思想启蒙及"新民德"观

严复(1854年—1921年),原名宗光,字又陵,近代资产阶级启蒙思想家、翻译家、教育家。1871年(同治十年)毕业于福州船政学堂。1877年(光绪三年)被派赴英国格林尼治海军大学学习,其间广泛接触西方自然科学和社会政治学说。1879年回国,任福州船政学堂教习。次年任天津北洋水师学堂总教习,后升任总办。甲午战争后,严复深感国势日危,先后发表《论世变之亟》、《原强》、《辟韩》、《救亡决论》等文,抨击封建专制,主张向西方学习。1895年至1898年间翻译T.H.赫胥黎的《天演论》,以"物竞天择,适者生存"的进化论观点唤起国人救亡图存、"自强保种"的危机意识,对近代思想界影响极大。戊戌变法后,潜心译述,先后译出《原富》、《群学肄言》、《群己权界论》、《社会通诠》、《法意》①、《名学浅说》、《穆勒名学》等西方名著,是近代中国系统介绍和传播西方资产阶级政治学说和思想文化的第一人。

在近代,严复可以称得上是第一个把"向西方学习"的运动推进到文化思想层次的人。当1877年严复被送去英国格林尼治海军大学学习造船技术之时,似乎已经注定他将踏上一条与同去学习轮船相关的专业知识、后来当了海军军官的同学大相径庭的生活道路,严复以自己独特的观察视角、精锐的敏感和一个知识分子的公共情怀,在异国他乡毅然对自身际遇作出异于他人的反应。对此,史华兹有如下一段评述:

事实上,我们在严复身上看到了一种现象的端倪,这种现象在随后的一代留学生中一再发生。在被送出国去学习某些专业知识的留学生中,那些

---

① 1909年,由严复翻译的法国启蒙思想家孟德斯鸠名著《法意》(即《论法的精神》)第七分册(也是最后一册)在上海商务印书馆出版问世。至此,该书第一个中文版本终于出齐,完整地呈现在了国人面前。《法意》是严译八大世界名著之一,也是仅次于《天演论》,在中国影响最大的严译作品,全书包括严复所加的167条按语,共五十多万言,从1904年起陆续分册出版,前后耗时达五六年。

最富天才的,很少能够始终保持毫不旁骛地研读既定专业的心态。与富强的东道国相比,中国那极其不能令人满意的整个现状不可避免地把他们的注意力引向专业之外的普遍问题。他们对中国整个灾难现状的忧虑,常随个人前程的渺茫而进一步加强,这在下一代留学生中表现得尤为突出。①

严复到了英国之后,通过对西方的考察,结合对中国国民性的比较分析,他发现,西方人之所以具有爱国公德之心,一个根本的原因在于西方人享有自由、平等之人权;中国人缺乏爱国公德的主要原因是专制的摧残。在他看来,享受自由、平等权利的西方人能把国家的事当作自己的事;而中国的独裁统治者把民众看作奴隶,不仅不鼓励人民关心国事,而且想方设法禁止人民关心国事。于是,人民自然只关心自己的私事而淡漠公共事务和国家事务,以致在一些民众经常光顾的茶馆等公共场所,也常能看到悬挂着"莫谈国事"的横匾。接着,严复对中国人之所以"不自由"的原因进行了分析。他认为,中国人之所以不能像西方人那样能够自治而自由,在于民力、民智、民德三方面皆不如西方人。"民德薄"表现出中国人在对待群体和国家利益上缺乏责任感和主人感,从而体现出来一种奴性、自私、虚伪性和依附性。严复指出,西方人虽然强调利己,但他们能够把利己与利群和利国结合起来。这与一个国家的"治制"有密切的联系。

严复从"治制"入手分析当时中国"民德薄"这一现象形成的原因,指出一个国家的政治法律制度对国民性可能带来的影响,以及制度与人性之间微妙的关系。在严复看来,"夫治制有形质,有精神,二者相为表里者也。使形质既迁,则精神亦变。非曰不可变也。特变矣,须有人焉"。② 这里的"治制"带有社会根本制度的含义,其制度的设计或安排是外在形式、内在精神和价值诉求的有机统一。现代西方的民主制度是依据新的伦理原则和道德精神而建构起来的,西方人眼中关于"幸福"的理解与判断,"莫不以自由为惟一无二之宗旨"③,体现了现代人权对人的存在意义和尊严的价值诉求。民主制度以规则和理念共同作用的方式对国民道德的规范与更新产生作

---

① [美]本杰明·史华兹:《寻求富强:严复与西方》,叶凤美译,江苏人民出版社 1990 年版,第 19 页。

②③严复:《严复集》(第四册),中华书局 1986 年版,第 959、981 页。

用,这种作用具体体现在两个层面:一是民主制度的规范和精神符合人性内在的安全需求,具有全局性、公共性、共享性和约束性的特征,这就使得它所面对的对象具有最为广泛的普适性,与专制主义传统制度相比,民主制度将其规范和所蕴含的制度精神在辐射到每一个国民的同时,对全民的道德理念都将产生最重要的、直接或间接的深刻影响;二是民主制度的设计为人们的行为选择提供了基本的游戏规则和道德原则,这一规则或原则通过对"自由"和"不自由"行为边界的规约,使其成为人类基本权利的保障即实现基本自由的条件,同时缔造了一种新型的、平等的人际关系与处世的制度规范。新制度经济学派的代表人物诺斯指出:"制度是一个社会的游戏规则,更规范地说,它们是为决定人们相互关系而人为设定的一些制约。"①制度变革使社会由传统的"身份社会"向"契约社会"转型,专制制度下人身依附的身份关系向独立主体间的契约关系转化,等级关系向平等关系转化,新制度消除政治歧视、身份歧视、地位歧视、种族歧视、地域歧视等,使整个社会关系结构发生根本性的变化,确立了人与人、人与社会、人与国家、人与世界之新型关系基础上的制度规约与伦理准则,在重塑国民心理的过程中构建一种全新的、健全的、健康的自我意识。因此,正是通过民主制度的设计和安排,鲜明地摒弃了专制的、扼杀人性的人身依附,为人们在公共领域的人际交往提供了新的道德选择可能,并规定了国民道德的发展方向、人格目标和选择空间。可见,制度对国民整体的道德诉求、道德结构、价值取向、行为方式和道德信念有着直接的、根本性的影响,国民的道德水准因民主、平等和法治精神的洗礼而日益增进、提升和不断更新。

国民道德发展的新方向必然受到来自社会各个方面,尤其是积淀深厚的旧道德、旧风俗、旧习惯的压抑和排斥。在新旧道德博弈中,新道德依托于新制度的安排和规定,消除旧的国民道德禁区,释放观念禁区,开放公共领域,为公共精神和公共选择理念提供空间,迫使旧道德由于与新制度规则的抵触而不得不逐步淡出。同时,新制度以法律条文等刚性规则的形式规定群己边界,保护个人的自主空间,限制个人绝对自由的放肆,限制公权力的滥用,限制制度执行的随意性对个体权利的侵害和践踏。简言之,法律条

---

① [美]诺斯:《制度、制度变迁与经济效绩》,上海三联书店1994年版,第3页。

文成为守护、监督个体道德操守的最低制度底线。对此,严复以西方为例进行了解释,"英之民非能使其君之皆仁,其吏之皆廉洁也。能为之制,使虽有暴君,无所奋其暴;虽有贪吏,无由行其贪。此其国所以一强而不可弱也"①。这就使制度为新道德营建了一个保护场域,使之能够正常地逐渐发育、成长。而中国的传统道德,在某种程度上是一种法律化的道德,或者说道德以法律化的路径成为一种以制度为依托的带有半强制性的约束。在这种特殊的背景下,必须借助于新制度的保障,尤其是借助法律制度限制政府的公权力使用范围,保障个体的私权利,国民才有可能运用新的规则来确认人与国家、人与社会以及人与人之间的新型人际关系,从而逐渐接受和形成新的道德观念、生活方式和伦理秩序。

由于旧道德作为一种非正式制度,已经成为中国国民的一种无意识的心理定势和习惯,造成了新的制度与传统道德之间的紧张,如何消除二者之间的张力,为"新民德"的发展道路指出方向,严复认为,必须站在时代精神的制高点,以"统新故而视其通,苞中外而计齐全"②。统合古今中外文化,达到现代民主制度与中国传统道德的融合。在民主制度的基本精神指导下,在新制度安排的框架内,将一些传统道德资源适应性地定向盘活,使在国民中积淀深厚的传统道德摆脱地缘性、家族性、宗法性和依附性,通过在新制度框架下进行重新诠释,转变为一种带有普适伦理性质和体现中华民族特质的道德精神、道德规范或道德价值,使之与新制度相得益彰,共生共荣。

以专制精神为命脉的中国传统"治制",集中了法律制度、行政制度和宗法家族制度,全面挤压国民的伦理道德空间,将公共领域和私人领域全部置于国家的控制之下,从而导致国民道德选择的空间被压缩到仅仅限于安分守己、与世无争、逆来顺受。因此,严复在翻译密尔的《论自由》一书时煞费苦心,对作为个体基本权利的"自由"提出了极富个人独创意义的见解。在严复看来,由于"自由一言,为中国历古圣贤之所深畏,而从未尝立以为教者也"③,所以"中文自由常含放诞、恣睢、无忌惮诸劣义",常与"散漫"一词连用

---

① 严复:《严复集》(第四册),中华书局 1986 年版,第 893 页。
② 严复:《严复集》(第三册),中华书局 1986 年版,第 560 页。
③② 严复:《严复集》(第一册),中华书局 1986 年版,第 2—3、132—133 页。

表示没有规矩,不守规则之意。对此,严复十分担心"自由"会被国人误解"为放肆、为淫佚、为无法、为无礼"②,所以他把密尔的《论自由》翻译为《群己权界论》,从而给中国带来了"自由"的经典定义:人是生而自由的,他可以做任何他想做的事,但必须以不妨碍他人的自由为界标。应该说,这个中文书名准确地提炼了自由主义的精髓,那就是必须界定和分清公私权域:公域讲权力,私域言权利;公域讲民主,私域言自由;公域讲法治,私域言自律;公域讲理性,私域言责任;公域讲制度,私域言道德。

因此,在严复看来,"新民德"就是要培养关心社会利益和国家命运的公德意识,建构独立、自由、平等、博爱的国民道德精神。而要达到这一目标,赋予国民诸多领域充分的自由是"新民德"不可或缺的社会条件。"凡一切可以听民自为者,皆宜任其自由也。"③在严复看来,新制度对个体自由与自主权利的保护,为其营建了一个包括道德在内的自由和自为的空间,使主体获得了自己的道德自由王国,从而赋予国民道德以真正意义的主体性特征。由此可见,"新民德"的本质是道德自由,道德自由才能真正达到道德自律,即由自我选择、自我决定,达到自我约束、自我改造、自我负责。在这一意义上,可以说没有道德自由,就没有道德的进步。新制度使主体获得道德自由选择的权利,使道德主体性在制度给予的合法空间,通过法律对思想、言论、行为等自由的保护获得发育。在这一空间中,国民个体行使自主权利,其自主思维、自主判断、自主选择以及自我负责的能力可以得到前所未有的锻炼和提高。而这恰恰是一个公民社会孕育和发展的必要条件,也是构建和谐创新社会的基本前提。

在法治社会中,一个典型的特征就是"人人权利平等",也即是"人人机会平等"而非结果平等。这在现实生活中最为直观的体现之一就是"男女平等"。而中国传统社会是一个以男权为中心的封建社会,规约"三纲五常"和"三从四德"的伦理秩序,实际上是束缚在妇女身上的枷锁,因此,要提出"男女平等"主张和诉求,对于一个数千年素有"男尊女卑"的文化传统的中国社会来说,不啻于在平静的湖泊中扔下了一块巨石激起阵阵波涛。1898年,严复在《论沪上创兴女学堂事》一文中强调了中国社会之所以出现男女不平等

③ 严复:《严复集》(第四册),中华书局1986年版,第1128—1129页。

事实的原因："中国妇人，每不及男子者，非其天不及，人不及也。自《列女传》、《女诫》以来，压制妇人，待之以奴隶、防之以盗贼、责之以圣贤。为男子者，以此为自强之胜算。"①为此，严复抨击了当时"歧视女性、侮辱女性、压抑女性自主性"的社会陋习，主张"禁缠足"、"废妻妾制"和"禁溺女婴"，并提出了"婚姻自主"、"社交自由"和"自强自立"的主张，他倡导兴办女学，以促进"优生优育"提高中国下一代国民的素质。严复虽然没有提出"男女平等"的社会理想，但是他主张从封建文化传统桎梏束缚女性自由的枷锁中把妇女解放出来的思想，对后来民国时期北京大学首开先河招收女子入学的蔡元培产生了深刻的影响。

由此可见，作为近代中国第一个把系统地向西方学习运动推进到人权诉求的文化高度的第一人，严复十分重视国民性改造。在他看来，国民之所以出现"民德薄"，其重要的原因在于中国传统社会的专制制度。这一思想对后来的梁启超产生了一定影响。因此，通过法治社会保障个体基本自由权利，以改造国民性达到"新民德"，其关键还在于如何改造传统社会的旧道德、旧风俗和旧习惯，建设一种新的民主制度。严复从制度层面入手分析和透视中国国民性形成的文化脉络，抓住了人性与环境之间互动的关系，提出了关于制度环境影响人的道德选择的"新民"主张。

（二）康有为的"自然人性"论和"权利平等"理想

康有为（1858 年—1927 年），又名祖诒，字广厦，号长素，近代著名政治家、思想家、教育家，广东南海县丹灶镇苏村人。康有为生于官僚家庭，自幼学习以儒家为代表的传统文化经典，1879 年开始接触西方文化。1882 年，康有为到北京参加顺天乡试，没有考取。南归时途经上海，购买了大量西方书籍，通过研习这些著作，吸取了进化论和西方社会政治学说，初步形成了维新变法的思想体系。

1894 年 11 月到 12 月间，康有为寓居广西桂林 40 天，写出了两部重要的著述，"桂林山水极佳，山居舟行，著《春秋董氏学》及《孔子改制考》"②。在《春秋董氏学》一书中，康有为一反过去数千年来对"人"的个性的否定和对

---

① 严复：《严复集》（第二册），中华书局 1986 年版，第 468 页。
② 楼宇烈整理：《康南海自编年谱（外二种）》，中华书局 1992 年版，第 25 页。

私欲的压抑,公开强调对"人"的尊重和个性的张扬。康有为从自然人性论的观点出发,提出人具有"天生"之性即"人性",如"食味、别声、被色"等等,认为这些都是出自人类肉体和精神上的需要,是与生俱来的,因而是正当的。他对孟子的"性善说"和荀子的"性恶说"均不赞同,因为自然之性本来无所谓善恶;也不同意程朱关于气质之性和义理之性的区分,认为那不过是为"存天理,去人欲"的说教寻找借口。在康有为看来,人去苦求乐、争取个性自由和个人权利具有合理性,作为统治者应该顺应人的自然属性,保障个体合理合法追求个人幸福的权利。他认为,"圣人之为道,亦但因民性之所利而利导之","凡导民者,因人情所必趋,物性所不能遁者,其道必行"。①康有为指出"圣人"不仅不否定人性而且还因顺应民性而引导人民,这便从根本上否定了"存天理,去人欲"的说教,同时也重塑了传统的"圣人"形象。

康有为受庄子"齐物论"思想的启示,既然人性得之于自然,人性便是平等的,进而言之,人人都是平等的,当然包括"男女平等"。康有为从自然人性论进行推演,得出了"人人平等"和"男女平等"的结论,为他在维新运动中提倡女子教育奠定了思想基础。他说:"盖天之生物,人为最贵,有物有则,天赋定理,人人得之,人人皆可平等自立。故可以全世界皆善,恺悌慈祥,和平中正,无险诐之心,无愁欲之气。"②又说,"人人独立,人人平等,人人自主,人人不相侵犯,人人交相亲爱,此为人类之公理,而进化之至平者乎!"③由此可见,康有为从提出"天之生物人为最贵"的命题到强调"人人独立,人人平等,人人自主",反映了现代资产阶级政治学说中对人的价值、人的尊严和人的权利的推崇与褒扬,基本摆脱了中国传统道德观念和政治文化对"人"的束缚,"人"的主体性和"人"的价值被提升到一个前所未有的高度。

为了在真正意义上实现"人人平等"的社会理想,康有为试图以大同思想构建他的政治乌托邦。1902年至1903年间,他完成了体现其"大同"思想的代表作《大同书》,以"五苦九界"表达了他对现实社会的批判,揭示了人类

①康有为:《春秋董氏学》,中华书局1990年版,第152—153页。
②③康有为:《孟子微》,中华书局1987年版,第7、23页。

苦难的根源和救赎之路。① 康有为对人类痛苦根源的焦虑,不仅表现为一种彻底的现实批判精神,而且体现在追求未来政治理想的道路上一以贯之、孜孜以求、艰辛探索的信念。在康有为看来,人类不自由、不平等的根源在于人类自身的活动被限制在"界"的范围,因此"去九界"就是他为人类社会"到达极乐世界"开出的一剂良方。在破除"九界"的构想中,康有为最为看重的是破除国界和形界,他认为要实现大同的理想"必先自破国界去国义始矣",没有主权,难以保障人权。因此,康氏首先历数从古至今的战争祸乱带给民众的深重苦难,认为战争发生的根本原因乃是国界的存在。然后提出"今欲至大同,先自弭兵会倡之,次以联盟国缔之,继以公议会导之"②。所谓"弭兵"就是各国停战讲和。所谓联盟国,又分为三种,一种是形如德奥意同盟的各国平等同盟之体,一种是诸如德国联邦的大政府,另一种是诸如美国、瑞士的公政府。康有为在去国界的基础上提出新的政治理想:"各国订盟弭兵平等联盟——各联邦自理内政,大政统一于大政府——消除邦国号域,各建自主州郡而统一于公政府",并附会为"据乱世之制——升平世之制——太平世之制"。③ 在论及"去形界"时,康有为认为男女平等的关键问题是"男女独立",即"明男女平等各自独立之权"。他指出,"男女同为天生,其聪明睿哲同,其性情气质同,其德义嗜欲同⋯⋯其能执事穷理同,女子未有异于男子也,男子未有异于女子也。是故以女子执农工商贾之业,其胜任与男子同"④,"男女平等是自然赋予人的天然权利。如压制女子使之'不得自立,不得自由',则是'损人权,轻天民,悖公理。失公益,于义不顺,于事不宜'"⑤。

---

① 康有为从"人有不忍之心"出发,指出人类社会存在人生之苦、天灾之苦、人道之苦、人治之苦、人情之苦等五大苦难,而造成这些苦难的根源就是"九界","九界"指"国界、级界、种界、形界、家界、产界、乱界、类界和苦界",即"国土、等级、肤色、性别、家庭、财产、管理、生物、生存",在康有为看来,不除九界,难以实现大同。

② 康有为:《康有为大同论两种》,朱维铮编校,三联书店1998年版,第119页。

③ 康有为根据何休提出的"据乱世——升平世——太平世"的路线,进行进一步的比附提出他的"三世说"。他在《孟子微》中赋予"三世说"以新的意义:"据乱世"为君主专制,"升平世"为君主立宪,"太平世"为民主共和。在他的眼里,大同世界应该是"太平世",至少应该是"升平世"。

④⑤康有为:《大同书》,中州古籍出版社1998年版,第166、185页。

因此，"女子当与男子一切同之。此为天理之至公，人道之至平"①。康有为明确表示反对"男尊女卑"的儒家传统道德观及摧残妇女的封建礼教，主张男女平等、各自独立。康有为还把"男女平等"与国家政治与社会发展联系起来，认为男女平等、各自独立是去家界、去国界、去种界，乃至达致"大同世界"的基本开端。如果女子不能获得解放，男女地位不能独立、平等，社会就不能得到发展，要实现人类大同就永远是一个虚幻的梦想。

综上观之，康有为试图在中国传统道德文化和西方人权说之间寻求一个共同支点，他以自然人性论作为人格平等、权利平等论的思想基础，并以此建构其"人人平等"的大同世界，在近代首次提出男女平等的思想，实为振聋发聩之声音。可以说，在某种意义上，康有为的大同世界是一个无私的太平世界，其意图主要体现在以下三个方面：在政治方面，设有一个管理全球社会经济、文化和公共福利的公政府，"既无帝王、君民，又无官爵、科第，人皆平等"②，人人享有权利平等；在经济方面，消灭了私有制，实行以公有制为基础的社会制度，实行按劳分配制度；在社会生活方面，生产力高度发达，人们的物质生活和精神生活富裕、美好及高尚，男女平等，婚姻自由。显而易见，《大同书》深受"齐物论"的影响，其最终目标是要构建一个天下为公、没有阶级、一切平等的极乐大同世界。虽然他的政治"乌托邦"在他所处的时代没有得到实现，但是他的人人"权利平等"思想以及对"公共领域"和"私人领域"的划分与"去界"伦理说为晚清公民教育思想的肇始或发端提供了论据支持，与严复提出的"群己之界"相比，他对"公"与"私"划分界限还不十分清晰，其理论学说的逻辑论证还欠缺严谨。

（三）谭嗣同的"仁学"观与"人格平等"说

谭嗣同（1865年—1898年），字复生，号壮飞，又号华相众生，湖南浏阳人，清末百日维新著名人物，资产阶级政治家、思想家。他主张中国要强盛，必须学习西方资产阶级政治制度。其代表著述《仁学》乃维新派的第一部哲学著作。

在《仁学》一书中，谭嗣同以"仁—通—平等"为支点构建其哲学体系。

---

①②康有为：《大同书》，中州古籍出版社1998年版，第166、138页。

"平等者，致一之谓也。一则通矣，通则仁矣。"①谭嗣同以通达、贯通、仁通求变通、运通、流通，其变法思想集中体现他对孔子仁学思想的解构、彻底地"冲决一切网罗"的反对封建专制统治精神以及追求君民平等的大同世界的知行统一的人格。在他看来，儒学的精义是仁学，它包含着"爱人"、平等相通的思想。在《仁学自序》中，谭嗣同首先开宗明义从"仁"字的结构入手阐释"仁"的本义，他认为"仁"的本义是"二人相偶"。他说："'仁'从二从人，相偶之义也。'元'从二从儿，'儿'古人字，是亦'仁'也。'无'，许说通'元'为'无'，是'无'亦从二从人，亦'仁'也。"②既然"仁"的本义是"二人相偶"之义，当然要求社会上一切人均应平等相处、以礼相待。所以谭嗣同坚持认为："方孔之初立教也，黜古学，改今制，废君统，倡民主，变不平等为平等，亦汲汲然动矣。"孔子立教精诣就是倡导民主、平等，这正符合仁学的精义和"仁"的本义。因此，孔子立教之后，则有孟子继之，"竟孔子之志"，"畅宣民主之理"。但是，谭嗣同认为儒学在其演变的过程中，自荀子始，孔子立教精义尽失，完全背离了仁学原初的立教精神，儒家的礼教竟蜕变为专制君主钳制人民自由、平等权利的工具，贻害中国达两千年之久。"反授君主以莫大无限之权，使得挟持一孔教以制天下"，因此，谭嗣同用简练的语言概括了中国文化传统的精髓，并对此进行了深刻揭示和无情批判："二千年来之政，秦政也，皆大盗也；二千年来之学，荀学也，皆乡愿也。惟大盗利用乡愿；惟乡愿工媚大盗。二者相交相资。"③

谭嗣同在对传统伦理进行解构和深刻批判的基础上，同时为现代伦理的建构指出了方向。他把背离仁学精神、钳制人民思想、禁锢人民自由、剥夺人民权利的纲常名教统统视作"重重网罗"，皆属当在冲决之列。他在《仁学》自叙中愤慨异常，秉笔直书："网罗重重，与虚空而无极。初当冲决利禄之网罗，次冲决俗学若考据、若词章之网罗，次冲决全球群学之网罗，次冲决君主之网罗，次冲决伦常之网罗，次冲决天之网罗，次冲决全球群教之网罗，终将冲决佛法之网罗。"④谭嗣同以"冲决一切网罗"的大无畏精神，将伦理批判的矛头直接指向一切维护封建专制制度、禁锢人民自由的重重网罗——政治伦理和思想学说，因而其"冲决网罗"是全方位的。首先，他尖锐地指斥

---

① ② ③ ④ 谭嗣同：《谭嗣同全集》（增订本），中华书局1981年版，第293、289、337、290页。

两千年来专制君主是"独夫民贼"，他们"以天下为其私产"，"竭天下之身命膏血，供其盘乐怠傲"。① 不惟如此，正是这种"独夫民贼"式的强盗专制，造成中国"如此黑暗地狱，直无一法一政足备记录，徒滋人愤懑而已"②。可以说，君主专制是宗法社会的万恶之源。因此，他引用"冠绝地球"的法国资产阶级革命思想，"誓杀尽天下君主，使流血满地球，以泄万民之恨"③，借以表达他对君主专制的痛恨和对革命的幻想及对民主、自由和平等权利的热切渴望。

谭嗣同的思想既源于传统，同时又表现出强烈的反传统倾向，他曾激烈反对传统的忠君观念，主张君民平等。他认为，君与民在人格和智力上是平等的，指出"君亦一民也"，甚至"较寻常之民更为末也"。这就突破了王夫之、黄宗羲、龚自珍等思想家"民贵君轻"的二元论思想陈说和"载舟覆舟"之君逼民造反的思路，从根本上否定了"君权神授"和君主"受命于天"的封建说教，为维新变法、实行君主立宪提供了理论依据。谭嗣同的这种君民平等思想根源于他的"仁—通"理论中的"上下通"。谭嗣同认为，"通"的哲学意义是事物之间的相互联系、相互沟通、相互渗透和相互感应。与"通"对立的是"塞"，通即平等，塞即不平等。"通"的内容有四义："中外通、上下通、男女内外通、人我通"④，其中三义源于儒家经典，"中外通多取其义于《春秋》"，"上下通、男女内外通多取其义于《易》"。"通"的目的无非是以人的善良本性作心力打通各界之限，用以调和世间冲突与变化，"通"之前的不平等之势在"通"之后达到平衡，而这正是传统儒学的精髓所在。由此可见，谭嗣同的仁是兼容了孔子之仁，墨子之兼爱，佛之慈悲，基督之博爱在内的大杂烩，其形虽杂，其魂却守一；亦可见其思想资源之丰富，其以"仁—人"相通追求人格平等，冲破一切网罗之决绝。

---

①②③谭嗣同：《谭嗣同全集》（增订本），中华书局1981年版，第339、492、342—343页。

④ 谭嗣同的"四通"说是其变法的理论基础，中外通，就是要打破中国与外国的自然地理界限和人为的阻碍，学习外国的长处，并且与西方国家平等通商、通政、通教、通学；上下通，就是要打破上下等级的界限，消除尊卑贵贱的区别，使君臣、臣民之间声息相闻、上下相通；男女内外通，就是要打破男女之间的界限，反对封建礼教，解除封建纲常名教加在妇女身上的枷锁，要求男女平等、各自独立；人我通，是要打破个人与他人、此地之人与彼地之人、此国之人与彼国之人之间的各种界限，消除隔阂，实现人与人之间的相互理解，相亲相爱，即要求"人人平等"和"个性自由"。

谭嗣同试图以现代西方自由、平等、博爱的伦理精神来建构他的仁学观,希望通过对传统儒家伦理的文化解构和对封建礼教的文化批判,熔古今中西伦理思想于一炉,以此改造传统五伦关系的不平等,消除封建专制社会的一切"有隔"、"对待"和"不通",防止个体依附性人格的形成,最终实现人人平等的"通之象"。其次,他通过对《庄子》中"闻在宥天下,不闻治天下"的重新诠释,认为"'在宥',盖'自由'之转音",以此来完成现代西方自由伦理价值的转换。他希望在中国建立"人人能自由"的伦理社会,实现"畛域化,战争息,猜忌绝,权谋弃,彼我亡,平等出"的理想乌托邦。在这样自由的理想社会中,"君主废,则贵贱平;公理明,则贫富均。千里万里,一家一人。视其家,逆旅也;视其人,同胞也。父无所用其慈,子无所用其孝,兄弟忘其友恭,夫妇忘其倡随"①。这已然是《礼运》所描绘的、千百年来志士仁人所追求的大同社会蓝图的再版。值得一提的是,谭嗣同对未来理想社会的追求不是通过"述而不作"地给别人下命令,而是以自己参与变法维新的亲身实践推进社会进步,甚至不惜以年轻的生命为理想献祭、为真理殉道、为公义而死。

那年,他才 33 岁。

由上可见,严复、康有为和谭嗣同,分别对西方文化语境中的"自由、人权和平等"价值观念重新进行了创造性的解释,并以此解构中国传统道德价值。严复试图通过法律制度即"治制"建设保障个体的消极自由权利,依靠"新民德"培养具有独立人格的国民;康有为和谭嗣同所构建的理想乌托邦,实际上是对传统宗法社会中存在的一切不平等的尊卑贵贱规约的彻底反动。康有为以自然人性为基础构建的大同世界,表达了对封建专制统治压抑人性的控诉;谭嗣同的"仁—通"思想消解人与人之间存在的隔阂和不平等,为实现道德乌托邦中的"人格平等"提供了理论上的支持。但是如何才能实现人格独立和平等,中国近代的知识分子继续在传统与现代之间寻求核心价值建构的理论原点,试图通过学校教育培养具有"自主、自立和自治"独立人格的新民。

（四）梁启超的"新民"思想——以培养"公德"为核心

梁启超(1873 年—1929 年),字卓如,号任公、饮冰子,别署饮冰室主人,

---

① 谭嗣同:《谭嗣同全集》(增订本),中华书局 1981 年版,第 367 页。

广东新会人。近代思想家、文学家、学者，资产阶级改良运动的宣传家。在维新运动失败之后流亡日本，先后创办《清议报》、《新民丛报》和《国风报》，对中国近代报业发展具有卓越贡献。

1905年正月，天津《大公报》上刊登了一篇题名《中国人之性质谈》的文章，在"历数"中国人种种"恶劣之性质"时，把"无公德"列在首位。① 那么，"究竟是什么原因使得中国人没有公德心呢？"专制制度对民众的压制和摧残是造成中国人缺乏公德的主要原因，这是近代的知识分子从严复开始形成的普遍共识，也是他们一起发自肺腑的、共同的回答。梁启超认为："故夫中国群治不进，由人民不顾公益使然也；人民不顾公益，由自居于奴隶盗贼使然也；其自居于奴隶盗贼，由霸者私天下为一姓之产而奴隶盗贼吾民使然也。"② 言下之意，中国社会不能进步，在于中国人没有公德心；中国人没有公德心，在于中国人的奴隶性；中国人的奴隶性，在于专制者把民视为奴隶。而这种"奴性"是中国民众的千年顽疾，是中华民族性格中懦弱的根源，是中国发展进步的一大障碍。特别是当梁启超接触到卢梭的《社会契约论》关于"主权在民"的思想后，更认识到拯救中国的主要路径是提高国民的素质，"少年强，则中国强"，通过变革专制政制改造中国人的奴性，培养国民的公民意识，提高国民的公共道德素质是拯救中国的不二法门。

梁启超找到了国民奴性的病灶之后，他提出了"破心奴"之学说作为治病良方。在梁启超看来，人的自由可以分为两种，即人身自由和精神自由。二者之间，精神自由更具有重要性。对于人身的不自由，他形象地将之比作"身奴"，而把精神的不自由则比作"心奴"。梁启超在比较分析"身奴"和"心奴"的本质不同的基础上，提出了彻底摒弃身心被奴役的可能路径。他认为"身奴"可以通过斗争或借助外力获得解放，而"心奴"难以借助外力加以解脱，"心奴"犹"如蚕在茧，著著自缚，如膏在釜，日日自煎"③。因此，梁启超指出"心奴"比"身奴"更可怕、可悲，更为恐惧。而国民欲求得真正自由，必须破除"心奴"。但是怎样才能"破心奴"呢？梁启超认为"破心奴"的关键在于：在任何事物和言论面前，"以公理为衡"，善于独立思考一切，以"公理"为标准、决不盲从的精神才是真正的精神自由、思想自由、心灵自由。只有去

---

① 《中国人之性质谈》，载《大公报》1905年1月7号。
②③ 梁启超：《饮冰室合集》（专集之四），中华书局1989年版，第58、47页。

除了奴性,把人人都改造为"自主、自立、自治"之国民,才能彻底破除"心奴",建立民族主义新中国。这也是学校教育的宗旨。换言之,一个强大的新中国是成千上万具有自由精神和独立人格的公民创建的,而不可能依靠一群唯唯诺诺、猥琐自卑的奴才来承担。

那么,如何通过学校教育培养"自主、自立、自治"之国民人格?梁启超认为,首要的是培养国民之"公德心"和国民意识。由于中国传统伦理偏重于个人的修身养性和个人与个人尤其是家庭成员之间的道德关系——私德,忽视了个人对社会和国家的道德关系——公德,因此,梁启超对中国传统德育关注私德的培养而忽视公德意识的养成进行了深刻批判:"吾中国道德之发达,不可谓不早,虽然偏于私德,而公德殆阙如。""吾中国数千年来,束身寡过主义,实为德育之中心点,欲为本群本国之公利公益有所尽力者,彼曲士贱儒动辄援'不在其位,不谋其政'等偏义,以非笑之,挤排之。谬种流传,习非胜是,而国民益不复知公德为何物。"①由此可见,中国人公共心的缺乏,群治和公共事业不发达,其关键在于国民公德心的缺失。为了进一步认识公德的本质,梁启超对私德与公德进行了比较分析。

梁启超认为德之所立,以利其群为目的。"人人独善其身者谓之私德","人人相善其群者谓之公德"。②公德为诸德之源,有益于群者为善,无益于群者为恶。中国的旧道德即旧伦理,分类为君臣、父子、夫妇、朋友,而西方的新道德即新伦理,分类为家庭、社会(人群)、国家。旧伦理偏重私德,忽视了个人对社会、国家的伦理关系,凡事作壁上观,对国家事务漠不关心,或者是把公共事务当成私人感恩效力之事。这种缺陷必须纠正,代之以西方注重个人对社会、国家的观念,用这种观念团结、友善、进化国民。梁启超在强调公德心培养的同时并不否认私德的存在,在他看来,虽然"公德与私德"是从二元论提出的两个范畴,但是公德与私德不仅不是对立的,而且二者之间是相互促进的。在他所处的时代,由于公共空间的缺失和专制主义盛行,导致国民道德滑坡——私德堕落,而私德的培养是养成公德必要的前提和基础。对此,梁启超结合近代以来中国人的生存环境进行论证分析,"由于专制之陶铸、近代霸主的侵略、屡次战败的挫沮、生计憔悴的逼迫、学术匡救的无力",导致中国人的私德已经严重堕落,因此,今天道德建设的主要任务是培

---

①②梁启超:《饮冰室合集》(专集之四),中华书局1989年版,第12—13、12页。

养私德。"欲铸国民，必以培养个人之私德为第一要义；欲从事于铸国民者，必以自培养其个人之私德为第一义。"①梁启超认为，利己者是人之本性，是人人之粮食，不可须臾分离。然而，人又有其社会属性，不能离开群体而孤立存在，"故善能利己者，必先利其群，而后己之利亦从而进焉……故能真爱己者，不得不推此心以爱家人、爱国人，于是乎爱他之义生焉。凡所以爱他者，亦为我而已"②。梁启超从"利己"推导出利他、利群、利国，他重私德培养，更重公德养成。在民族危机深重的时代，他特别注重国民的利群利国即公德思想，把它看成是新民的道德标志。"知有公德，而新道德出焉矣，而新民出焉矣"③，梁启超把公德思想看作是新民的灵魂，是其他一切思想的根本。

由此可见，虽然梁启超在通过教育改造国民性的"公德私德"论上超越了以往二元对立的认识论，但是当公共领域的发育还不够成熟、国民的权利意识仍未普遍觉醒、法治社会的建设还有相当长的距离，这种生活的现实恰好激发了晚清知识分子内心矛盾、冲突和焦虑的问题意识，这种问题意识在渗透到对个人、民族和国家之间关系的认知与把握时，理想与现实、权利与义务、救亡与启蒙、东方与泰西之间构成的张力，在这一代知识人身上烙下了传统与现代、专制与开明、传统读书人与现代知识分子的双重印记。

于是，当梁启超意识到国民公德心缺乏的根源在于长期实行的专制制度时，他进一步阐述了教育要培养能够适应和参与民主政治的一国之新民的宗旨，试图寄希望于教育培养国民求智之性以塑造其"自主、自立、自治"之独立人格。所谓的求智之性，即借助资产阶级的西政理论开启民智，强调权利、自由、自治和自尊对于个体参与民主政治的重要意义。梁启超指出，新型的国民必须具有独立自主人格和国民权利思想，人民决不能自行放弃自己的权利，期望君主施行仁政，那只会使自己处于被动不利的境地。遇到仁慈的皇帝，"为之婴儿"；遇到不仁慈的皇帝，"为之鱼肉"，自觉自愿地充当专制暴君的牺牲品，永远摆脱不了奴仆地位，永远不能主动地争取自己的权利和幸福。所以梁启超又主张，无论士农工商男人女人，都要"以坚持权利

---

①③④梁启超：《饮冰室合集》（专集之四），中华书局 1989 年版，第 119、15、39—40 页。

② 王忍之：《辛亥革命前十年间时论选集》（第一卷），三联书店 1978 年版，第 14 页。

思想为第一义"④,必须要有"人人皆不肯损一毫"的精神才行,人人都争取属于自己的权利,以"一部分之权利,合之即为全体之权利;一私人之权利思想,积之即为一国家之权利思想"①。因此,应该破除奴性心态,自觉地争取应该享有的权利,享有属于自己的自由。他说:"求真自由者,其必自除心中之奴隶始。"将自由看作新型国民不可缺少的权利,"伦理学家固最尊自由,其所谓自由者,为须使良心绝对自由","自由权又道德之本也,人若无此权,则善恶皆非己出,是人而非人也"。②他认为自由是"天下之公理,人生之要具,无往而不适用"③。但是,这种自由并不是随心所欲,而要受到法律的制约。作为一个公民,应该遵守法律秩序,这也是一个公民应尽的基本义务。由此可以发现梁启超公民主体思想的萌芽。

在随后的若干年内,梁启超的新民思想达到了新的高度,他不仅把思想自由和独立自主人格看作国民性改造的目标,而且还以此作为民主政治的基础;他不再借助圣人的光辉来鼓动参与改革的自觉,而是直截了当地提倡培养"新民",深刻阐明"立人"对于"立国"的重要意义。梁启超所谓的"新民"就是我们今天所言的"公民",其通过教育"立人"和以民主政治"立国"的新民思想,对后来的"五四"启蒙思想家和革命者就"立人"和"立国"之先后的论争和行动产生了深远的影响。

与严复、康有为和谭嗣同不同的是,梁启超的伦理思想体系建立在以"新民""立人""立国"的线性逻辑上,他充分吸纳传统道德价值重私德训练的合理元素,重塑国民"自主、自立、自治"的独立人格。而严复、康有为和谭嗣同是从个体生存与发展的环境角度切入,探讨了如何通过法律制度设计、大同世界的建构和道德乌托邦的建造保障国民的人身自由、权利平等和人格平等。同时,我们也可以看出,从严复的"新民德"思想到梁启超的"新民"教育乃一脉相承,而且在如何造就"新民"人格的路径上二人都选择了教育。但是,在妇女教育问题上的思想贡献,引起了严复更早的关注;如何通过学校教育培养国民"公德"心这一点,梁启超则比严复大大向前迈出一步。

(五)刘师培的现代"中国伦理学体系"

刘师培(1884年—1919年),又名光汉,字申叔,号左盦,江苏仪征人,出

---

①②③梁启超:《饮冰室合集》(专集之四),中华书局1989年版,第36、46—47、40页。

生于《左传》世家，他国学基础厚实，谙熟经史百家典籍，尤好"阳明之学"。在伦理学方面，他积极借鉴西方伦理学说，尤其是他试图以卢梭的"民约"思想和平等精神，系统整理、改造中国传统伦理思想，在中国现代伦理思想史上有独特的贡献。刘师培的伦理学代表作是1906年编著的《伦理教科书》，共两册，约6万字。第一册"所言皆伦理学之大纲及对于己身之伦理"①，第二册为家族伦理及社会伦理。在《伦理教科书》中，刘师培从人的身心关系和个人与社会的关系入手，整合中国传统伦理学和西方现代伦理学的思想资源，对个人伦理、家庭伦理、社会伦理的一系列规范和观念作了比较全面的论述，初步形成了具有中国民族文化特色的现代伦理学体系。②

在刘师培建构的伦理学体系中，个人伦理被置于首要位置。在他看来，个人伦理乃己身之伦理，与《大学》中论及的"修身"同理，进而由修身为家，发展成既为家更为社会和国家，这与传统道德文化把个人伦理局限在君臣、父子、兄弟、夫妻和朋友关系相比，进一步完善个体在现代复杂世界中的自我意识，此乃对个人伦理规范和秩序的突破与超越。他在《伦理教科书》第一册中进一步辨析道："大学言正心诚意修身即对于己身之伦理，大学言齐家即对于家族之伦理，大学言治国平天下即对于社会国家万有之伦理也。"③刘师培从个人与家庭、社会的关系出发，强调传统伦理文化中修身的道德价值，认为个人品格是社会伦理的基础，尤其是作为社会成员的一分子，每个人须要承担其应尽之义务，履行其应尽之责任。"修身者，所以自治其身而使己身为完全之人也。"④他指出人伦的核心为"人人当尽其为人之道耳"⑤。对此，他阐述了个人修身的必要性：

由一人性质之不善，而其害及于社会、国家，此人身当修之故一也。又人之有身咸为风俗习惯所囿，文武兴则民好善；幽厉兴则民好暴富。虽然不过是一人不善，然同化之人日增，即为社会、国家之大蠹，此人身当修之故二也。欲矫气质之蔽，必将化偏而为中。欲脱习俗之愆，必将舍恶而择善。昔儒家言修身惟正心诚意，所以矫气质之偏而革一切恶之根也；墨家言修身

①刘师培：《伦理教科书·序例》（第一册），第1页。

② 当时西方伦理学界提出了五种伦理类型：一是个人伦理（己身之伦理）；二是家庭伦理（家族之伦理）；三是社会之伦理；四是国家之伦理；五是万有之伦理（世界伦理）。参见刘师培：《伦理教科书》（第一册），第1页。

③④⑤刘师培：《伦理教科书》（第一册），第1、6、1页。

与所染篇相辅,所以分善恶之途而绝一切之恶习也。此皆古人修身学之要旨。盖国家合人而后成,使人人能修身,则人人咸知自重,而一国之中无恶人,此政治所由日善,而刑罚所由日省也,谓非修身之利益与?①

刘师培的个人伦理观念一方面受到传统儒家修身观念的影响,另一方面也可以从中看到墨家关于环境对个人修身实践影响的影子,同时深受西方伦理思想的濡染,这些影响实际上是通过"心—身"关系而起作用,也就是修身观念中的性格锻炼。至于传统修身的目标——圣贤君子的人格理想,已不是他所追求的。刘师培如此转换修身思维的价值取向,旨在实践社会、国家伦理,以"个人伦理""振动国民之精神,使之奋发兴起"②,投身于资产阶级革命实践,追求民主共和的社会理想现实化。

在家族伦理方面,刘师培以改良传统家族伦理,确立具有现代人文精神的家族伦理为出发点来建构自己的伦理学体系。在他看来,中国传统家族伦理存在两大弊端:"一曰所行伦理仅以家族为范围",导致了"中国人民自古代以来仅有私德无公德";"一曰家族制度最不平等。家族伦理即由宗法而生,故子弟屈服于父兄,犹之臣民服从于君主"。③ 简言之,中国传统伦理的两大弊端集中体现在"公共道德"和"法治精神"的缺失。对此,刘师培剖析了中国家族伦理弊端的社会危害及其改良之策:"特中国既行三纲之说,故中国人民日受制于空理之中而不能自脱,使非改良家族伦理则平等之制难期实行,而国民公共之观念亦永无进步之期矣。不惟此也,中国社会国家之伦理所以至今未发达者,则由家族思想为之关隔也。"④ 基于这一特点,欲达到改造之目的,关键在于涤除"重私恩而废公义"的陋习,从取缔家族伦理之源头的宗法制度开始。由此,刘师培提出了改良家族伦理的具体办法:"一曰伦理不以家族为范围;一曰家族伦理当互相均平五伦。"⑤ 他认为理想的家族伦理是家族中父子、夫妇、兄弟都要互尽其伦,都应明确自己的权利和义务。同时,家族伦理不能妨碍社会伦理。刘师培以现代西方资产阶级的平等观为依据,对父子之伦、兄弟之伦、夫妇之伦重新作了阐述。他认为,父子之间、兄弟之间、夫妻之间当以"父慈子孝、兄爱弟敬、夫和妻柔"作为伦

①刘师培:《伦理教科书》(第一册),第7—8页。
②刘师培:《伦理教科书·序例》(第一册),第1页。
③④⑤⑥刘师培:《伦理教科书》(第二册),第2、23、2、4页。

理准则。在父子平等基础上，"父不得专，故父杀其子罪当诛"⑥。兄弟只有长幼之别，没有尊卑之分。兄弟贵于互亲，使人格独立来互尽其伦。在夫妻关系上，刘师培认为，"夫妇平等"之关键在"女子能自立"。在婚姻上提倡"一夫一妻制"，义合则留，不合则去；允许女子再嫁等。可见，刘师培以现代平等观作为改良家族伦理的核心思想价值，体现了他对现代普世价值的认可和追求。

在社会伦理方面，刘师培提倡祛除有私德而无公德的陋俗，培育现代社会伦理秩序。在他看来，中国民众社会公德意识淡薄主要有三个原因：一是公私之界不明；二是党祸造成整个社会倾轧之风和纷争之习；三是民众受制于专制政体而厌世。首先，刘师培认为人天生都有私心杂念，但是兴利除害绝非靠独夫之力胜任，必赖于群起而攻之，而每个人均有自保得以生存的愿望，这是公德必然产生的社会基础。"夫人生之初，莫不有自营自私之念，然兴利除害绝非靠一己之力所能胜也，必与人相赖相倚，而己乃有以自存，此公德所由起也。"其次，结党营私使国家利益被边缘化，"遂一己之私而忘天下国家之急者也，公德不修莫此为甚"。第三，在专制政体之下，"公"早已被异化为权力的奴婢，王公权贵之辈独占公共资源结成特殊利益集团，以满足一己之私。"所谓公者，皆专属于朝廷之君主，后世以降暴君代作，据本非己有之物以为公，而于民所自营之业目为私。于民则禁其为私，于己则许其为私，盖至此而中国无真公私矣。"①由此观之，培育社会伦理秩序之中心工作乃是重振国民公德之心，而重振国民公德之心须厘清"公""私"之界域。

何谓社会伦理？"社会伦理者，即个人对于一群之伦理也。"②社会伦理所以必要，原因有二：其一在于人有衣、食、住、行的需要，离开了社会就无法保证，"人非社会不能自奉"；其二在于离开了群体的力量，个人也就无法保全自己，"人非社会则不能自卫"，"保全社会，正所以保全一身，身在社会之中，未有社会不保全而能保全一身之理"③。所以，"欲明人己相关之义，必先定社会伦理之范围"。刘师培所谓的社会伦理是合乎时代需要的社会伦理，其范围"惟折衷利己利他二义之间乎"④。其核心是建立个体与社会交往的规则，目的在于维护个体与社会之间权利与义务相互制衡的规约，主要包括仁爱、正义、和睦、义侠、秉礼、择交、服从、诚信和洁身等伦理价值，刘师培从

①②③④刘师培：《伦理教科书》（第二册），第24—25、26、27、28页。

西方现代伦理的视角逐一进行了较为详尽的阐释：

一为仁爱，"仁者，不忍也，施行爱人也"；"仁道之大必以施之人民者为凭"，"仁道之用则在于爱人"且"必以实行为本"。二为正义，"义者，无损于人者谓也"；即"敬以直内，义以方外，敬义夹持不惑于祸福，以确守为人之规则，修身砥行行乎己心之所安持，清议明是非以特立于流俗之中"。三为和睦，包括"去争、去偏、去忮、相恕"四德，"行此四德复须以至诚之心推之于人，以图公益，以络人民"。四为义侠，义侠之德，尚气节，重声誉，倡勇敢，济人之危，救人之难，扶危济困，以申冤抑，"虽伤其身命而不顾"。五为秉礼，与人交际，一不自傲，二不怠慢，三不谄媚。六为择交，"择交，所以择益友而绝损友也"。七为服从，在享受权利的同时必须尽义务，讲求服从。八为诚信，即以诚恳真挚之心待人，坦然共白；与人交际则遵约而行。九为洁身，其修身要则有三：一曰不惑于利；二曰不惑于势；三曰不惑于嗜欲。内心看重义，则外界的诱惑就小得多了。①

由上可见，刘师培所建立的社会伦理秩序突出地体现了他在建构中国现代伦理学过程中力求做到个人与社会、公与私、传统与现代、修身与力行的结合，体现了20世纪初期中国知识分子在遭遇传统文化与西方文明对话语境中其伦理思想的演变历程，具有鲜明的民族性、时代性和进步性。

除个人伦理、家族伦理和社会伦理外，在刘师培的伦理体系中还包括国家伦理和万有伦理②两个重要部分。虽然在《伦理教科书》中，原计划编写的国家伦理和万有伦理，未能续编，未成系统，但在书中，关于新型的国家伦理的思想火花还是时时闪现的。如他认为，新型的国家伦理应具体体现为家国利益的统一，在难以兼顾二者时，应舍家顾国。"盖以国家较家族，国为重，而家为轻。"③他强调以"社会为重"、"国为重"的"公德"，有别于封建"愚忠"，是忠于民族、忠于国家，体现了维护中华民族根本利益的爱国主义精神，既是对传统道德文化精神的继承和发展，也是对现代西方文明普世价值的阐释与反思。

当我们重新梳理近代启蒙思想家严复、康有为、谭嗣同、梁启超、刘师培等关于国民性改造的思想地图之后，可以看出近代知识分子一方面以追求

---

①③刘师培：《伦理教科书》(第二册)，第28—40、5页。

②这里的"万有伦理"即指"世界伦理"。

"自由"、"人权"和"平等"的实现为己任，承担思想启蒙的历史使命，并试图以此作为促进政治制度改革和社会变革的战斗号角，推动晚清教育改革与新政改革的进程；另一方面，在东西文化汇通和对话过程中，对个人道德修养从私德与公德两个层面展开，试图回答在具体的时代背景中，在复杂的多元世界中，作为国民，应该如何认识和处理"立人"与"立国"的先后关系和内在联系。

与中国封建社会着眼于培养"内圣外王"、具有"圣贤人格"的士大夫不同，中国"自由"观念的启蒙大师严复在《原强》一文中首倡"鼓民力、开民智、新民德"的救亡图强主张。他认为西方"黜伪而崇真"的自然科学和社会科学以及"屈私以为公"的民主制度是其得以富强的根本原因，而国富民强是建立在人的自由之上的。严复把中国落后的根本原因归结为有专制而无自由，基于此，他提出了"以自由为体，以民主为用"的深刻命题，并把实现自由寄希望于国民素质的提高。为此，他认为必须把教育放到重中之重的地位，"为今之计，惟急从教育上着手"①，由此吹响了培养和塑造国民人格的号角。在历史观上，严复持一种积极有为的进化论观点，这就同儒家"天不变道亦不变"的循环论有了根本差别，从而为一种"新人"——公民的出现奠定了理论基础。严复自由学说的意义在于，他能够在所处的那个时代，敏锐地抓住当时中国社会的根本症结所在，认为清朝政府的腐朽没落主要不是由于缺少声光化电、坚船利炮等器物，而在于封建专制制度的腐朽没落、社会制度的落后和民族精神的萎缩。为了改变这一状况，就必须通过教育培养出具有自由、独立意识的人，进而变革社会制度和唤醒民族精神。但是这一现状的改变必须建立在消灭专制制度的前提下。因为只有消灭专制制度，才能消除国民的依附性与奴性，真正的公民才有得以诞生的可能，一个现代化的中国才有可能实现。

人权是社会现代化的标志之一，而中国现代人权观念的启蒙，当首先归功于康有为。康有为吸纳了中国传统文化的合理元素，同时又深受佛学、西方思想（基督教的和世俗的）和道家学说的影响，以自然人性论构建其权利平等的大同学说。康有为的贡献在于他为人类社会确立了新的价值标准，这些新的价值标准是他通过对儒学主张的自由再解释和对"大同世界"的设

---

① 李泽厚：《中国近代思想史论》，人民出版社1979年版，第283页。

计来表达的,其中人权观念主要体现在康有为改造现实、追求理想所确立的这些新价值标准中。与其他一切乌托邦主义者一样,康有为十分渴望自己能够做一个圣人,内心常常充溢着一种强烈的道德使命意识,以至他把全部生命倾注于两个中心:一是爱国主义,表现为由于民族危机的增长而产生的改造中国的决心,这使他成为维新运动的精神领袖和实际推动者;一是世界主义,表现为对全人类大同世界的渴望。

康有为改造中国的决心表现在他对现存一切违反个人欲望和自由平等权利的制度的蔑视和谴责上,在汇通东西文化中他拒斥无论在中国或西方文明中的一切糟粕元素。康有为在解构东西文化价值的同时为人类建造了"大同社会"的新价值,并努力展现这个新世界的意义。由此可见,康有为对人类苦难最深切的悲悯和普度众生的强烈使命感,无愧于他在维新运动中的精神领袖角色和身份。

康有为提出的"人权平等"思想代表了时代精神的转换,对于一个有着"男尊女卑"文化传统的民族而言,建立在"人权平等"思想基础上而提出的"男女平等"不啻于一磅重型炸弹。康有为的思想贡献及其影响不止及于他的学生及同时代人,中国现代思想在其后的发展中,或者从他的学说中获取灵感,或者循着他开辟的道路前行。康有为思想之有如此的历史意义,主要在于它构建了一个全新的价值体系。这一体系既融汇了传统与现代,又同时超越了它们,它的核心观念乃是"人权"。经过康有为的启蒙,"人权"已不是表层的、零碎的,仅仅受到西方思想启示的一种自我意识,而是那个时代的先知先觉者们深刻的信念。"人权"成了重建中国现代文明的基础与价值标准,这在康有为的同时代人严复、谭嗣同以及康氏的学生梁启超的学说中也明显地反映出来。

谭嗣同以自己的生命来书写和践行自己的哲学,"不平等,毋宁死"。一部《仁学》作为近代中国独创的哲学体系,诠释了平等的西方内涵和中国意义。身为维新变法运动的一名主将,谭嗣同已经不满足于运用历史理性在表象世界中去辨析中西文明的差别之道,而是重新追问世界的来源及目标,追寻世界的同一性及其普遍的法则,"仁者,人也",谭嗣同以"仁—通—平等"的理论架构"冲决网罗",彻底地变革中国传统社会的等级秩序。谭嗣同以"平等"为标准,决计要破除一切与平等不相容的制度、习惯、法律、学理等等。"平等"在他的学说中表示人我之间、国家之间、种族之间以及社会和自

57

然之间差别的消除，它是合"天地人我"为一体的法则，它具有最高价值。这种"平等"的价值标准在个体和群体那里分别表现为"人权"和"自主"，谭嗣同以此作为中国传统社会向现代化转型的价值支撑系统，以"平等"宣告了中国道德文化传统中"尊卑贵贱长幼有序"的价值观和封建专制制度的终结。

梁启超认识到中西之间的差距不仅体现在民力、民智上，也不仅仅是科技文明和社会政治制度的差距。除此之外，还存在着一种更为根本的差距——民德，即西方国家有公民而无奴隶，专制的中国则有奴隶而无国民。因此，缩短中西差距非"新造吾国民"不可，而新造国民的前提就是兴学校，通过学校教育改造国民性培养新民，使人民从奴隶变为自由的国民，以养成独立自主的人格。梁启超以"立人"作为"立国"的基础和条件，他把整个国家民族的希望寄托在通过国民性改造达到国民的"明达果毅"上，而一个人的"明达果毅"品格主要靠从小培养，因此，他特别把希望寄托在青少年的教育上，其理论逻辑全部贯穿在《少年中国说》一文中。

刘师培在他的《伦理教科书》中比较详尽地对个人伦理、家族伦理和社会伦理之间的关系进行了条分缕析。他由近及远，从个人修身出发，推己及人和群，从而在个人伦理、家族伦理和社会伦理之间建立起联系，明确了个人修身在私德培养和公德养成方面的可能途径，通过对传统"五常"伦理的传承与改造，重建了家族伦理中父子、夫妻和兄弟之间的伦理关系，同时阐释了社会伦理中保障个人权利对于个体履行社会义务的必要性和重要性。这些内容都是学校修身课程关注的重点，为个体通过修身"成"人奠定了理想人格的道德基础。

由上可见，从严复到刘师培，五位近代伦理思想家在对传统道德进行批判的基础上，同时运用西方文化语境中的现代话语分析、解构中国人的国民性，其目的在于两个方面：一是构建新的社会伦理关系，厘清个人与社会和国家之间的关系，重视个人私德修养和公民意识培育，重视公民权利和义务之间制衡机制的探讨，以重塑国民道德人格，并通过教育提高国民素质实现挽救国家于水深火热之中的目标；二是以各种媒体为载体，广泛宣传其伦理思想体系，间接地对广大民众进行思想启蒙，扩大其伦理思想的社会影响力，从而推动社会的转型和进步。

五、清末公民教育思想产生的社会基础

在中国古代，儒学是居于统治地位的意识形态，历代统治者都十分重视通过儒学教育实现儒学的社会化，并建立了完备的儒学社会化机制。这种儒学社会化以儒学价值观和伦理道德为核心内容，以各级官学和私塾作为儒学教育的实施机构，其背后是以科举制度作为动力机制和遴选机制，一方面保障社会各个阶层之间流动的畅通，另一方面则以严禁和残酷镇压各种"异端邪说"为强化机制，构成了社会底层向上流动的升迁渠道和一整套严密的整肃体系。由此可见，儒学社会化为君主专制政治提供了强大的合法性基础、强大的社会整合工具和源源不断的统治精英，保证了中国君主专制统治虽然经受无数次打击而绵延不绝，仍然成为中国社会超稳定结构的重要组成部分。鸦片战争以降，在"西学东渐"的背景下，在"中体西用"的功利主义原则指导下，在西方列强的枪炮声中，现代社会中的自由、人权、平等、民主、法治等普世价值同时开始了在中国大地广为传播与对话的过程，儒学社会化从形式到内容都遭遇到前所未有的、无法克服的困难和挑战，这对于病入膏肓、腐败无能、岌岌欲坠的晚清政权的统治来说无疑是雪上加霜。儒学意识形态的弱化或式微是清政权无可挽回地走向衰败、没落、灭亡的标志，同时也是整个封建专制制度和宗法社会日渐衰落的重要原因。这是中国首次遭遇全球化而带来的一次最为严峻的挑战。

（一）儒学价值观权威的逐步丧失

自汉武帝"罢黜百家，独尊儒术"以来，儒家思想虽然遭到过多次冲击和挑战，但其以强大的正统地位和教育机制不断吸收新的内容，并不断修正自身而始终保持了在意识形态领域的垄断统治地位。为了维护君主专制统治的合法性，儒学以天道观念、大一统观念和纲常教义作为政治价值观和伦理道德规范，从多角度进行辩护①：其中天道观念宣扬君权神授，从神学角度为君主专制提供论证；大一统观念宣称天下一家，"普天之下，莫非王土；率土之滨，莫非王臣"②，从政治角度为君主专制张本；儒学纲常伦理强调"忠"、"孝"，注重三从四德，从伦理角度为君主专制的合法性进行辩护。三者有机

---

① 参见王亚南：《中国官僚政治研究》，中国社会科学出版社 1981 年版，第 70 页。
②《诗经·小雅·北山》。

结合，从不同角度、不同侧面为君主专制统治提供精神支柱和理论支撑，并把上述内容作为科举考试进行人才选拔的甄选标准和社会分层的控制机制，这是中国君主专制大厦屡经风雨而不倒的重要社会原因。难怪唐太宗李世民在一次科举考试结束后，站在午门城楼上看着新进的进士们鱼贯而入朝堂，不由发出感叹："天下英雄尽入吾彀中矣。"

任何理论都有其生存和适用的具体条件，离开了具体的历史环境，即使再成熟的理论也会失效。近代以来，中国经历了千年未有之大变局，清政府既无法化解频仍发生的国内统治危机，更无力应对来自西方列强的侵略与挑战。儒学在面对这些危机和挑战时所做出的回应显得过于迂腐、衰朽而苍白无力，其所提供的合法性论证在遭遇来自世界各种政治、经济和伦理之潮流的冲击之下更显苍白无力，这主要表现在下列三个方面：

一是天道观被抛弃。天道观认为君权的合法性来源于"天"并与"天"一样恒久。天不变，君权不变，因此天道亦不变。这种论证在一个封闭的、以自耕自足为特征、以农耕经济为主体的宗法制度社会中，由于其演进速率极慢而凸显了其专制统治结构的超稳定性。但是，在鸦片战争以后，中国的形势是"变亦变，不变亦变"，"变"是不变的时代选择，也是不变的历史演进规律。巨变伴随着列强的血腥侵略，深刻而迅猛，使中国人饱尝了"变"之剧烈阵痛。为了应对时局，晚清的士大夫们被迫逐步抛弃他们头脑中根深蒂固的天道观念，先是鸦片战争时期龚自珍发出"我劝天公重抖擞"的呼吁，再是戊戌变法时期康有为指出"变"是宇宙和人类的常例，天因常变才能久，地因常变才能恒。在当时处于"外侮内乱"的严峻形势下，清政府经过比较、权衡、博弈，痛苦地选择了"能变则强，不变则亡；全变则强，小变仍亡"的变革指导思想。经过无数次激烈的思想斗争和艰难的心理磨炼，中国人终于领悟到只有变革才能求生存的道理。到清末，"求变"成了人们最强烈的心理诉求，"变法"成了时代的主旋律和最强音。因此，对于儒学而言，无论理论形式多么完美，历史多么悠久，当它无法解释现实并无法对现实挑战进行有效回应的时候，就必然会被历史所抛弃。清政府再也不能依靠"天"、"道"的教义维持专制统治了，在变革历程中确定选择"中体西用"作为一切变革指导思想的基本原则，采取了一系列自觉的变革行动，甚至最后允诺实行君主立宪。但是，由于变革的进程远远赶不上时代发展的步伐，其传统统治的惯性和动力机制的缺失，使其暗含的统治合法性危机愈发严重。

二是"大一统"观念遭遇极大挑战。在鸦片战争之后,无论是海内一统的观念,还是天下一统的思想都受到了致命的打击。一方面,汉族地主的崛起和地方权力的膨胀改变了清朝的权力结构。自太平天国起义开始,清政府对全国统一的高度集权的控制就已经不复存在。反抗情绪日益高涨,自治呼声渐涨,海内一统的观念不复存在。义和团运动时期的"东南互保"就是明显例证。清政府先是被迫同意历来被认为是类同禽兽的"夷人"进驻北京,后是设立总理各国事务衙门专门用以与列强打交道,再是慈禧太后表示要"量中华之物力,结与国之欢心"①。清政府既失去了蔑视海外各国的实力,也失去了对国内实行集权统治的能力。正是清政府的"无力而为"给民间社会的产生、发育和发展提供了生长空间,逐渐形成各种趋于成熟的、自下而上的"草根"组织并有效地发挥其社会功能。

三是儒学伦理遭到解构。中国传统政治的一个突出特点是政治伦理化,家与国同构,政治与伦理一体,这种以"三纲五常"为伦理准则的传统伦理文化范型,为"家国一体化"提供了合法性的治理框架。鸦片战争以后,尤其是维新运动时期,儒学纲常遭到抨击并被否定。梁启超把"君为臣纲"斥为是"知有一人而不知有亿兆",称历代统治者是"民贼",指出"君权日益尊,民权日益衰,为中国致弱之根源"②。谭嗣同则称纲常教义为"罗网",指出"俗学陋行,动言名教,敬若天命而不敢渝,畏若国宪而不敢议","数千年来,三纲五伦之惨祸烈毒,由是酷焉矣"。③ 资产阶级革命派认为皇帝不是国家的主人,而是"国民";礼教并不是人类"固有之物",而是所谓的"圣人"制定出来,历代"独夫民贼"用来奴役人民的精神枷锁。儒学伦理成了革命的对象,清政权的伦理合法性来源在各地掀起的革命浪潮中逐渐丧失。这充分显示了适应专制统治的政治伦理已经远远不能适应个体对人权伦理价值的基本诉求,以及追求个体生命存在意义、价值和尊严。

(二)科举制度的废除和新式学堂的兴办

清末新政期间,教育改革迈出实质性的步伐:清廷颁布了《钦定学堂章

---

① 《辛丑条约》签订后,慈禧发布"罪己诏",诏中对列强的"宽大"处理表示感激:"今兹议约,不侵我主权,不割我土地,念列邦之见谅,疾愚暴之无知,事后追思,惭愤交集。"又说:"量中华之物力,结与国之欢心。"

② 中国近代史编写组:《中国近代史》,中华书局1983年版,第259页。

③ 谭嗣同:《谭嗣同全集》(增订本),中华书局1981年版,第299页。

程》和《奏定学堂章程》,设立了教育行政管理机构,严令各级政府把兴办学堂作为"当务之急",允许并鼓励私人兴办学堂。但是,"科举一日不废,即学校一日不能大兴;将士子永远无实在之学问,国家永远无救时之人才,中国永远不能进于富强,即永远不能争衡于各国"①,废科举已经成了清廷内外的共识。1905 年 9 月 2 日,慈禧太后迫于众臣屡次上书奏请"废科举,办新学"的压力和不可逆转之势,终于"恩准"了长达 1 300 年的科举选才制度的废除,正式下令,自 1906 年开始,所有乡试会试一律停止,各省乡试前的科考、岁考亦即停止,并迅速编印出版各种教科书,严令各府厅州县于城乡便设蒙小学堂,新增学堂数逐年递增。到 1909 年,"学堂数达到 59 177 所,学生数达到 1 639 921 人,从 1904 年到 1912 年,学堂和学生数分别增长 20 倍和 31 倍"②。

"科举不废新学不兴"的推理是符合逻辑的,因为科举制确实是新式教育和人才培养的致命障碍,但是这并不等于说科举废了,学校就会自动大兴,人才就会自然涌现。实际上,科举制度废除后,学堂数量的变化并非按照线性的因果关系依此递增,甚至在某些地区还出现了乡民毁学导致学堂数量局部减少的后果。因为旧的选拔体制在一夜之间废除了,新的选拔体制却没有及时确立,这种既没有旧的也没有新的选拔渠道的境况给清政权带来了严重的困境:一方面,实行多年的文官选拔制度瞬间废除,封堵了中国传统社会阶层正常流动的主要渠道,使得儒学士子失去进身之阶梯,其不满情绪大量聚积凝结;另一方面由于没有正规的官员遴选体制,许多人为获取功名投机钻营,捐钱买官,使本来就腐败的清朝官场更加黑暗,社会贫富两极分化更趋严重,直接成为威胁社会稳定的导火索。正如罗志田所说:"科举既去,又无新的官吏养成体制,意味着为官不复要求资格。民国官场之滥,即从科举制的废除始。"③显而易见,科举制度的废除意味着中国文官选拔制度到此终结了。而且科举考试制度的废除,直接断了读书人"朝为田舍郎,暮登天子堂"的仕途梦想。如果说自从洋务运动以后,尤其是维新运动之后,部分读书人放弃科举另谋出路是一种主动选择,那么废除科举制度之后则是一种无奈的被迫抉择。他们中相当一部分或投资实业,或出国留

---

① 朱寿朋主编:《光绪朝东华录》,中华书局 1958 年版,第 4998—4999 页。

② 田正平主编:《中国教育史研究》(近代史分卷),华东师范大学出版社 2001 年版,第 168 页。

③ 罗志田:《清季科举制改革的社会影响》,载《中国社会科学》1998 年第 4 期。

学，或进入国内的新式学校和新式军队，这些均成为替代性的进入上层社会的流动渠道。当经济实力、武力和新学逐步取代儒学成为政治录用的标准，而新的、涵盖广泛而又相对客观公正的标准又不能马上建立，而且清政府无法保证按照新的标准选拔的新精英对旧政权的忠诚时，便出现了以经济实力起家的立宪派、以武力为后盾的新军领袖和以新学为背景进入精英阶层的新式知识分子。他们分别代表了不同价值取向或人生信念的政治力量，结果是在政治生态的体系层次上形成了尾大不掉之势，在过程层次上消解了清政权的凝聚力，在政策层面上造成了有令不行、有禁不止、各行其是的政治统治无序局面。当多种晋升上流社会渠道和途径得以合法化，意味着传统礼治社会功能发挥的局限性以及实行威权统治的难度加大，进一步体现为民众对新式教育形成的不同预期，直接导致了乡民社会对新式教育的冲击活动。因此，如何实现传统教育到新式教育的平稳过渡成为中国教育现代化历程中的一次严峻考验，中国教育的现代化在本土化与全球化的压力之下必然经历一条漫长的求索之路。

（三）乡民毁学的社会困境

1905 年清政府宣布废除科举制度的同时，下令地方兴办学堂。事实上，在此之前，在江苏、浙江一带已经涌现出不少的新式学堂。于是全国各地迅速掀起一股兴学热潮，地方官绅竞相捐款办学，甚至还出现人力车夫、孤寡遗孀等捐款兴学的现象。然而与此同时，在全国各地也出现了一个截然相反的现象，一股毁学暗流涌现出来，以致乡民捣毁学堂的事件屡出不穷，在一些地区出现了兴学与毁学共存的局面。

其实，乡民毁学的事件在科举制度废除之前就时有发生。1904 年江苏无锡发生大规模毁学事件，接着山东的沂州、江西的乐平、四川的夔州及广东等地皆有发生乡民毁学事件。《东方杂志》再次惊呼，"自无锡毁学之事起，四川、江西旋有毁学之事，今则广东毁学之事又见矣"。这些地方毁学，"考其原因，无非为抽捐而起"[1]。民众"观于无锡、广安之暴动，以抗捐为惯习，尤而效之"[2]，毁学风波迭起。

中国社会素有重教兴学的传统，甚至在咸丰年间还发生过乞丐武训兴

---

[1]《毁学果竟成为风气耶》，载《东方杂志》（第一卷），1904 年第 11 期。
[2]《破坏学堂匪徒之何多》，载《东方杂志》（第一卷），1904 年第 9 期。

义学的故事。而为何乡民却在清末大规模捣毁学堂呢？

表面上看，乡民毁学事由"抽捐"而起，但实际上新式教育给乡村社会带来的经济压力可以说是很有限的。其关键的原因在于乡村教育财政制度的缺席。对此，田正平等研究认为：

由于新式教育的筹款机制不健全，地方官员在教育经费筹集与配置过程中长期缺位，再加上筹款方式本身给乡村民众的心理和日常生活方式带来的巨大冲击等多方面的原因，致使新式教育在广大乡村安家落户之始就引起乡村社会的普遍不适，乡村民众心理失调、仇视破坏新式教育的冲突事件不断。这种情况表明，中国乡村教育现代化要想顺利进行，新式教育要想真正扎根于乡村社会，在对自身进行适当调适的同时也应当充分发挥其在社会改造中的积极作用促进乡村社会和传统农民的现代转型。①

其次，文化传统的惯性作用常常激起乡民对传统教育体制的留恋与回味。尤其是新政以来造成的文化归属感的破灭，以及科举制度的废除导致的人生仕途理想的幻灭感，加剧了他们对新学的不满情绪。有学者认为，科举考试这套机制不仅使统治阶级内部得以整合，而且还使被统治阶级也认同了这种支配关系，从而使这种关系具有了合法性。但在现代教育体制下，受教育者对未受教育者、受高等教育者对受初等教育者的支配关系是与富人对穷人、城市对乡村、沿海对内地及内地对边疆的支配之种种关系不加遮掩地结合在一起的。而且，新式学堂已经无法使既有的社会支配关系合法化了。这种被新式学堂排斥的场景与过去无论贫富贵贱皆被旧科举所吸附的场景形成鲜明的对比，于是乡民怒烧学堂就在情理之中了。② 这表明新学堂缺乏整合社会的能力。随着新政时期农村日益贫困化，广大乡民几乎处在一种绝望的境地，因此，毁学自然而然也就成了发泄情绪、表达情感的手段之一。而地方绅士在毁学发生后"将学堂匾额尽行除下，改悬书院匾额"③以息众怒。

第三，对新式学堂的教育内容缺乏认同导致了乡民的身份危机。虽然

---

① 田正平、陈胜：《教育负担与清末乡村教育冲突》，载《浙江大学学报》（人文社会科学版）2008年第5期。

② 杨念群主编：《空间·记忆·社会转型》，上海人民出版社2001年版，第256—257页。

③ 《常州毁学》，载《教育杂志》第2年第3期。

新式学堂取代传统的私塾与书院是历史的必然，但"仕宦中人，竟言开学堂，不知学堂为何事也；地方绅士，竟言开学堂，则以学堂为利薮；士林中人，竟言开学堂，只以学堂为糊口也"①。这种貌合神离的新学堂在大多数人眼中远不如昔日书院和私塾在地方教化和知识启蒙中所起的作用，不少人对新学堂抱有成见并且鄙视新学堂，主要原因在于他们对新式学堂开设的课程内容和教学方式大为不满。"说什么学校里面唱歌、体操和剪纸、拌泥等手工劳作，都是鬼混"②，更有甚者以"科举已废，吾家子弟可不必读书"③为由抵制新学堂，因此新学堂很难博得大众尤其是下层民众的认同和接纳。而学堂学生的趋新言行与传统伦理发生冲突，他们"入家庭则礼节简慢，遇农工者流，尤讪诮而浅之"④，这更招致民众的不满。再加上学费高昂名额有限，"得入校者，千人中不及一人"，且"近城镇者入之，僻远不与，有势力者入之，寒微不与"。⑤ 一般地，"穷人既无时间，又无金钱上学；小商人的'中间层'和富农认为，初等学堂不适于在社会上发迹，就他们的微薄收入而言，中等和高等学堂又过于昂贵"⑥。学堂遂沦为有权有钱有势之人的特权。这样的结果自然是使民众更加滋生对新式学堂的不满。由于新式学堂的举办占用了过去祭祀的庙宇和祠堂，加之穷人孩子并没有从新式学堂中得到任何好处，因此，乡民毁学也在情理之中。对此，毛泽东在1927年撰写的文章中对当时的乡民毁学事件做了一个调查并进行描述性解释，他说："'洋学堂'，农民是一向看不惯的"，"农民宁欢迎私塾（他们叫'汉学'），不欢迎学校（他们叫'洋学'），宁欢迎私塾老师，不欢迎小学教员"。⑦

由此可见，清末出现的乡民毁学不仅仅是中国社会阶级对立和阶级矛

65

①张枬、王忍之主编：《辛亥革命前十年间时论选集》（第1卷下），三联书店1960年版，第537页。

②钟叔河等主编：《过去的学校》，湖南教育出版社1982年版，第488页。

③问天：《述内地办学情形》，载《教育杂志》第1年第7期。

④庄俞：《论小学教育》，载《教育杂志》第1年第3期。

⑤故宫博物馆明清档案部编：《清末筹备立宪档案史料》（下册），中华书局1979年版，第984—985页。

⑥周锡瑞：《改良与革命——辛亥革命在两湖》，杨慎之译，中华书局1982年版，第142页。

⑦毛泽东：《湖南农民运动考察报告》，见《毛泽东选集》（第1卷），人民出版社1967年版，第39—40页。

盾的简单凸显,而且是转型期中国社会历史的特定反映。它既有因教育财政制度的缺席引起的乡民对苛捐重税的反抗,反映了乡民维护基本生存权的正义性;同时也有文化传统惯性作用引发的乡民对新政举措的不满,由此表现出对现代化历程的恐惧和紧张,体现了传统与现代的明显断裂。同时,由于新式教育的学校制度还不健全,教学内容与教学方式与传统教育之间存在差异,这必然给乡间社会的民众带来更大的不安全感,使得他们对新式教育的未来预期渺茫,加之民众普遍缺乏公共和法律意识,从而选择了一种极端的方式表达对新式教育的抵制和不满。这一现象的初露端倪,更加凸显了中国传统教育在向现代教育转型过程中必然经历的阵痛和磨炼。

（四）法政教育的兴衰与民众法律意识的启蒙

在经历了鸦片战争、甲午战争和八国联军入侵的战事之后,清朝政府不断调整应对西方列强的战略。从倡导方言教育,开办语言学堂培养和储备外交人才的"师夷制夷",到举办机器船政学堂学习西方技术之"奇技淫巧",再到为了满足新政修律的需要而兴起的法政学堂,纵观清朝政府这一"求变自强"的自改革之路径逻辑,法政教育成为清朝政府向西方学习在政治法律制度变革中迈出的具有实质意义的重大一步。

清末实施新政以来,在上令下达的诸多环节上"政令不通"的现象时有出现。1905 年 4 月 24 日,伍廷芳与沈家本上奏清政府"新律即定,各省未预储备用律之才,则徒法不能自行,终属无补",因此"亟应广储裁判人才,以备应用"①,奏请设立京师法律学堂,开启了清末全国开办法政学堂之先声。随后,由于日本战胜帝俄,震惊了中国,激发了国人要求立宪的政治热情,朝野上下,社会舆论纷纷要求广设法政学堂,以养成法政思想,培养法政人才,各省法政学堂骤然而起。② 随着法政学堂的兴起,民众的法律意识得到增

---

①《奏请专设法律学堂折》,见《伍廷芳集》,中华书局 1985 年版,第 313 页。

② 1906 年,广东法政学堂、江西法政学堂、山东法政学堂、北洋法政学堂、浙江法政学堂、贵州法政学堂、湖南法政速成学堂、奉天法政学堂、四川法政学堂、江宁法政学堂、安徽法政学堂、云南法政学堂先后开办。据统计,到 1909 年,全国共设立法政学堂 47 所,学生在校人数达 12 282 人,占全国专门学堂学生人数的一半以上。为了加快法政教育的发展,清政府 1910 年通令"各省法政学堂应次第扩充",并准予设立私立法政学堂;到 1912 年,全国法政专门学堂 64 所,学生人数达 30 803 人,达到历史最高峰。参见《第一次中国教育年鉴》丙编,1912—1922 年专科教育概况表（二）第一部分,学校概况,上海开明书店 1934 年版,第 145—146 页。

强。1908年8月27日,晚清政府颁布了中国历史上第一部具有宪法意义的法律文件——《钦定宪法大纲》,确立了君主立宪制政体,确认了公民的一些基本权利,同时对君权进行了一些限制。其中"臣民权利义务"共9条,重点是纳税、当兵及遵守法律等义务。而权利和自由则非常简单,规定:在法律范围内,所有言论、著作、出版、集会、结社等事,准其自由,臣民非依法规定,不受逮捕监禁处罚;以及进行诉讼,专受司法机关审判等事项。虽然这部宪法从表面看因为"钦定"而带有浓厚的封建性,但是它打破了中华法系的传统结构,使宪法作为根本大法独立于刑法、民法等普通法之外,并规定了国家与社会制度建设的基本原则。因此,从该种意义上讲,《钦定宪法大纲》的颁布,对于推进国家实现由传统君主专制到现代宪政国家的转型,具有一定的历史进步意义。

由此可见,清末的新式法政教育在当时规模是相当大的,体系也比较完善。当然课程内容也是极其西化的。尽管这种做法现在看来和当时国情有些脱节,但是在一定程度上营造了有利于西方法律观念在中国传播的氛围。西方法律观念与中国传统的法律观念有着本质的不同,甚至在法律条款体例上存在对立与抵牾。因为西方法律观念源于自然法的理念,经过长期演进发展而形成,业已成为西方文化的一部分,它在淡化阶级观念的基础上提出:法律是公意的体现,其目的是为人民谋幸福;法律是至上的,人生而平等、自由并享有不可剥夺的天赋权利;法律面前人人平等,自由就是做法律所允许的事情,国家是社会契约的产物,是由人民创造的,人民是政府的主人,权力必须分立并互相制约;罪刑法定,罪刑相适应,无罪推定,司法独立。[①] 这种法律观念在美国、法国被《独立宣言》、《美国宪法》、《人权宣言》、《法国民法典》和《法国刑法典》等经典文献加以规定和确认,拿破仑征服欧洲后,进一步推广以法国律条为蓝本的法律,使这种法律观念扎根于欧美各国并产生了深远的影响,近代西方的法律体系正是在这些思想观念的指导下产生、发展和逐渐演化而形成起来的。

清末法政教育中讲授的课程内容也引用了西方法律概念。作为接受新式法政教育的中国知识分子,尽管受制于文化传统惯性的作用和思想观念

---

① 袁天亮:《清末法学教育概况》,载《西南交通大学学报》(社会科学版)2007年第4期。

的影响与制约，但是他们在相对系统地接受西方法政教育之后，经过比较，能在一定程度上得出西方法律制度具有先进性的基本判断，无形之中就会在一定程度上摈弃原来的传统法律观念。因此，清末新式法政教育对中国人转变传统礼治观念转而接受体现着现代法治文明的西方法律观念有着明显的进步作用，而法治观念的普及，有助于国民理解道德与法律、民主与法制之间的关系。因此，对于接受新式法政教育的知识分子来说，当传统法律观念的转变伴随着对西方法律观念的理解、接受和转化时，同时也加速了对民众法律意识的启蒙，在一定程度上承担了现代公民教育的功能。加之，法律观念的转变过程促使当时的进步力量逐渐积聚起来，加快了清王朝内部权力体系的崩溃和民国时代的到来，它也促使传统的礼法分离和现代法学的建立，为体现法治文明的现代司法体系在中国的形成做了法理学的准备，并在一定程度上促进了中国社会由人治、礼治逐渐向法治的转向做了思想上的准备，这对培养国民的法律意识和公民意识，提供了制度环境和规则意识，在促成个人以德修身和以公立人的现代学校教育品格整合上奠定了理性主义的思想底色和人格特征。

（五）晚清报业的社会影响

晚清时期，伴随新知识群体的崛起，现代印刷业的进步，报刊语言和文体的发展，为重建国民的身份意识提供了现实的可能性。从"天下"到"万国"和"世界"，由历史循环论到历史进化论，晚清报刊的时空转换和时空想象同时也催生了以"个人主义、公共观念和国家观念"为核心的现代话语体系的形成。在办报办刊理念上，晚清报刊以"通上下内外之情"强国，以培育国民"公共精神"建立国家认同，以"改良思想"救国，以"正确、适宜"之独立言论报国，其根本目的都是为了扩大公共领域空间，发挥社会的正常功能，建立现代民主法治国家。

作为一种传播新知、启蒙民众理性的宣传工具，报刊的质量十分关键，而决定报刊质量的因素之一可以通过其创刊的宗旨窥知一二。梁启超针对晚清报刊发展中存在的问题，指出报刊的主旨应以最大多数国民的公益为目的，并提出了衡量报刊质量的标准："一曰宗旨定而高，二曰思想新而正，三曰材料富而当，四曰报事确而速。"①在报刊主旨方面，梁启超要求报刊要

---

① 梁启超：《饮冰室合集》（专集之六），中华书局1989年版，第50页。

以最大多数国民的公益为目的,报刊要输入有益的新思想:"凡欲造成一种新国民者,不可不将其国古来误谬之理想,摧陷廓清,以变其脑质,而欲达此目的,恒须藉他社会之事物理论,输入之而调和之,如南北极之寒流,而与赤道之热流,相剂而成新海潮。……而报馆之天职,则取万国之新思想以贡于其同胞者也。"①办刊宗旨的确立,既是本报对社会的庄严承诺,也是对担当社会责任的切实履行,同时还是向同行发出的一种集"监督、自律和操守"于一体的宣言书。具有独特媒介价值追求的报刊宗旨,体现了报业的独立色彩和公共品格。

表1.1　近代报刊名称、刊行时间及办报宗旨

报刊名称	刊行时间	宗旨或内容倾向
《申报》	1872	"将天下可传之事,通播于天下。"
《民报》	1876	"专为民间所设,故字句俱如常谈话。"
《蒙学报》	1897	遵循蒙学公会的宗旨:"连天下心志,使归于群,宣明圣教,开通固蔽。立法广说新天下之耳目。"
《启蒙通俗报》	1901	"为中下等人说法,文义浅显,兼列白话。"
《大公报》	1902	"开风气,牖民智,挹彼欧西学术,启我同胞聪明。"
《智群白话报》	1903	目的在于"开通下等社会,以新理新事又重衍,庶几扫除腐败社会恶习,于改良风俗或有补焉"。
《直隶白话报》	1905	"开通民智,提倡学术。"
《竞业旬报》	1906	"一振兴教育,二提倡民气,三改良社会,四主张自治。"
《竞立社小说月报》	1907	以"保存国粹"、"革除陋习"、"扩张民权"为宗旨。
《白话新报》	1909	宣称以"唤起我同胞爱国之思想,振发其独立之精神"为宗旨。

资料来源:据《五四新文化的源流》第135—155页相关资料整理。

以报刊为代表的传统媒介,其公共精神的产生是在逐步摆脱对专制主义的皇权道统的依附状态和向心运动中进行的,当封建传统意识"全能全控"的缺口一旦被冲开,大众媒介的林立也就形成了数种风格的舆论圈。在

① 梁启超:《饮冰室合集》(专集之六),中华书局1989年版,第50—51页。

这个独立色彩浓厚的舆论领域中，"个人之思想，以言论表之；社会之思想，以报表之。有一种社会，各有其表之报。社会有若干阶级，而报之阶级随之矣"，"及有一大问题出，为各种社会所注意，则必占各报之主要部分，而词旨之冲突，于是烈矣"。① 交流、冲突、关注、切磋，清末的公众"对话环境"由此而生。在报刊等公共媒介的舆论监督下，社会各阶层所暴露出的多数问题，通过公共领域或空间的对话平台而得以廓清，社会的矛盾与冲突，在新闻自由、媒体独立以及法治社会的制度环境中以极低的社会资本投入给予化解。简言之，在法律框架中厘定的新闻自由背景下，媒体的独立、自律和监督作用成为维护整合社会稳定与和谐的社会公器。

在报刊发挥监督与批判的社会功能的同时，渐渐形成的公众舆论代表着一个以启蒙理性为基础的复杂观念世界和文化倾向，它所产生的广泛的社会影响，不仅包含了态度取向和意见倾向各有差异的受众群体，而且突出地体现在深深扎根于国民头脑中的国家观念和国民意识，并集中反映在国民自我意识的更新、自主观念的确立以及自律行为的自觉等方面。在报刊媒体日常见诸报端的中西对比中，在批判传统伦理文化纲常价值的同时，充分肯定了个体价值存在的合理性，并随之公开张扬尊重私人空间，鼓励个体自主和自为的主体性实践。在晚清风行一时的军国民思想潮流、各种趋新社团在各地相继成立以及全国各地学堂风潮次第而生，无不与这种自主、抗争、独立的公共舆论扩张的社会影响密切相关。由上可知，近代文化孕育中的公共价值评判系统成为维系晚清市民社会走向的重要精神支柱，公共空间也藉此日渐强固和扩大，这无疑增强了整个社会的活力，同时也极大地增加了社会的风险资本。

综上所述，晚清新政以来，近代新式知识分子继续探索中华民族如何摆脱内外交困的局面，试图通过全方位变革自强御侮，实现救亡图存的首要目标。从严复、康有为、谭嗣同、梁启超到刘师培，从自由、人权和平等思想的启蒙，到新式国民的教育和培养，再到中国现代伦理体系的构建，反映了新式知识分子探索中国现代化思想历程的艰难嬗变。而戊戌变法的失败，一方面凸显了中国封建势力之顽固以及反封建专制统治之艰难；另一方面，西方文化脉络中的"自由"、"人权"、"平等"和"法治"等现代价值与中国文化脉

---

① 《论报战》，载《中国日报》1903 年 3 月 23 日。

络中的"三纲五常"、"礼义廉耻"、"义利统一"、"道法自然"和"以礼治国"的伦理思想在相互碰撞过程中,必然经历一个对话、交流和融通的过程。虽然中国的现代化绝不等于全盘西化,但是近代以来的经验表明,西化是中国现代化历程中无法回避的路径选择策略之一。因此,从这种意义上,现代化不是从西方舶来为我所用的专利品,它是全球化过程中不同文明价值之间的对话,从而使得中华民族的现代化历程带上传统文化的胎记和西方文化的印记。这一点也恰恰证明了世界上任何一个国家和民族的现代化完成都是在本土文化与世界文化交流和融通的基础上进行的。中国在现代化历程中针对中西文化的价值判断与选择,提出所谓的"中体西用"总原则就是上述思想的集中体现和表达。尽管这种"体"的确立与"用"的目的之间在不同时期存在体用逻辑上的混乱,甚至用作维护封建专制统治的权宜之计,使得"中体西用"一开始就带有自身难以克服的局限性,但是它毕竟打开了中华民族长期闭关自守的大门,向世界显示了中华民族"求变自强应对危机"的大智慧。

第二节 "中体西用"对清末教育宗旨和修身课程设置的影响

光绪二十年(公元 1894 年),甲午战争失败,西政教育思潮泛起,清政府处于内忧外患之中,于是制定了推广西式学校制度的政策,试图通过新式教育培养人才,以增强国力。光绪二十二年(公元 1896 年)七月,孙家鼐呈奏《议复开办京师大学堂折》以为"办学宗旨宜先定",并提出"中学为体,西学为用"的主张,提升和概括了洋务运动以来被广为接受和完善的"中体西用"思想,这一教育宗旨的思想源头一直影响到清朝覆亡为止。

"中体西用"作为指导方针即使在经历"戊戌政变"失败之后,仍然得到以慈禧太后和王公大臣为首群体的接受与采纳,为学校教育宗旨的确立和学制的颁布实施指明了方向,并确立了修身和读经课程在新式学堂中的合法性。

由上可见,教育宗旨植根于国家权力意志,而国家权力意志必然以维护统治者的利益为根本出发点。而统治者的利益保障又是以整个社会的稳定性为基本前提。由于晚清各种社会力量交织在一起常常变动不居,甚至出现此起彼伏,所以教育宗旨也因之而发生变更。从这种意义上讲,教育宗旨实为国家社会之主流意识形态的具体表现。

一、"中体西用"背景下中国现代学制的颁布与实施

光绪二十四年(公元 1898 年),湖广总督张之洞刊行《劝学篇》,表示他对于新教育之意见,除了重申"中学为体,西学为用"的主张外,他对"中学"和"西学"进行了如下界说:"中学,考古非要,致用为要;西学亦有别,西艺非要,西政为要。"①这种"中体西用论"一方面秉承了"学以致用"的教育传统,另一方面强调了学习西方政治制度的必要性,并间接地指出前期教育改革简单学习西方语言和技术的局限性,而学习西方政治制度更加显得十分迫切。当时朝廷上下已经形成普遍的共识,认为人才的培养不是单靠开设几门新课程,创办几所新式学堂就能奏效的,而是要靠一种完整的教育制度。因而废科举,兴学校的呼声也愈发强烈。光绪二十八年(公元 1902 年),张百熙在《进呈学堂章程折》中说道:"为富强致治之规,朝廷以更新之故而求之人才。以求才之故,本之学校。则不能不截取(选摘)欧美日本诸邦之成法,以佐我中国二千余年旧制。"②可见,人们对西学的认识已经提升到制度层面,它直接影响到教育宗旨的确立,在一定程度上加速了学制颁布实施的进程。

光绪二十八年(公元 1902 年),罗振玉在《学制私议》中提出了学校教育的三条宗旨:"一是守教育普及之主义,先教道德教育、国民教育之基础及人生必须之知识技能;二是守儒教主义,使学与教合一;三是以本国语言文字为主,而辅之以外国文字。"③显而易见,三条宗旨无处不强调"中学"之重要地位,条条体现"中体西用"的原则:在倡导教育普及的同时把道德教育置于优先性地位,对传统文化的传承则坚守儒学教育的正统性,在语言文化教育方面坚持以母语教学为主、外语为辅的指导方针。然后把这些思想又一一贯彻到学校的课程设置中(见表 1.2)。其中修身科使用的教科书一律定为

---

① 张之洞:《劝学篇》,中州古籍出版社 1998 年版,第 43 页。

② 张百熙:《进呈学堂章程折》,见陈学恂主编:《中国近代教育史教学参考资料》(上),人民教育出版社 1987 年版,第 527—528 页。

③ 罗振玉:《学制私议》,见朱有瓛主编:《中国近代学制史料》(第二辑上册),华东师范大学出版社 1990 年版,第 11 页。

《圣谕广训》①,令全国统一遵守。

　　罗振玉仿照日本学校制度,在《学制私议》中提出了一整套学制方案。虽然该学制方案没有得到推行,但是随后颁布的《壬寅学制》和正式实施的《癸卯学制》均是参照他制定的这一基本框架而设计的。

表 1.2　各学校之教科及每日教授时数

学校	科目	教授时数(点钟)
寻常小学校	修身、读书、算术、作文、图画、地理、历史	4
高等小学校	修身、读书、算术、作文、图画、地理、历史、习字、体操、理科	5
寻常中学校	读书、作文、伦理②、外国语③、数学、历史、地理、理科、图画、体操、习字	5

　　资料来源:罗振玉:《学制私议》,见朱有瓛主编:《中国近代学制史料》(第二辑上册),华东师范大学出版社 1990 年版,第 12—13 页。

　　光绪二十八年(公元 1902 年)七月十二日,清政府正式颁布了张百熙所呈奏的《钦定学堂章程》,即《壬寅学制》,这是中国近代教育史上最早由国家正式颁布的学校系统,但由于种种原因未付诸实施。④ 次年(光绪二十九年,公元 1903 年),在《壬寅学制》基础上,由张百熙、荣庆和张之洞主持拟定《奏定学堂章程》,即《癸卯学制》。《癸卯学制》由一系列学制系统文件组成,它是中国近代首次以法令的形式颁布并得到实施的全国性学制系统,与《壬寅学制》相比较,学校教育宗旨发生变化(见表 1.3),学制系统的细分条目更加详尽,课程更加完备,本文将在后续研究中对此进行详尽叙述。

――――――――――

　　①《圣谕广训》是由清朝官方颁布,并运用政治力量使之广为刊行的官样书籍。该书的内文,基本上分为康熙《圣谕十六条》与雍正《广训》两个架构。其中《圣谕十六条》乃摘录自康熙九年(公元 1670 年)所颁上谕,每条七字,结构工整。

　　②此处的伦理即为修身,惟修身偏重私德,伦理兼及公德。

　　③这里的外国语是指定用一国语为宜,或日或英或德。

　　④晚清中兴重臣张百熙,值庚子国变后,临危受命出任管学大臣,除倾力规复并整顿京师大学堂外,掌理全国学务兴革大计,主持制定中国近代第一个学制——《壬寅学制》。而张百熙礼聘的京师大学堂总教习吴汝纶,赴日考察教育的内容和成果,则相当程度地反映在《壬寅学制》之中。惜因《壬寅学制》制定过于急促,及本身存在若干不足和局限,加上清廷内部的权力竞逐,未能付诸实行。

《壬寅学制》基本是以日本国民教育体系为蓝本，并以传统旧学内容为补充的，在上述背景下所谓的"中体西用"实际上在确定教育体系时已经成为"西体中用"或"日体中用"。这种思想对教育宗旨的确立产生了比较明显的影响。作为中国近代第一部没有实施的学制，它的面世表明国家意志在教育领域中的彰显，一方面国家需要依靠国民素质的普遍提高以提高综合国力，把实业教育作为国家教育事业的重中之重来发展；另一方面，统治者为了维护自身利益，依靠教育来挽救危局，首次将国民义务教育写进《壬寅学制》中，以学校教育制度化促进中国教育跨入现代化历程，为《癸卯学制》的颁布和实施奠定了基础。但是，由于晚清各种政治力量的斗争十分激烈，统治者内部也出现严重的政见分歧，这种统治者内部的政见分歧与维持社会稳定以巩固其统治基础之间存在一种微妙的复杂性，必然对刚刚诞生的学校制度产生政治影响力。

表 1.3　《壬寅学制》与《癸卯学制》的比较

学　制	颁布时间	实施时间	主持拟定	学制系统	教育宗旨
壬寅学制	1902 年	未实施	张百熙	三段七级	激发忠爱，开通智慧，振兴实业，端正趋向，造就通才。
癸卯学制	1903 年	1903 年	张百熙、荣庆、张之洞	三段七级	以忠孝为本，以中国经史之学为基，俾学生心术一归于纯正；而后以西学瀹其智识，练其艺能，务期他日成才，各适实用，以仰副国家造就通才、慎防流弊之意。

资料来源：璩鑫圭、唐良炎主编：《中国近代教育史资料汇编·学制演变》，上海教育出版社1991年版，第289页。

为了进一步贯彻落实"中体西用"的总原则，保证学堂的办学方向，《癸卯学制》中特别强调了以下几点：(1) 各级学堂必须开设读经讲经课。"中小学堂宜注重读经以存圣教。中国之经书，即中国之宗教。若学堂不读经书，则非尧舜禹汤文武周公孔子之道，所谓三纲五常者尽行废绝，中国必不能立国矣!"①(2)教科书的编写严禁宣传资产阶级学说。"凡通用名词自不宜剿袭掺杂",如"团体、国魂、舞台、代表、牺牲、社会、影响、机关、冲突、报告、观念、困难"等词,都不符合中国传统,"如课本日记考试文卷内有此字样,定从摈弃"②。(3)私立学堂禁止学习政治法律,以防止民权自由种种"悖谬"的滋生与传播。显而易见,已经处于摇摇欲坠、日落西山的晚清朝廷,其统治者的内心对民权、自由等普世价值是何等恐惧、胆怯和不安。一个从头到尾已经腐败透顶的君主专制政体使整个国家和民族完全丧失了创新活力,在这个时候企图利用教育改革来挽救局势,不仅会显得力不从心,而且已经为之晚矣。因为教育可以兴国甚或强国,但却不能救国。

二、"中体西用"与新式学堂教育宗旨

与《壬寅学制》相比,《癸卯学制》更加注重以传统文化为根基,以西方科学技术为器具,培养对国家有用之才,其宗旨更加具体地体现了张之洞提出的"中学为体,西学为用"的指导思想,并为各级学堂一一制定了具体宗旨。

设初等小学堂,令凡国民七岁以上者入焉以启其人生应有之知识,立其明伦理、爱国家之根基,并调护儿童身体,令其发育为宗旨,以识字之民日多为成效。③

设高等小学堂,令凡已习初等小学毕业者入焉,以培养国民之善性,扩充国民之知识,强壮国民之气体为宗旨,以童年皆知作人之正理,皆有谋生之计虑为成效。④

设普通中学堂,令高等小学毕业者入焉,以施较深之普通教育,俾毕业后不仕者从事于各项实业,进取者升入各高等专门学堂均有根柢为宗旨,以实业日多,国力增长,即不习专门者亦不至暗陋偏谬为成效。⑤

---

① 张惠芬、金忠明:《中国教育简史》,华东师范大学出版社 2001 年版,第 436 页。
② 舒新城编:《中国近代教育史资料》(上册),人民教育出版社 1981 年版,第 519 页。
③《奏定初等小学堂章程》,见璩鑫圭、唐良炎主编:《中国近代教育史资料汇编·学制演变》,上海教育出版社 1991 年版,第 291 页。
④《奏定高等小学堂章程》,见璩鑫圭、唐良炎主编:《中国近代教育史资料汇编·学制演变》,上海教育出版社 1991 年版,第 306 页。
⑤《奏定中学堂章程》,见璩鑫圭、唐良炎主编:《中国近代教育史资料汇编·学制演变》,上海教育出版社 1991 年版,第 317 页。

光绪三十二年(公元 1906 年)三月,刚刚成立不久的学部向朝廷上《奏陈教育宗旨折》,提出了"忠君,尊孔,尚公,尚武,尚实"的十字教育宗旨,并在奏折上对国民素质加以详尽解释。四月二日,上谕公布教育宗旨,并对于上述五项加以扼要说明:

自古庠序学校,皆以明伦德,行道艺,无非造士;政教之隆,未有不源于学术者,即东西各国之教育,亦以无人不学为归,实中外不易之理。朝廷锐意兴学,特设专部以董理之,自应明示宗旨,俾定趋向,期于一道同风。兹据该部所陈忠君、尊孔与尚公、尚武、尚实五端,尚为扼要。总之君民一体,爱国即以保家;正学昌明,翼教乃以扶世。人人有合群之心力,而公德以昭;人人有振武之精神,而自强可恃。务讲求农工商各科实业,物无弃材,地无遗利,期有益于国计民生;庶几风俗淳厚,人材众多,何患不日臻上理。著该部即照所奏各节通饬遵行。①

五条宗旨,不仅体现了"中体西用"的思想原则,而且还各有现实关怀,并明确指出新式教育发展的路向,且提出了具体的操作方法。其中,"忠君"是针对清王朝摇摇欲坠的天命而提出的,目的是培养学生对朝廷的忠诚和感恩之情,自觉抵制各种挑战朝廷君主专制统治的理论学说和蛊惑之言,在意识形态的灌输上面居于绝对的支配地位。为了实现这一宗旨,学部建议"取开国以来列祖列宗缔造之艰难,创垂之宏伟,以及近年之事变,圣主之忧劳,外患之所由乘,内政之所当亟,捐除忌讳,择要编辑,列入教科",从而使"全国学生每饭不忘忠义,仰先烈而思天地高厚之恩,睹时局而涤风雨飘摇之惧",达到"一切犯名干义之邪说皆无自而萌"的目的。②

"尊孔"的目的在于维持儒家学说尤其是纲常伦理对学生人生观、价值观的塑造,以确保学生对现有统治秩序和统治方式的认可、赞同和接纳。提出"无论大小学堂,宜以经学为必修之课目,作赞扬孔子之歌,以化末俗浇漓之习;……其经义之贯彻中外,洞达天人,经注经说之足资羽翼者,必条分缕析,编为教科,颁之学堂以为圭臬。……务使学生于成童以前,即以熏陶于正学,涉世以后,不致渐渍于奇邪。国教愈崇,斯民心愈固,臣等所谓尊孔者

---

① 《大清教育新法令》(第一册第二编),商务印书馆出版,第1—4页。
② 《陈奏教育宗旨折》,见璩鑫圭、唐良炎主编:《中国近代教育史资料汇编·学制演变》,上海教育出版社 1991 年版,第534—539 页。

此也"。

"尚公"是针对所谓中国民众"群情隔阂，各自为私"的国民性而提出的。他们认为，一国的强盛不能依靠不世出的英雄豪杰，而要依靠全国民众的团结一致，因此，建议"举支离涣散者而凝结之，尽自私自利者而涤除之，则必于各种教科之中，于公德之旨，团体之效，条分缕析，辑为成书，总以尚公为一定不移之标准，务使人人皆能视人犹己，爱国爱家"。虽然文中并没有提到"公民"或"公民教育"等字样，但是却表达了公民教育的目的或公民教育的思想。这是一种公民意识的觉醒，也是我国近代以来学校教育宗旨中反映公民教育目的的教育思想的萌芽和发端。尽管在专制统治之下，所谓的对民众进行"尚公"教育的目的，其实质是为了满足皇家一族之"私利"，绝非在法治社会中增进公共空间之利益。

"尚武"是针对国民所谓胆气虚弱的弱点提出的。他们担心当时的国民"饷糈之心厚而忠义之气薄，性命之虑重而国家之念轻"，提出"欲救其弊，必以教育为挽回风气之具，凡中小学堂教科书，必寓军国民主义，俾儿童熟见而习闻之"。要求在各种学科中渗透教育学生勇敢、好胜性格的内容，培养学生的竞争意识和意志力。

"尚实"既是一种精神的塑造，也是实际学问的培养，更是洋务运动以来"师夷制夷"的教育传统使然。指出"方今环球各国，实利竞尚，尤以求实业为要敌，必人人有可农可工可商之才，斯下益民生，上裨国计，此尤富强之要图，而教育中最有实益者也"。

由上可见学部所定五项教育宗旨，仍然没有脱离"中体西用"的窠臼。"忠君"和"尊孔"既是"中学为体"的具体目标，也是拟定学校教育价值追求的方向；"尚公"、"尚武"和"尚实"是"西学为用"在本土学校具体实施的显现，目的在于通过公德意识的培养、军国民教育和实利教育提高国民素质的同时实现保家卫国抵御外侮的目标。但是，由于"中体西用"的"体""用"之地位界定的模糊性和随意性，必然会对教育实践产生思想混乱。主要体现在以下三个方面：一是"十字"宗旨中仅仅把儒家学说作为惟一合法的礼教资源，这对于中国这样一个具有悠久历史、拥有庞杂的道德文化体系的民族而言，惟一合法性不仅本身遭到质疑，而且妨碍本民族道德文化与外来文化在对话中的传承和更新；二是在没有实现君主立宪的政治前提下，"忠君"和"尚公"在逻辑上是相互排斥的，质言之，如果"忠君"成为宗旨或目的，那么

"尚公"就是一种策略选择，这便违背了"尚公"的教育宗旨；三是"忠君"、"尊孔"和"尚武"存在冲突，虽然"尚武"是针对国民胆气虚弱这一现象，但没有追问这一现象背后的根本原因，在一种专制统治的环境里，每一个人都没有安全感，胆小怕事、谨小慎微、唯唯诺诺成为处于这一环境中群体的真实写照，因此，如果确立"忠君"、"尊孔"为"体"，则"尚武"之"用"将无用武之地。

"十字"宗旨的确立，其最终目标是通过学校教育，确保国民对清王朝和以"三纲五常"为核心的儒家伦理的忠诚，同时培养国民具备富国强兵、挽救危局所需要的精神风貌和技术、知识。另外可以看出，学部《奏陈教育宗旨折》明确宣告了教育的目的"不在造就少数之人才，而在造就多数之国民"，这是新旧教育理念转换过程中质的飞跃，也是教育指导方针的根本转折。在教育宗旨中注入了国家主义、军国民主义等新观念，以"尚公"、"尚武"、"尚实"为"中国民质之所最缺而亟宜箴砭以图振起者"，惟此"方足为图存之具"。[①] 事实上，提高国民素质不仅有益于巩固清王朝的统治，而且有助于君民一体抵抗内忧外患，挽救民族危亡。因此，在《奏陈教育宗旨折》中强调职业知识与技能的实业教育和陶冶身心平衡发展、呼吁加强民族精神教育，注重启发学生的爱国情操，成为全面贯彻和落实"中体西用"指导思想的教育文本。但是，一种教育蓝图要在实践中实施必然会遭遇来自方方面面的抵制和为难。

三、清末新式学堂的读经和修身课程

以张之洞为代表的主持晚清教育改革的负责人，不仅在教育宗旨中突出强调"中体"，而且在教学课目设计，尤其是中小学教学课目设计中突出以经学为核心的"中学"地位的重要性，采取种种措施，竭力保持"中学"在新式学堂中的首要位置，十分重视对学生实施道德训练，在教学课目中开设修身一科，与读经、讲经、国文、算术科相提并论，以期得中"体"之精髓与"成"人之正道。

(一) 学堂章程中的经学教育及课程设置

光绪二十八年(公元 1902 年)十月，张之洞在《筹定学堂规模次第兴办折》中提出要在小学堂添设读经一科，普通中学添设温经一科，为此，在原有

---

① 丁致聘：《中国近七十年来教育纪事》，商务印书馆 1935 年版，第 373 页。

课时的基础上,各自再增加两个学时,专供学生读经、温经使用。1904 年,由张百熙、荣庆、张之洞等人制定的《学务纲要》充分吸收了张之洞的意见,专门强调了中小学读经的重要性,指出读经意义之重大:

> 外国学堂有宗教一门。中国之经书,即是中国之宗教。若学堂不读经书,则是尧舜禹汤文武周公孔子之道,所谓三纲五常者尽行废绝,中国必不能立国矣。学失其本则无学,政失其本则无政。其本既失,则爱国爱类之心亦随之改易矣。安有富强之望乎? 故无论学生将来所执何业,在学堂时经书必宜诵读讲解……极之由小学改业者,亦必须曾诵经书之要言,略闻圣教之要义,方足以定其心性,正其本源。①

显而易见,读经在此被视为维持清王朝立国之本的统一思想基础和意识形态保障,其目的在于为国人的共同行为规范或操守树立一个基本的"纲",如果"纲"丧失了,或者说没有这一立国之本的保障,那么对清王朝来说,追求富强也就失去了任何意义。因此,作为教育改革的最高负责人,张之洞、张百熙等人的教育理念在他们设计的各级学堂的课程表中得到了具体的贯彻。以经学为核心的"中学"在中小学教育中占据了重要地位,《癸卯学制》制定的中小学课程充分体现了这一特征。

表1.4 初等小学每周课程时间分配(学制五年;单位:小时)

课目	修身	读经讲经	中国文字	历史	地理	算术	格致	体操	合计
课时	2	12	4	1	1	6	1	3	30

表1.5 高等小学每周课程时间分配(学制四年;单位:小时)

课目	修身	读经讲经	中国文学	中国史	地理	算术	格致	图画	体操	合计
课时	2	12	8	2	2	3	2	2	3	36

---

①《学务纲要》,见舒新城编:《中国近代教育史资料》(上册),人民教育出版社 1961年版,第 202—203 页。

表1.6　中学堂每周课程时间分配(学制五年;单位:小时)

课目	修身	读经讲经	中国文学	外国语	历史	地理	算学	博物	图画	体操	理化	法制及理财	合计
课时	1	9读6讲3	4,4,5,3,3	8,8,8,6,6	3,2,2,2,2	2,3,2,2,2	4	2	1	2	4	3	36

注:1. 上述三张表格均根据《奏定学堂章程》相关内容编制。

2. 中学堂学制五年,其中博物课开四年,即第一年到第四年;理化课开两年,即第四年和第五年;法制及理财仅在第五年开设一年。

3. 单标一个数字者表明该课时在开设期间一直未变,多个数字为五年中各年课时。

对以上三张表格进行比较,从课目时间分配可以看出,以经学为核心的"中学"在中小学教育中受到了足够的重视,包括经学、修身、中国文学、中国历史在内的"中学"课程在初等小学堂、高等小学堂和中学堂三类学校中所占时间比例分别约为总课时的 63％、67％和 44％。而经学一科所占时间相对之多,其他单科更是难以望其项背,在初等小学阶段,它独占 40％的课时,而在高等小学和中学阶段,它占总课时的比例仍然高达三分之一和四分之一。① 可见经学在课目设计中的地位。除课堂时间外,中小学堂还都规定每日要在自习时间温经半小时。②

在保证课时的前提下,《奏定学堂章程》根据学生的不同年龄特征对各学年的经学内容进行了精心设计,其中,初等小学堂规定以《孝经》、四书、《礼记》节本为必读之经,五年中字数逐渐递增:第一年读《孝经》、《论语》,每日约读四十字,共读九千六百字;第二年读《论语》、《大学》、《中庸》,每日约六十字,共一万四千四百字;第三年读《孟子》,第四年读《孟子》及《礼记》节本,每日约读一百二十字,共读二万八千八百字。在每日读经之后,教师还

---

① 1909 年学部将中小学课程调整之后,中学文科的读经时间增加到 10 小时。参见《奏变通中学堂课程分为文科、实科折》,见璩鑫圭、唐良炎主编:《中国近代教育史资料汇编·学制演变》,上海教育出版社 1991 年版,第 554—556 页。

② 参见《奏定初等小学堂章程》、《奏定高等小学堂章程》和《奏定中学堂章程》。

要向学生讲授其浅近的意义。

高等小学堂规定以《诗经》、《书经》、《易经》、《礼仪》中的《丧服经传》为必读之经,总字数为九万六千八百五十四字。第一年读《诗经》;第二年读《诗经》、《书经》;第三年读《书经》、《易经》;第四年读《易经》及《礼仪》节本。每天约读一百二十字,要求每日所授之经,必须背诵,教师要抽背学生,并且要对经书进行一定程度的讲解。

中学堂规定读《春秋·左传》及《周礼》两部经书,其中《周礼》课程选用黄叔琳《周礼节训本》,共计字数二十二万三千余字,要求每日读二百字。每周九小时经学课程中,六小时读经,三小时讲经。

除经学外,修身、中国文学、历史等科目的设计也包含有丰富的灌输中国传统学术、义理也即儒家意识形态的因素,目的在于以儒家三纲五常的伦理秩序维持宗法社会的超稳定性。

(二)新式学堂中的修身课程

修身是古代圣人必经的"洁身自好"的过程。通过"修身养性",不使自己的本性蒙上世俗功利的尘污。同时,当人与人之间关系出现问题时,中国古代思想家也认为首先应做的是通过"反求诸己"而反躬自省:"爱人不亲反其仁,治人不治反其智,礼人不善反其敬,行有不得者,皆反求诸己,其身正而天下归之。"[①]因此,在儒家看来,作为一个读书人,最大的学术追求是"志于道",最高的人格理想是成为"君子"。当其在社会交往和社会治理中出现问题时,首先想到的不应是归咎于他人或外在的环境,而应进行自我反省;君子考虑的是自己有什么地方做得不够,小人则把责任推到别人头上,依赖别人的改变来解决问题。这种重视自身修养、把"修身"看作是人安身立命之本的观点,一直是传统道德教育的核心价值追求。换言之,如果说经学教育是"令圣贤正理深入其心",在理论上向学生灌输儒家意识形态学说的话,修身的目的则是通过教育学生学习传统伦理规范以引导其行为符合儒学规范,从而在行动上践行传统伦理道德,增强对传统道德价值的理解和认同。

据学者考证,从甲午战争至第一个现代学制颁行期间,上海南洋公学、广州时敏学堂等部分新式学堂已开设了修身课程,同时不同程度地设有读经、经义、经史等"中学"方面的内容;但也有一些新式学堂较忽视"中学"方

---

①《孟子·离娄上》

面的内容,更突出西学课程。① 但是,如何合理地组织学校课程结构,无疑与学校教育的办学方向密切相关,成为当时一个繁难的课程实践问题。

1901 年,孙宝瑄在其《忘山庐日记》中写道:"日本学校章程,首列修身一科,可知身之不可不修也,明也。盖惟修身,而后自由有权限,不至害人之自由。我国古圣贤所发之理,实与欧洲哲学家之语相通也。顾我国有种讲道学者,专治修身学,修身而外无学,所以但成一乡党自好之人,而无益于天下。乃矫其弊者,遂不治修身学,此又大误,而不可为训者也。"②作为趋向维新的晚清知识人士,孙宝瑄已清醒认识到传统中国"专治修身学,修身而外无学"的局限性,但他同时又反对因噎废食,反对全盘否定修身学,主张效法日本学校章程,开设修身课程。1902 年,管学大臣张百熙首次将"修身"、"读经"正式纳入《壬寅学制》,成为近代课程史上第一个在学校正式设置修身科目的重要事件。在《壬寅学制》中强调了修身科设置的必要性及课时安排:"中国圣经垂训,以伦常道德为先;外国学堂于智育体育之外,尤重德育,中外立教本有相同之理。今无论京外大小学堂,于修身伦理一门视他学科更宜注意,为培养人才之始基。"③根据章程规定,从蒙学到大学的所有学堂都必须开设伦理修身课,且要将其排在第一课程的位置。学生自六岁起,先上四年蒙学,再上六年小学。蒙学堂前两年每天都规定有修身课,后两年则一周(十二天)减去四天,一次一课时。小学堂分寻常小学堂和高等小学堂,前者三年均有修身课,每天一课时;后者则每周改为四课时,较寻常小学堂所少的八课时,则以读经课补足。中学四年,也要开设伦理修身课,每周为二课时。不过记分方法与其他科目略异,各科都是每月记分,"惟修身则须合数月或半年而通计之"④。

由于《壬寅学制》在科目课时分配上,"中学"与"西学"科目极不平衡,"中学"科目课时数远低于"西学"科目,没有真正体现出"中体西用"的总原则。这种轻视传统道德教育的倾向迅速引起了关注。

---

① 吕达:《中国近代课程史论》,人民教育出版社 1994 年版,第 120—129 页。
② 孙宝瑄:《忘山庐日记》(上),上海古籍出版社 1983 年版,第 403 页。
③《钦定京师大学堂章程》,见璩鑫圭、唐良炎主编:《中国近代教育史资料汇编·学制演变》,上海教育出版社 1991 年版,第 235 页。
④《钦定中学堂章程》,见璩鑫圭、唐良炎主编:《中国近代教育史资料汇编·学制演变》,上海教育出版社 1991 年版,第 266 页。

光绪二十八年(公元 1902 年)十月,张之洞在《奏定学堂规模次第兴办折》中,建议小学设"修身"课,中学设"伦理"课,高等学校改修"道德学",基本确立了清末伦理修身课的名称格局和德育体系,即蒙学和小学一般称为"修身",中学和初级师范则"修身"和"伦理"之称兼而有之,高等学堂和大学堂一般多称之为"人伦道德"、"伦理学"或"道德学"。次年初,张百熙遵旨议奏张之洞的上折时,曾对此加以区别:"惟修身偏重私德,伦理兼及公德。小学即课修身,应如原定中学改课伦理。又小学既已读经,中学可改作温经。"①这里私德指的是对自己的道德,公德指的是对他人、社会、国家的道德。同时,"修身"还偏重于道德实践指导,"伦理"则相对侧重学理讲授。但是,这种内涵上的差异很快在实际中消除了,表现出来仅仅是内容深浅程度不同罢了。

接着,由张之洞主持学制修订工作并亲自手订,张百熙、荣庆参与编订,光绪三十年(公元 1904 年)一月正式颁布了《癸卯学制》,对学校修身科科目的宗旨、内容和方法进行了规定。《癸卯学制》中的小学堂章程指出:

修身,其要义在随时约束以和平之规矩,不令过苦;并指示古人之嘉言懿行,动其欣慕效法之念,养成儿童德性,使之不流于匪僻,不习于放纵。尤须趁幼年时教以平情公道,不可但存私客,以求合于爱众亲仁、恕以及物之旨。此时具有爱同类之知识,将来成人后即为爱国家之根基。尤当以俗语解说,启发儿童之良心,就其浅近易能之事使之实践。为教员者尤当以身作则,示以模范,使儿童变化气质于不自觉。兼令诵读有益风化之古诗歌,以涵养其性情,舒畅其肺气,则所听讲授经书之理,不视为迂板矣。②

中学堂章程则以两句话概括修身的要义:"一在坚其敦尚伦常之心,一在鼓其奋发有为之气。"强调"凡当示以一身与家族、朋类、国家、世界之关系,务须勉以实践躬行,不可言行不符"。③ 由此可见,中学堂章程已经超越了传统伦常提出的修身目标,开始关注修身与各种关系和身份之间的关联

---

① 张百熙:《议奏湖广总督张(之洞)等奏次第兴办学堂折》,见朱有瓛主编:《中国近代学制史料》(第二辑上册),华东师范大学出版社 1987 年版,第 65 页。
②《奏定初等小学堂章程》,见璩鑫圭、唐良炎主编:《中国近代教育史资料汇编·学制演变》,上海教育出版社 1991 年版,第 294 页。
③《奏定中学堂章程》,见璩鑫圭、唐良炎主编:《中国近代教育史资料汇编·学制演变》,上海教育出版社 1991 年版,第 319 页。

性,实际上把"修身"置于人格教育的逻辑框架中。

在课目设计上,注重由浅入深。初等小学"摘讲朱子《小学》,刘忠介《人谱》,各种养蒙图说,读有益风化之极短古诗歌";高等小学堂"讲'四书'之要义,以朱注为主,以切身于身心日用为要,读有益风化之古诗歌";中学则在小学的基础上予以扩展"摘讲陈宏谋五种遗规"①,着重在为人处事上训练学生的基本道德规范。

遵循《奏定学堂章程》的规定,在光绪三十年(公元1904年)后,各级各类学堂基本上都开设了独立的伦理修身课程。不仅官立和公立学堂如此,一般私立学堂也多能做到这点。

中学的修身课时虽然少了,但是经学课程的课时却大大增加,当时学堂学生的回忆也证明了这一点。据当时在广州广府中学堂读书的学生沈祥龙、陈伯衡回忆说:"广府中学堂在所定的课程中,重点是放在读经和讲经方面,我(们)记得当时经学的课程,每星期是九个课时的,六个课时讲经,三个课时读经,所教的经学有《周礼》和《左传》,这是主要课程中之一种,目的是灌输学生们忠君思想,以巩固清朝的统治,其他实用科学,还是放在次要的地位。"②由此可见,各级各类学堂在执行和落实《癸卯学制》中关于修身与经学课程的规定时,基本上是遵照"中体西用"这一总的原则框架和指导思想,只有少数新式学堂在实施修身课程过程中存在经学课程比重多少的问题以及课程设置的先后顺序和轻重缓急的问题。

(三)女子学堂中的修身课程

在封建社会,女子没有接受公共教育的权利。这不仅仅是由于教育资源的匮乏,而是整个社会能够接受普通教育的人数比例普遍很低,处于男权社会最底层的女性更是少有接受任何教育的机会,这一现象的背后隐藏着中国文化传统中占统治地位的儒学观念的思想影响:从先秦儒家的"君君臣臣、父父子子"的等级观念到汉代儒家的"君为臣纲、父为子纲、夫为妻纲"的三纲伦常,再到后世儒家"女子无才便是德"的社会角色规训。在统治阶级眼里,女子根本不需要受教育,接受教育就会打破一统天下的等级制,败坏

---

① 即《养正遗规》、《训俗遗规》、《教女遗规》、《从政遗规》和《在官法戒录》。

②《广州文史资料》(第10辑),见李桂林、戚名琇、钱曼倩主编:《中国近代教育史资料汇编·普通教育》,上海教育出版社1995年版,第338页。

社会风气。即便到了明清之际,官绅、富贾之家的女子在幼童时期接受家塾教育,也只是学习经史,培养女德,囿于家庭范畴中的相夫教子即如何承担贤妻良母的责任。

近代以来,古老帝国遇上了"千年未有之大变局",西方列强高举殖民扩张的大旗,把它的宗教思想、政治框架、商品经济、奇技淫巧一起输向中国。面对丰盛的补药,一个长期羸弱不堪的病人怎能一下消受得起如此猛补的重负。于是,在国家危机日深,民族危亡益重的局势下,近代志士仁人从严复、康有为到梁启超,他们孜孜以求寻找救国良药。其中女子教育从一个特殊的角度被维新改革派所认识、所重视、所倡导,从而成为他们所开处方中的一剂偏方。

在有识之士的大力倡导下,女子教育以前所未有之势发展起来。光绪二十四年(公元 1898 年)五月,担任上海电报局总办的浙江上虞人经元善在上海创办了经正女学。在办学过程中,经正女学体现出自身鲜明的特点。在课程设置上,中西并重,中文课程主要有《女孝经》、《女四书》、《幼学须知句解》、《内则衍义》、《十三经》、唐诗古文等,每隔一天学习女红、绘事、医学等;西文课程主要有外国语、地理、医学、算术等,同时兼及琴学、体操等。还设有师范科,讲求教育童蒙之法,凡学成毕业,均颁发正式文凭。在组织管理方面,规定教职员工全由女子担任,学堂"凡堂中执事,上自教习提调,下至服役人等,一切皆用妇人,严别内外,自堂门以内,永远不准男子闯入"①。学堂还以《女学报》作为中文校刊,另办有英文月刊 The Chinese Girls Progress(《中国女子的进步》),以宣传女子教育,讨论实际问题,扩大对外影响。据当时报刊报道,经正女学创立后,声名鹊起,远方童女,"亦相愿负笈而来"②。

"从 1902 年到 1906 年间,私立女子学校如雨后春笋般建立起来。……当 1902 年清政府开始实行'新政'时,私立女子学校就在江南一带、京师地区纷纷建立,其它省份如湖南、四川、广西、江西、山东,甚至贵州、云南等也不甘落后。……1907 年,清政府进行第一次教育统计时,据报有 400 多所女子学堂。"女学既起,均为私立,多为士绅、商贾所办。办学宗旨、教学内容、教

85

---

① 虞和平主编:《经元善集》,华中师范大学出版社 1988 年版,第 227 页。

② 雷良波等著:《中国女子教育史》,武汉出版社 1993 年版,第 78 页。

学方法多呈自然发展之态,凸显其初始状态的随意性、自主性和宽泛性。因此,规范女子学堂已成为清政府的当务之急。光绪三十二年(公元1906年),工部主事刘寻上书,建议规范女子学堂的发展;同年,湖北巡抚端方也上书要求制定女学章程。①

光绪三十三年(公元1907年),清学部奏定的《女子小学堂章程》和《女子师范学堂章程》(以下简称《章程》)成为中国教育史上第一个由国家颁布的女子教育章程。作为清政府颁布的学堂章程,虽然对当时女子教育发挥指导、规范作用的时间不长,晚清新政的一系列改革方案,都随着腐朽的清朝的灭亡而失去了现实的依托,但作为一份历史文献,它为我们研究那个时代的女子教育思想和理念提供了第一手材料。

从学制看,女子学堂分初等小学堂和高等小学堂,两个学段均为四年,全程一共八年。按照《章程》的规定,女子小学堂以养成女子之德操与必需之知识技能并留意使身体发育为教育宗旨。德育上培养具有传统女德的贤淑闺秀,知识技能上培养能够对家庭负责任、对子女进行教育的贤妻良母。由此可见,培养掌握现代科技知识、有志于改革社会的人才与女子教育没有直接的关联性,传统的男权社会的主流思想在女子学堂章程的宗旨中得到体现。

《女子小学堂章程》对修身课目的设计和要旨做出规定:"女子初等小学堂之教科凡五科,曰修身、国文、算术、女红、体操外,音乐、图画二科为随意科,得斟酌加入;女子高等小学堂之教科凡九科,曰修身、国文、算术、中国历史、地理、格致、图画、女红、体操外,音乐一科为随意科,得斟酌加入。"章程强调对女德的培养:"中国女德,历代崇重,今教育女儿,首当注重于此,总期不悖中国懿之礼教,不染末俗放纵之僻习。"②

对于修身科,"其要旨在涵养女子德性,使知高其品位,固其志操。其教课程度,在女子初等小学堂,初则授以孝弟、慈爱、端敬、贤淑、信实、勤俭诸美德;并就平常切近事项,指导其实践躬行;渐进则授以对于伦理及国家之责任。在女子高等小学堂,则扩充前项之旨趣,而益加陶冶之功,使之志行

---

① 丛小平:《从母亲到国民教师——清末民族国家建设与公立女子师范教育》,载《清史研究》2003年第1期。

②《奏定女学堂章程折》,见璩鑫圭、唐良炎主编:《中国近代教育史资料汇编·学制演变》,上海教育出版社1991年版,第584页。

更为坚实"①。在课时安排上，女子小学堂与男子小学堂也存在一定差距（见表 1.7）。

表 1.7　女子小学堂与男子小学堂科目课时安排比较

课程	每周学时								
	第一年		第二年		第三年		第四年		第五年
	女	男	女	男	女	男	女	男	男
修身	2	2	2	2	2	2	2	2	2
读经讲经		2		12		12		12	12
国文	12	4	12	4	14	4	14	4	4
算术	6	6	6	6	6	6	6	6	6
历史		1		1		1		1	1
地理		1		1		1		1	1
格致		1		1		1		1	1
体操	4	3	4	3	4	3	4	3	3
音乐	若干		若干		若干		若干		
图画			若干		若干		若干		
女红					2				

资料来源：《奏定学堂章程》及《奏定女学堂章程》。

由上表可以看出，女子教育在经学教育课程安排上，明显减少了读经和讲经时间。这与男子教育不仅重视修身，而且更加重视经史学习，通过修身养性和阅读儒家经典奠定扎实的儒学根底，为齐家、治国、平天下打下坚实的道德基础不同。相比较而言，女子教育的科目设置则要简单得多，主要有修身、国文、算术、体操，兼顾女红，目的是培养符合封建女德要求的、身体健康的、能"相夫教子"担负起家庭责任的贤妻良母角色。

显而易见，封建女德培养是女子教育的第一要义，《女子小学堂章程》整个八年学制的课程设置中，修身科目中的"道德要旨"的学习是每学年的必开之课。虽然课时不多，但教育宗旨一以贯之，显见出女子教育中礼教的严

---

①《奏定女学堂章程折》，见璩鑫圭、唐良炎主编：《中国近代教育史资料汇编·学制演变》，上海教育出版社 1991 年版，第 585 页。

厉和关于道德修身的目标规格要求。但是，值得一提的是，早期的女子教育能够从性别差异的角度考虑"男女有别"，在学堂课目设计和选择中特别重视"女德"教育，这在中国教育史上深刻地凸显了其长远的历史进步意义。

第三节 清末修身教科书编写的现代化

随着新式学堂的开办规模不断扩大，每一所新式学堂均开设了修身课程，因此，对修身伦理教科书的需求日益增大。为了满足这一需求，主要通过三个渠道提供修身教科书：一是按《奏定学堂章程》规定，直接拿《五种遗规》、《大学》等传统教材和儒家经书凑数应急；二是从国外翻译引进伦理修身教科书；三是自编了各式各样、五花八门的新式伦理修身教科书。①

下面，我们选择了这一时期编辑出版的使用较广泛的几种修身教科书做些分析，以窥见当时修身课程及伦理思想之一斑，从中也可看出在"中体西用"的背景下当时教科书内容选择编写的价值取向。

一、李嘉谷:《蒙学修身教科书》

光绪二十九年(公元 1903 年)，李嘉谷编写的《蒙学修身教科书》由上海文明书局出版。该书共一百二十课，每周一小时，可以满足初等小学堂三年用。该书在"编辑大意"中重述了修身科目"启德育之径，即以敦蒙养之基"的课程价值。全书包括"修己、保身、待人和处世"四章，按照个人伦理、家庭伦理、社会伦理和国家伦理的逻辑框架组织内容。由于该书属于启蒙教科书，"将寻常立身之大者要者，撮述一二，求合于蒙学程度而止"②。考虑到该阶段学生识字不多，每课大约四五十字，但是文字通俗易懂，容易上口，每段文字针对一个具体的德目，讲述道理，言简意赅，引人如何通过修身向善，成为完全之国民。在书中最后几节还依次讲述"守法"、"纳税"、"财产"、"政

① 黄兴涛、曾建立:《清末新式学堂的伦理教育与伦理教科书探论——兼论现代伦理学学科在中国的兴起》，载《清史研究》2008 年第 2 期。

② 李嘉谷:《蒙学修身教科书·编辑大意》，文明书局 1903 年版，第 1 页。

治"和"爱国",虽然这样的课文内容对该阶段儿童的领会具有一定难度,但是从编写者倡导的伦理思想来看,作者已经着意于公民意识的启蒙和培养。与传统经学教育灌输的"尊孔"和"忠君"的思想相比,这在当时完全可以称得上惊世骇俗。

编写者首先提出"修身即修己"的命题,重视通过修己立身而安命。在"修己"篇,编写者分十六节撰述了"立身、求学、尚志、端品、道德、性情、言论、信实、强毅、勇敢、知耻、净谏、节俭、嗜欲、仪容、自由"等十六个德目。在开篇第一课讲"立身"时,强调修身乃为立身保身,立身乃完全国民之准备,保身乃完全国民洁身自爱之要领,并在课文中提出了修身的具体目标,把修身与人格教育密切联系起来。"我身为人,我身当为完全之国民。所谓完全国民者,资格高贵,品行纯正,常能保护此身不使稍有污损者也。"①在课文正文下方,特别注解"此课勉人以保身,问我身当为何等人,问如何可谓之完全国民",指明该课的教学目标以及须让学生明白的道理,以"问题导学"为教师开展教学活动提出建议。接下来,编写者围绕"立身"以儿童朗朗上口的语言继续从"保身之志向"和"保身之路向"切入,以职业意识的启蒙,教育幼童人生安身立命基础,把它作为第二课和第三课的正文内容。"此身为我有,即当为我用;以身从人,最为下等;诸子年虽幼小,即当自立志向;毋徒附和人意也";"人无一技之长,无以保家,无以养身,故为士、为农、为工、为商、为兵,必有一长可取,始得自立于世上";"同是人也,有学有才者,即能独立,然则立身之道,可知所从矣"。②由此可见,要培养"完全之国民",职业教育尤其是职业意识的教育与普通教育同属于蒙学之不可或缺的范畴。

在第五节"道德"德目中,编写者阐述了德行、私德和公德的概念以及修养之路径:

我施德于人,行吾心之所安也,不可有望报之念;人施德于我,则必有以报之,忘人之德,是谓不义。

以德报德,乃交际之公理,或有以怨报德者,挽回薄俗,责在学生,愿学生毋为得罪名教之人。

人当困厄之际,不必素与之相识,苟助以资财,勖以勤勉,未有不感奋者,置之不顾,忍人也。

---

①②李嘉谷:《蒙学修身教科书》,文明书局1903年版,第1,2页。

一人所受之德，其德为私；必人人共受之德，始可谓公德也。

发念之始，必思有利于人，此即为公德之始基；若发念之始，常思有损于人，此即言公德之大敌；故仁者，宁亏己以利人。①

一个人的德行与其良知相关，与人相处内心平安，施恩与人不图回报，受惠于人常存感激，以德报德，宽以待人，这都是私德修养的行为准则。对于个体的行为是否有利于他人，则是公德判断的基本规范。由此可见，从个体之间的交往行为来看，私德与公德并没有严格的界限。只有当个体行为发生在公共领域，是否有损公共利益的行为，成为判断私德与公德之本质差异的一条重要的分水岭。

该篇第十六节"自由"德目由两篇课文组成。编写者阐述了"自由"与"自治"的逻辑关系，强调了自由之价值，并对常人常常将自由误解为"为所欲为"的放肆之举给予特别提醒，表明只有法律框架下的自由才属于人类的自由，同时区分了人类社会"文明规则"与动物世界"丛林规则"的本质区别。"人不自由，与死无异；人非法律自由，则与野蛮人又无异；人欲自由，慎无误解此自由之义。""能自由者必能自治，自治无他，即修身之谓也，是以最能自治之人，即最自由之人。"②

在"保身"篇，编写者从"卫生、保脑、用心、惜力"的角度介绍日常生活常识。首先强调了讲究卫生的重要性，以及不讲卫生可能给身体带来的危害。"不能保身，则多病，多病斯多旷废；虽欲求学，不可得矣，故讲求卫生，为至要之一种之科学"；然后告示在日常生活中如何培养卫生的生活习惯，"起居有时，饮食有节，动作行为，适如己之精力而止，人能如此，则即卫生之至有益者"；"每日做事，必当有一定之时刻，一则劳逸平均，可使身体日强；一则动作有节，不致功课紊乱"；"全体血脉流动如机，终日危坐，或终日僵卧，则血滞而机不灵，即幸免疾病，亦与病夫等耳"；"学堂必有体操，所以流动血脉也，小之可免疾病；大之可壮筋骨，故学生无不习体操者"。③接着又介绍了赛跑、跳绳对身体的益处以及天气变化增减衣服、劳逸结合注意休息、户外活动呼吸新鲜空气的常识。

在"待人"篇，编写者从传统伦理关系出发阐述如何以一种"宽仁"和"礼让"的情怀对待"父母"、"兄弟"、"朋友"、"师生"、"亲戚"、"仆役"和"公众"，

①②③李嘉谷：《蒙学修身教科书》，文明书局 1903 年版，第 6—7、16、17 页。

体现了中西伦理精神的对比和观照,超越了传统修身课程只注重私德伦理的局限,彰显了清末公民道德教育重在对民众公民意识的启蒙教育。编写者在"父母"一节中强调了"报亲恩"的必要与"尽孝道"的原则,并对大孝与小孝进行了区分,"奉起居,服劳苦,跬步不离父母之侧,此小节耳,故不能立业成名,以慰父母心者,皆不得谓之孝"①。在这里,编写者以为"人子以立业成名为大孝"。在"公众"一节,编写者以"众人拾柴火焰高"的常识对学生进行国民民族精神教育,呼吁民众团结一致共同御敌:"积万亿之人而成国,使万亿之人各存其心,不啻万亿国也,故凡为一国之民者,当同一心";"尽一人之力,成事难,合数人之力,成事易,若合无数之人而谋一事,则其事无有难成者,故凡我同胞,当知合谋";"以寡敌众,害多利少,以众敌寡,害少而利多,凡事皆然,不仅战争,故凡为同胞者,又当协力以御外侮"。②

在"处世"篇,编写者主要是以培养学生的群性为目标展开教材内容组织的。本篇以"交接"、"合群"、"义务"、"名誉"、"守法"、"纳税"、"财产"、"政治"和"爱国"等九个方面为主题阐述了如何培养学生处世的技能和技巧。在"合群"一节,编写者以通俗的语言解释了合群、团体和社会之间的关系:"联络数十百人如一人,谓之合群,谓之团体,又谓之社会,离群而独处,鲜有能成事者";"与众人共谋一事,共兴一业,未有众人得乐利,而己独不得乐利者,群学之厉害,最易明也"。③

在"荣誉"一节,编写者围绕"荣誉感的培养"用四篇课文组织,分别提出了"窃取名誉可耻"的命题,指出"修身"对于个人成就名誉的意义,以及正常成就名誉的路径和如何正确对待自己与别人的名誉等。在第一、二篇课文,编写者把"窃取名誉"等同于小人行为而不足以挂齿,并将之归因于个人修身问题。"名誉为人所最爱者,然或窃取而得之,可以欺众人,不可以欺一己。君子不为也","修身所以造名誉也。身之不修,授人口实处必多。试问前人之得名誉者,有不修其身者乎"。④在第三、四篇课文中,编写者认为,要正确对待荣誉,成就名誉要不时提防浪得虚名,"立功建业,足以成就名誉;著书讲学,亦足以成就名誉。然必其实无愧其名,方不为虚名。虚名不能垂

---

①②③④李嘉谷:《蒙学修身教科书》,文明书局1903年版,第24、27—28、32、33页。

久远"。① 因此，养成正确的荣誉感十分必要。"我有名誉，恐人损伤之；人有名誉，我亦当爱护之。人之有名誉犹人之有财产，岂可伤之耶。"② 这里把荣誉权、财产权和个人权利结合起来，开启了人权教育的蒙养路径。

"爱国"和"守法"是当时教科书比较难处理而又必须接触的概念，"国家"当时有两层意思：一是国家与民众之间相互依存的归属关系，"国以民立，民以国存"③；另一是区域概念，即生我养我的祖国。作为生我养我的祖国，在日益沦为殖民地、半殖民地的时候，又是人人应该关心继而全民齐心捍卫的。在"守法"一节，编写者从"立宪"的需要强调了法律在国家治理中的地位，"立国之本，在于法律，立宪之国，法律为国民所共认，不守法律，即为叛民，叛民岂可为耶"；"一国之人皆守法律，则一国治，一方之人皆守法律，则一方治，故有不守法律者，即一国一方之公敌也"。④ 教科书以"不受法律者戒"作为旁注，意在强调守法对于国家、国民和社会治理的重要性。

在"纳税"一节，既讲了国民有纳税的义务和责任，同时也有监督税项使用的权利，甚至在某种意义上说，纳税为人等同于纳税于己。"一人之事为私事，一方之事为公事，以一人之私财，行一方之公事，其力不继，故人人有纳税之责"；"纳税者皆有监督用此税项之权，故用此税项者，稍有情弊，即无颜对此纳税之人，且恐为纳税之人所放逐"；"某地所纳之税，经营某地之事业，是纳税于人，无异纳税于己也，世有以纳税为憾者，非不知义务者乎"。⑤

在"爱国"一节，编写者阐述了国与民之间的关系，以及民爱国的道理："国以民立，民以国存，我生中国，宜以爱中国为己任，同心协力，先公后私，则国之强盛，可立而待也"；"国无事，谋保公众事业，不使权利为外人所夺，国有事，轻生以赴义，以救危亡，人人如是，国可永存矣"。⑥ 论及"政治"德目，编写者提出"天下无无政治之国家"的常识性命题，并论证了"不合公理之政治等同于无政治"的合理性，指出"同一政治以多数人认可"则可推断其合公理。显而易见，政治的本质就是利益的分配，只有符合绝大多数公众利益的分配才可算得上合理的政治，一个国家有了合理的政治才能算得上有政治，课本对此合法性的阐释深刻地揭示了民主政治的核心价值。

由于《蒙学修身教科书》刊行于《壬寅学制》颁布和《癸卯学制》颁行之间

---

①②③④⑤⑥李嘉谷：《蒙学修身教科书》，文明书局 1903 年版，第 33—34、34、38、34、35、37—38 页。

的 1903 年，即正处于重新修订学制的期间，更加重视在"中体西用"的指导原则下展开教育改革的系列工作，因此，该教科书十分注重对传统道德的继承，同时关注国民人格的养成。一方面，教科书通过"修己保身"重视个体私德的培养，尤其是重视儿童日常正确生活习惯的训练；另一方面，在"待人处世"中除了培养儿童对待家族、群体和国家的情感、态度与行为外，更加关注作为国民身份的儿童，如何培养其独立、自由的健全人格，这种对国民进行公民意识的启蒙教育也是后来学校公民教育课程的目标之一。显而易见，教科书在当时选择这些内容极富远见，具有历史进步意义。当然，作为蒙学教科书，该书在体例选择、内容组织上有脱离儿童实际之嫌，且在教学中容易流于教化灌输之弊。

二、何琪：《初等女子修身教科书》

光绪三十二年（公元 1906 年）二月，为了满足当时江南地区日益增多的私立女子学堂的教学需要，上海会文学社出版了何琪编写的《初等女子修身教科书》。同年三月，为了进一步帮助学堂教员领会教科书的编写要旨和教学宗旨，又出版了《初等女子修身教科书教授法》。与这一时期出版的同类教科书相比，《初等女子修身教科书》具有以下特点：一是德目要旨明确，易于讲授；二是每课配有插图，有助于帮助初等学堂儿童领会德目的内涵；三是德目分散在故事之中，易于被模仿和学习；四是课文语言口语化，易于传诵。全书精选了"孝行"、"友爱"、"勤俭"、"清洁"和"卫生"五个德目，分别拟定在第一课、第八课、第十三课、第十七课和第二十课课文配以插图讲解其内涵，然后在每个德目下以历史人物的故事穿插在课文中。这些故事大多宣讲的是各地流传甚广的有关女子美德故事，罗列在相应的课文编制框架体系中以佐证德目的意义，目的在于培养女性温柔贤淑、孝顺善良、尊老爱幼、勤俭节约的个人品格和治家之道，做一个能够相夫教子的贤妻良母。

在第一课"孝行"中，编写者以鸟和羊作为类比，指明孝行的感恩和反哺实质。"百行中，孝为始，鸟反哺，羊跪乳，人为万物灵，禽兽犹如此，谁非父母生，本不分男女。"①课文中以动物的反哺本能对人的感恩之孝行的伦理准则进行了规约，其背后不仅隐含着"百善孝为先"的传统美德，而且从否定意

---

① 何琪：《初等女子修身教科书》，上海会文学社 1906 年版，第 1 页。

义上提出了"人不孝顺畜生不如"的修身戒条。在随后的课文中,编写者以孝女曹娥投水寻父、缇萦上书赎父、木兰代父从军、杨香虎口救父的故事教化儿童,在回答"谁说女子不如男"这一问题时,一方面倡导男女平等的精神,另一方面十分注重启发和培养女性在家庭中的自我牺牲精神,在故事的字里行间仍然浸透着浓厚的儒家"夫为妻纲"的纲常礼教,以及暗含了以"男尊女卑"的性别文化价值取向体现男女社会角色不平等的现实。

在第八课的"友爱"德目中,编写者通过"花木枝叶连根"比喻兄弟姊妹手足之情,表达了"同为父母生,血脉相连骨肉亲"①的亲情教育思想。在课文编写中,选取了"乡人贤女婴"、"聂政姊荣"、"抱弟听书"和"李文姬"的故事,目的在于培养女性儿童尊老爱幼的美德,通过故事引发女性儿童的母性,培养她们在家庭中的责任感。

在第十三课"勤俭"德目中,编写者突出了"勤俭"对于女性人品之重要性,并强调了勤俭与持家、自立之间的关系。"骄奢淫逸,最败女德,朴俭守家风,何必事装饰,操井臼,供蚕织,能勤俭,足自立。"②虽然编写者把女性"俭朴"的美德与好"打扮"对立起来有一定的局限性,但是,作为中华民族的传统美德,重视"勤俭"这一德目的学习和继承,不仅是修身教育之必要一课,也是个体获得幸福生活的一种生存智慧。

在第十七课"清洁"中,编写者从女性的家庭角色出发,介绍了保持家庭清洁的常识,强调了女性养成家庭良好清洁习惯对于家庭健康生活的意义。"洒扫庭除,拂拭几案,洗衣涤器,勤劳勿惮。爱清洁,须习惯,房屋无尘埃,家居精神焕。"③课文彰显了整洁的家庭环境与人的良好心情之间的关系。

在最后的"卫生"德目中,编写者从"卫生与健康"出发,强调了男女须讲卫生的必要性。以"人人宜卫生,男女本不分,衣食居处,均宜留心,卫生学,设专门,愿我女界,各保其身"④,突出了女性家庭角色与个人健康生活之关系。

为了提高女子修身科目的教学效果,编写者对于各个修身"德目"的教学,专门编辑教授法以助教员灵活使用。教授法首先明确课文宗旨,然后详尽解释德目意义,最终揭示习问,并建议教员在讲解前"先令学生看图,略略

①②③④何琪:《初等女子修身教科书》,上海会文学社 1906 年版,第 15、26、33、39 页。

指点后乃再讲故事,最后授以韵语"①。比如关于第一课"孝行"的教授法如下:

宗旨:这课讲做人要孝顺爹娘的意思所以称为孝行。

讲解:人在世上凡百行为总当以孝顺爹娘为第一,就是禽兽里比如同乌鸟的样子,老乌养了小乌到小乌大了,老乌的羽毛便脱下许多不能远飞,小乌能含了食反哺老乌,这是小乌的孝心……

习问:小乌何以能反哺老乌?②

《初等女子修身教科书》及《教授法》的配套出版,开启了民初教科书的出版模式和编写体例,主要体现在以下三个方面:一是突破了德目主义讲授灌输的局限,以人物主义和故事组织,容易激发儿童的兴趣;二是插图和文字并茂,有助于增进儿童对德目意义的理解;三是教科书与教授法的配套出版,帮助教员进一步了解儿童认知特点,为教员有效地展开教学活动,保障修身课程的质量提供了专业支持。由于时代的局限性,女子修身的主要目的是通过培养中国女性传统美德,使其成为家庭中的贤妻良母,加之受到学制的限制,教科书在内容的选择、组织与安排上,与男子学堂因修身宗旨或目标的差异所选用的修身教科书相比还存在一定差距。但是,这对于长期生活在"男尊女卑"的封建等级社会中,根本无权接受公共教育的普通女子而言,其作为国民身份应该享受的教育权利,终于在从西方引进了学校系统之后逐渐变成现实。在这种意义上,中国女子修身教科书的编写和出版为保障女性儿童受教育权利提供了支持性的平台,这一突破性工作,不仅是对新式知识分子所倡导"权利平等"下的"男女平等"等启蒙思想的回应,同时也是通过教育"提高女性地位","还女性国民待遇",最终实现国民素质的整体普遍提高大大地向前迈进了一步。由此可见,《初等女子修身教科书》在内容选择上表现出的局限性受到"中体西用"思想指导原则的制约,同时也正是这一原则有着促成《初等女子修身教科书》在有着几千年"男尊女卑"传统的社会中能够公然编写出版的进步意义。

三、杨志洵:《中等修身教科书》

光绪二十八年(公元 1902 年)四月,上海文明书局出版了中学教员杨志

---

①②何琪:《初等女子修身教科书教授法·编辑大意》,上海会文学社 1906 年版,第 1页。

洵编述的《中等修身教科书》。全书由"总纲"、"国家"、"家庭"、"人际"、"社会"和"庶物"等章节构成。在"总纲"篇,编述者对修身教科书的编写体例和原则做了陈述,并强调了传统伦理价值"诚"、"忠"、"恕"、"智"、"仁"、"勇"在修身中的作用:

> 修身者,实践之事,非理论之学也。人生天地间,不能孤立自存,凡关系于吾身者:一曰国,二曰家,三曰人,四曰社会,五曰庶物,不能率意自行;凡所以致其修者:一曰知,二曰仁,三曰勇,一以忠恕贯之,而基始于诚。古今中外,若合符节。今以五者为纲,析其事目,摘采教育家言,分别解说,而以古今中外之嘉言懿行证之,学者准此践行,庶几无大过乎。①

接着,编述者依次阐释了"诚"、"忠"、"恕"和"智"、"仁"、"勇"的涵义,对中外伦理价值进行比较和观照,以古今名人之嘉言懿行为例予以说明和证实,突出"诚"乃"言行一致、表里相应"的行为准则;指出"忠"乃"尽己之心","恕"为"推己及人","忠敬也,直也,无私也,君子敬以直内,公正无私,推己及物,是曰忠恕";编述者把传统伦理价值"智"、"仁"、"勇"分别与西方伦理文化中的"智虑"、"正义"和"勇气节制"相类比,得出中外伦理价值的相通性以及"东西教化无二致"的结论。

在"国家"篇,编述者以"国"、"守法"、"尊君"、"义务"、"权利"、"自治"和"爱国"为德目,阐述了国民应尽之义务。在"守法"一节,编述者不仅指明了国民应该履行的义务,强调了法律的工具价值和目的价值,而且以"国民是否守法"作为衡量一个国家文化地位之高低的标准。"人民对国以遵守法律为第一义务,夫法律者,以公正无私之权力,控制一人之私欲,保卫公众利益,惩罚奸慝,庇佑善良,维持家国之安康,故人人所当服从者也";"法律为立国之本,无论何国莫不据以统治,而其国民之能守与否,则以文化之高下而殊,国民之文化愈高,守法之能力愈大,反之则从违无定,治乱靡常,卒至不可究诘,此法治国与人治国之所以分也,是故遵守法律非特为国民对国之义务,即对于他国,亦以表己国地位之高下焉"。②在论及"权利"德目时,编述者提出了公民的概念,"凡非疯癫及犯刑辟者,皆属公民",并对公民应该享有之权利从公权和私权两个层面进行分类:公权包括"参与公务之权;居住移徙之权利;对于逮捕监禁审问处罚之权;受裁判所裁判之权;住所安全之

---

①②杨志洵:《中等修身教科书》,文明书局1902年版,第1、3—4页。

权；书信秘密之权；所有权安全之权；信教自由之权；发表意思及集会结社之权；请愿之权"。私权又分为人权和物权，其中人权包括"人身权"和"亲族权"，人身权由财产、身体、名誉构成；物权包括"占有权、所有权、地上权、地役权、留置权、先取特权、质权、抵挡权和债权"①。对于"自治"德目的阐述，编者以国民程度作为自治之条件，以"民选议员、政党内阁、地方政治和政治团体"作为自治之事务，以中外名人成长故事为范例，激励学生励志图新。

在"家庭"篇，编者以"宗子"、"夫妇"、"父子"和"兄弟"为德目，以传统伦理关系为纽带，借助颜氏家训讲述了宗法社会之制度和一家之亲情，"颜氏家训有人民而后有夫妇，有夫妇而后有父子，有父子而后有兄弟，一家之亲，此三者而已"②。在课文叙述和文字架构中，编者隐含了对"不孝有三，无后为大"以及"男尊女卑、夫贵妻荣"的传统伦理思想的批判，提出"夫相敬如宾乃君子所取，婚姻自由为法理所许"③之所谓夫妻平等的现代伦理主张。

在"社会"篇，编者组织了"公益"、"礼仪"、"信实"、"慈善"、"名誉"、"娱乐"、"博爱"、"经济"、"私产"和"公产"等德目，探讨了公民社会形成的要素条件及如何才能做一位合格的公民。由于编者从狭义的视角理解"社会"，因此本节探讨的公民社会专指国民构成的社会团体，而非泛指全球人类社会。"社会者，吾人所居之天成之团体，此乃狭义社会之义"；"政治家所主之社会，则狭义之社会也，同一人种，同一宗教，同一言语风习，同一政治，自然联结，足以为国之单位，固国之基础，保此范围，足以竞争生存，足以成其帝国主义，若是者，政治家之社会也"。④在国民社会中，"公益"是一个最为核心的概念，"贪"乃社会公益之大害，编者指出，"贪利、贪名、贪权，只计一人之私，而不知社会之蒙其大损者，此社会之大贼也"。对于社会公益，主要有消极的公益和积极的公益两种类型："有消极的公益，即不为以上之贪鄙之行，以妨社会之进步是也；有积极的公益，即各自量其才力，择政治实业教育之上之事，而为终身之业务，以增社会之进步是也，此积极于无形者也。世有牺牲一身，以济天下者，此积极于有形者。"⑤维持风俗，遵守礼仪，此乃消极公益；扶持妇稚老弱，此为积极公益。

在"庶物"篇，编者以"博爱"德目入手，指明人类应如何学会与自然相

---

①②③④⑤杨志洵：《中等修身教科书》，文明书局 1902 年版，第 6—10、17、16、30、31 页。

处,爱人及物,"人为万物之灵,足以驱使庶物,取精用宏,夫使用之得其道,庶物决不自吝也,以太之质,或赋予人,或丽于物,盈宇宙间野马尘埃,自天视之,宁有贵贱,妄加暴殄,得罪公理矣"①,认为那种破坏自然环境浪费自然资源的行为有违自然规律。

《中等修身教科书》出版之时,正值新式学堂兴办之风盛行。如何体现"中体西用"的思想指导原则,消除传统与现代之紧张,处理东西文化之差异,成为教科书编写者必须面对的首要问题。在修身教科书中,编写者把儿童修身作为实践之事,从国家、家庭、群体、社会和自然五个层面或维度阐述其与作为个体意义存在的儿童之关系,揭示了西方文化中的"权利"、"义务"、"平等"、"自治"、"私产"、"公益"和"博爱"等德目的普世价值,并以中国传统道德"诚"、"忠"、"恕"贯穿在"知(智)"、"仁"和"勇"等修身目标的达成之中,彰显了东西伦理文化的相通性。同时,这也表明了编写者志在通过修身科目课程的编制,着力通过个体与家族、社群和国家发生关系,发展国民的自我意识,培养健全的国民人格,在提高国民道德素质的基础上实现现代国民性改造的目的。这与近代以来新式知识分子孜孜以求的国民性改造目标相比较来看,其内在逻辑是一致的。

四、陆费逵:《修身讲义》

作为中国近代著名教育家、出版家,中华书局的创办人,陆费逵十分重视教育,不仅有一整套教育改革的理论和思想,同时还积极实践,亲自编纂各类新的教科书。他创刊并主持笔政的《教育杂志》是我国历史最悠久的教育专业刊物。该刊以"研究教育,改良学务"为宗旨,发表了许多教育改革和文字改革的文章,为我国教育事业的现代化作出了很大贡献。

宣统二年(公元1910年)二月,商务印书馆出版了陆费逵编纂的《修身讲义》,供师范讲习所使用。在《修身讲义》"绪论"中,陆费逵阐述了修身的涵义、宗旨、国民修身的意义及范围。在他看来,修身即"养其道德心而造就其人格者也"②,"小学教育之修身科,所以达道德教育及国民教育之目的者也。欲国家文化之进步,不可不谋国民程度之进步;欲国民程度之进步,不可不

---

① 杨志洵:《中等修身教科书》,文明书局1902年版,第43页。
② 陆费逵:《修身讲义·绪论》,商务印书馆1910年版,第1页。

养成国民之道德心;欲养成国民之道德心,不可不令国民修身。现在国民道德之隆污在政治,将来国民道德之隆污在教育。而师范教育者,所以养成小学之教师,实他日国民教育之母也。故师范教育之修身,直接造就师范之人格,间接养成国民教育之模范"①。

陆费逵认为,普通道德不外乎"对己、对家、对社会和对国家,此四者为人人当尽之天职"②。在《修身讲义》第一章"对己"篇,陆费逵以"卫生"、"修学"、"起居动作"、"修德"、"自立"为德目,阐述了关于生活、求学和成业的基本常识;在"对家"篇,他选择了"亲子"、"兄弟姊妹"、"夫妇"、"祖宗"、"亲族"和"佣仆"为德目,陈述了个人修身应该遵守的家族伦理规范。

在"对社会"篇,陆费逵强调个人如何与"朋友、邻居、公众、团体"相处,如何对待他人之人格、生命、财产和名誉。论及公众,他认为,个人与公众同处社会之中,关系密切,必人人谋社会之公益,方可期社会之安宁,谋公众之幸福。所谓公德,乃一切均当为公共计,不可以便私图而妨公益。公德之目有四:一为同心协力;一为守秩序;一为谋公益;一为爱护公共物。③

在"对国家"篇,陆费逵以"主权"和"人权"为德目,解释了主权与国体和政体,人权与宪政之间的关系,并论证了不同政体下国家主权之差异。在他看来:"主权在人民之全体,公举总统,以统治国家者,曰民主国体;主权在特定之一人,而其人之位世世传授者,曰君主国体。故国体即以主权之所在。而主权者运用主权,为统治之作用者,各国亦不一,立法、行政、司法三权,由一机关行之者,曰专制政体;三权各有独立之机关(即议院立法,审判院司法,行政院行法)者,曰立宪政体,故政体即以主权运用之形式而异。"④接着,教科书还介绍了君主专制和君主立宪两种政体之间的差异:"立宪之国,有宪法而君民共守之,有议院以监督政府,司法独立,不容行政者之任意枉法,人民权利,保障稳固,斯国家之基础,不致动摇,虽非民主,而民得预闻政事,人民爱国之心与民主国无异也;专制之国,则反是,法律仅以保障君主之权利,生杀予夺之权,皆君主握之,人民不惟不能监督政府,并无术自保其生命财产,故专制国之人民,谨愿者束身自好,视国事与己若不相涉,狡桀者则乘乱起事,冀争得主权而代之。故专制国之人民,无爱国之心,而大乱频仍

①②陆费逵:《修身讲义·绪论》,商务印书馆1910年版,第1—2、2页。
③④陆费逵:《修身讲义》,商务印书馆1910年版,第47、53—54页。

也。"①

在论及人的权利时，陆费逵揭示了权利与义务之制衡关系，他认为："人之权利本无等差，生活之权利，职业之权利，财产之权利，思想之权利，言论之权利，固人人所同有也。立宪之国，君民上下，无不守法，国民之权利，国家担负保护，不令丝毫侵损，国民则尽其当尽之义务，以巩固其国家，综而言之，则守法律，纳租税，充兵役，务教育，国民之义务，即国家之权利也。内而受法律之庇荫，享行政之利益，外而护国际之往来，得国力之保护，则国民之权利，国家之义务也。"②因此，我等国民，皆应切实履行"爱国、遵法律、服兵役、纳租税、务教育、争公权、守公约"之国民义务，以巩固国家之基础。

最后，陆费逵对师范生如何成为未来的教育家提出了修身建议，"明责任，修德性，养学识，保健康，皆教育家所当预备以尽其天职者。而天职不外四端：对于学生、对于学堂、对于社会、对于国家"。接着，陆费逵简略陈述了教员之义务和责任：

对于学生，宜公平、慈爱、活泼和勤恳；对于学堂，热心任事，恪守规则；对于社会，矫正社会之弊俗，提倡社会之公益，担当社会教育之责任，以期社会改良，国家进步；对于国家，为国家教育将来之国民，责任重，他日国民智识之高下，道德之隆污，身体之强弱，无不视今日教育任事之如何。故教育热心任事，即所以尽对国之道，而提倡爱国精神，使学生人人具国民思想，他日能为国家有所尽，则教育之能事毕矣。③

这些内容不仅仅针对教员如何对待学生所涉及的师生伦理，而且对教员作为国民之身份，如何担当对学生进行国民教育的责任，从专业的视角给教师提出了建议。显而易见，在作者那里，国民教育的落实还得依靠作为国民的未来教育家——教师来承担。

陆费逵编写《修身讲义》正值清末民初时期，随着民主革命浪潮的不断掀起，清政府已经是苟延残喘，只待最后一声丧钟敲响的时刻。一个封建皇权专制统治的家天下倒下了，一个民主政体的现代国家何以建立？显然，对于这样一个十分沉重的问题，陆费逵以自己敏锐的政治触觉、深刻的国民教育思想和教育改革家的魄力和勇气，系统地提出他的国民教育之主张。作者由近及远，推己及人，阐述了个体对己、对人、对社会和对国家的修身或立

①②③陆费逵：《修身讲义》，商务印书馆1910年版，第54、47、64—65页。

人思想,表达了作者对一个自由、平等、民主、法治的现代国家的渴望以及对现代国民人格塑造途径和路向的孜孜以求。

以上重点分析的清末四本具有代表性的修身教科书,从李嘉谷的《蒙学修身教科书》、何琪的《初等女子修身教科书》,到杨志洵的《中等修身教科书》,再到陆费逵的《修身讲义》,其内容已经超越了传统"克己"修身的私德内涵,更多体现了修身"立人"的现代公德意识。这些由国人自编的修身教科书,在当时晚清政府实施教科书审定制度的背景下以及从《壬寅学制》到《癸卯学制》不断修订过程中,从以下不同层面进一步体现了"中体西用"的思想指导总原则。

首先,晚清学堂使用的教科书多数译自日本,这是由于当时清政府大力提倡新式教育,大兴新式学堂,学堂对教科书的需求大增而国内自编教材还没有跟进造成的。这些直接翻译引进的教材虽然能够解决一时的燃眉之急,但是由于各种译介的教科书质量参差不齐,内容五味杂陈,各种舶来的思想令人眼花缭乱,因此,清政府出于控制思想、规范教材编写以及站在"国民教育"的角度出发,出台了教科书审定制度。这样国人自编教科书不仅显得更为迫切和必要,而且名正言顺。

其次,教科书不仅是传承文化与知识的载体,而且还成为较先广泛传播现代民主宪政思想的工具。正如一位学者所言,"真正将西方现代民主思想普及到'寻常百姓家'者,既不是各种高深的理论著作,也不是众多的报刊,而是当时编译的各种地理、历史教科书"。① 比如,在 1903 年出版发行的《蒙学修身教科书》中出现的关于国民权利和义务的规定,在 1908 年 8 月 27 日由晚清政府颁布的中国历史上第一部具有宪法意义的法律文件——《钦定宪法大纲》中出现了。事实上,关于现代民主、自由、人权和法治的普世价值传播,修身、国语等科目的教科书也概莫能外。

三是教科书在内容组织编写上以德目主义、人物主义为主线,教材重点突出,思路严密,逻辑性强,而且考虑到课程自身内容由浅入深的逻辑,教科书还采用了图文并茂的方式编写,适应了儿童认知能力发展阶段及特点,增进儿童对比较抽象的德目意义的理解。

当然由于教科书编写还处于起步阶段,在内容选择和编写策略方面,尤其

---

① 郭双林:《西学激荡下的晚清地理学》,北京大学出版社 2000 年版,第 214 页。

涉及到如何处理教科书与国民教育、教科书与教师以及教科书和学生之间的关系时仍然停留在以教师为中心的立场，没有充分考虑到学生学习的实际，制约了学堂教育通过个体修身实践实现道德"成"人的德育效果。

总之，对于个体而言，现代道德已经超越了在传统伦理社会秩序中必须履行义务的内涵，而是在更加复杂的多层面关系中，表明一个国民在现代国家的公共领域中处理自己与他人、群体、国家和自然之间形成的自我关系时依据的一套"权利——义务"制衡机制。因此，从某种意义上讲，上述四本修身教科书已经孕育了现代国民道德教育的思想内容，体现了清朝末期新式知识分子关于"自由"、"人权"和"平等"启蒙思想的价值澄清，为重塑现代国民性、培养具有健全人格的国民，构建现代社会的伦理秩序，指出了德育教科书编制与发展的可能路径与方向。

第二章

民初修身课程的式微与现代公民思想的启蒙

1911 年(农历辛亥年)10 月 10 日,在孙中山民主革命思想的旗帜下集结起来的湖北革命党人,蓄势既久,为天下先,在偶然的机缘中,勇敢地扣响了辛亥革命的"第一枪",敲响了清政府腐朽没落的专制统治的丧钟。1912 年1 月 1 日,孙中山在南京宣布中华民国临时政府成立,并担任临时大总统。从此,中华民族开启了一条漫长、艰辛、曲折、布满荆棘的走向共和的艰难之路。

中华民国成立后,以孙中山为首的南京临时政府制定了一部具有宪法性质的根本大法——《中华民国临时约法》,并于当年 3 月 8 日由临时参议院通过,3 月 11 日公布实施。在《中华民国临时约法》第一章和第二章中明文规定了中华民国的国体、政体以及国民的基本权利与义务。①

1912 年 1 月 9 日,南京临时政府任命蔡元培担任中华民国第一任教育总长。上任伊始,战乱未停,蔡元培即着手机构改革,开始制定、颁布和落实教育法令。在教育部机构改革中,他始终坚持"唯才是用"和"为事择人"的用人原则,邀请、选拔、任用了一批像蒋维乔、范源濂、许寿棠这样的教育精英,目的在于建立一个高效、节俭、务实的中央教育行政机构,为中华民国新教育的贯彻落实提供优质服务。1912 年 1 月 19 日教育部颁布了《普通教育暂行办法通令》与《普遍教育暂行课程标准》两个章程,明确宣布:凡各种教

---

①《中华民国临时约法》第一章总则第一条、第二条、第四条、第五条、第六条至第十五条分别规定:中华民国由中华人民组织之;中华民国之主权,属于国民全体;中华民国以参议院、临时大总统、国务院、法院,行使其统治权;中华民国人民一律平等,无种族、阶级、宗教之区别;人民得享有左列各项之自由权和纳税、服兵役之义务。参见《中华民国临时约法》,丁守和主编:《中国近代启蒙思潮》,社会科学文献出版社 1999 年版,第 508—512 页。

科书,务必符合中华民国宗旨,前清学部所颁行之教科书一律禁用,小学读经科一律废止。废止以宣传忠君、尊孔等封建专制政治文化观念为主旨的小学读经科,这是对儒家文化的巨大冲击,因为它使传统的儒家经典从此失去了最广泛、最基本、最易于传播的读者群。

1912年2月,蔡元培在《民立报》上发表一篇题名《对于新教育之意见》①的文章,提出了教育超越于政治和宗教之外的教育独立观,阐释了他的国民五育并举的教育主张。蔡元培以康德的二元论作为方法论,从"现象世界"和"实体世界"两个维度考察教育,他认为,"教育有两大别:曰隶属于政治者,曰超轶乎政治者"。进而,他又指出专制时代的教育标准和共和时代的教育标准的截然不同:"专制时代(兼立宪而含专制性质者言之),教育家循政府之方针以标准教育,常为纯粹之隶属政治者。共和时代,教育家得立于人民之地位以定标准,乃得有超轶政治之教育。"②因此,他认为共和时代的教育家应该立于人民的地位来确定教育的标准,应从受教育者立场或本体上着想,应以养成共和国民健全之人格为根本方针。对于清末专制时代制定的以"忠君"、"尊孔"为核心的教育宗旨,他给予了严厉的批判,认为必须加以修正和重订,因为"忠君与共和政体不合,尊孔与信教自由相违"。在批判清末封建教育宗旨的基础上,蔡元培首次提出了军国民教育、实利主义教育、公民道德教育、美感教育、世界观教育"五育"并举的教育方针。简言之:"军国民教育"就是体育,是为了培养学生健全的体魄;"实利主义教育"即智育,是为了发展资本主义生产知识和技能的教育;"公民道德教育"即德育,是为了培养学生自由、平等、博爱思想的教育;"美感教育"和"世界观教育"则是为了提高学生品德修养,树立远大理想的教育。总之,"五育"是一个有机的统一整体,"五者,皆今日之教育所不可偏废者也"③。

在提出"五育"并举的教育方针的同时,蔡元培对其内涵进行了详尽的阐释。他把前三者称之为"现象世界"之教育,认为它们是隶属于政治之教育,是实现社会需要产生的。同时,蔡元培认为军国民教育并非永恒的,"且在他国已有道消之兆,然在我国,则强邻交逼,亟图自卫,而历年丧失之国

---

① 同年4月,该文在《东方杂志》上改题为《对于教育方针之意见》刊载。
②③ 蔡元培:《对于新教育之意见》,见陈学恂主编:《中国近代教育史教学参考资料》(中),人民教育出版社1987年版,第132、136页。

权,非凭借武力,势难恢复"①。当时救亡图存与启蒙民智是时代主题,在关键时刻甚至救亡压倒启蒙,因此,蔡元培把军国民教育排在了首要的位置;实利主义教育以人民生计教育为中坚,也为当务之急;对于公民道德教育,蔡元培认为,强兵可溢为私斗、侵略,富国可导致强欺弱与贫富悬殊,解决和弥补这些矛盾的不足之处,便要靠道德教育;以上三种教育谋求的是现象世界的幸福。后两种教育是"超轶于政治之教育",蔡元培称之为实体世界之教育,这种教育是建立在对人本性更高、更深的理性认识和追求的基础上的。人的道德超越肉体生命形式,"杀身成仁,舍生取义也";类的存在高于个体的存在,"且人既无一死生破利害之观念,则必无冒险精神,无远大之计划,见小利,急近功"。②蔡元培认为,实体世界之教育就本质而言,实际上就是一种"境界",在一定程度上它可以弥补现象世界三种教育的不足,可以教人去接近和领悟实体世界的本质,超乎于现实的政治世界。这是个人修身不可或缺的基础。因此,蔡元培指出,"修身,德育也,而以美育及世界观参之"③。总之,在蔡元培看来,无论是现象世界之教育,还是实体世界之教育,其根本的目的都是在"养成公民健全之人格",提高公民的道德文化素质,他提出的"五育"并举之教育方针是我国现代教育史中第一个资产阶级性质的教育纲领,为民国教育的发展指明了方向。

第一节　民初修身伦理思想的演进

在近代中国,围绕伦理思想的演进路向主要有"中体西用论"、"本体论"和"全盘西化论"等,三者分别展开一系列的伦理批判:从传统文化批判到革命批判,到新文化批判,再到马克思主义批判。如果说戊戌变法时期的中国伦理学变革尚属新旧交锋、弃留交织状态,那么辛亥革命则标志着这场变革由一种文化批判上升为更深刻的革命批判。资产阶级民主革命使两千多年的封建社会形态终结,而中国的伦理学发展则对封建伦理的批判更加深入,

---

①②③蔡元培:《对于新教育之意见》,见陈学恂主编:《中国近代教育史教学参考资料》(中),人民教育出版社1987年版,第132、134、137页。

由文化范畴演化成"道德革命"运动，新道德的建设已提到突出位置，从倡导"新民德"发展到明确建立"革命党人的道德"和"新青年伦理"等实践建设性领域。这时期杰出的伦理思想家当推章太炎、孙中山、蔡元培和陈独秀。

一、章太炎"理想的自由与平等"伦理观

章太炎（1869年—1936年），名炳麟，初名学乘，字枚叔。后改名绛，号太炎。浙江余杭人。清末民初民主革命家、思想家、著名学者，曾任同盟会机关报《民报》主编。

章太炎所处时期正是革命如火如荼的时代，"谁是有道德的人"与"谁是革命的力量"这两个问题一直困惑着准备革命和正在革命的热血青年。章太炎较早认识到"道德革命"之于民主革命和民族兴亡的根本意义，提出了"无道德者不能革命"的重要命题，他深知"道德衰亡，诚亡国灭种之根极也"。[1] 章太炎吹响"道德革命"的号角，这种问题意识的产生是与他对所处时代道德危机的敏感分不开的。首先，他认为当时中国社会最缺乏"贞信"和"公廉"，如果人人之间相互防备，社会一定是一盘散沙。"同在一族，而彼此互相猜防，则团体可以立散，是故人人皆不道德，则惟有道德者可以获胜。此无论政府之已立未立，法律之已成未成，而必以是为枭矣。"[2]这里，章太炎所谓的道德不仅指个人私德，还含有公德之意。因此，只要人人有道德，即使没有政府和法律，仍可维持社会正常秩序的运转。其次，章太炎在阐述道德对于革命之功用时引经据典，以大量历史事件作为分析文本，得出了"有道德者成事"、"无道德者坏事"的结论。

章太炎把道德革命上升到民主革命和民族兴亡的层面，与以往道德革命动辄拿"三纲五常"开刀的路径不同的是，他提出了"取佛学惟识宗义和西学进化论之精华"作为道德革命的思想资源。所谓佛学惟识，是指所有佛教各派均不承认客观物质世界的真实存在，认为无论精神现象或物质现象，都是我之主观唯"心"的幻象，"惟我之说，与佛家惟识相近"[3]。在一些主观唯心论者看来，人格神或灵魂根本就不存在，所谓的非我或客观是由自我创造的，物质和意识是不可分割地联系着的，因而世界就是意志，意志表示一连

---

①②③章太炎：《章太炎选集》，朱维铮、姜义华编注，上海人民出版社1981年版，第295、298、328页。

串的欲望,人们对世界的认识即知识,不过是自我意志的认识,即所谓知识和意欲的互相依存。"主惟我者,以为智识意欲,互相依住,不立神我之名。"①章太炎试图通过否定神的存在,取佛学惟识作为宗教教义,以期建立一种能增进人的道德的宗教。"用宗教发起信心,增进国民的道德。"②但是,他似乎遗忘了任何一种宗教的社会意义在于它必须以承认神的存在为前提,或许这也正是章太炎宗教思想的冲突所在。其实,章太炎建立一种新的宗教的目的在于凝聚人心,为民主革命造势,防止战斗中出现一盘散沙的局势。他认为,"若没有宗教,这道德必不得增进,生存竞争,专为一己,就要团结起来,譬若一碗的干麦子,怎能团得成面?"③因此,在章太炎看来,道德成为社会团结的纽带和向心力,任何社会功利的攫取不可悖离于宗教所培植的道德。但是,对于中国革命而言,关于采用何种宗教或者以何种教义作为信仰精神的内核问题,章太炎阐述了不能选择孔教和基督教的理由以及确立佛教的"惟我惟识"作为革命道德的依据。他认为:"我们中国,本称为佛教国。佛教的理论,使上智人不能不信;佛教的戒律,使下愚人不能不信。通彻上下,这是最可用的。"④章太炎提倡佛教的目的颇为明确,一方面,为要求政治创新的革命军以革命之道德抗君臣之伦理;另一方面,试图说明佛教和社会政治制度一样,符合社会进化伦理。

107

作为严复的挚友和知音,章太炎不可能不受其翻译赫胥黎的《天演论》的影响。章太炎认为,从进化论来看,必有高于人类的生物出现,这些生物或许已经在人类世界外存在。当然人类还会变化,而且存在进化和退化两种可能性。章太炎正是运用进化论思想对传统伦理思想中关于人性的善恶观进行了批判。在章太炎看来,人性本无善恶。但是一旦人与社会交往后,在人际交往的具体环境中人性的表现或外显可能存在"善恶"同时进化的两种发展趋向。他指出:"一切道德,皆始自利。夫善恶生于自利,而自利非善恶,犹宫商成于莛击,而莛击无宫商;自社会言之,则有善恶矣;自人身言之,则有宫商矣。此荀子所谓缘也。无善无恶,就内容言;有善有恶,就外交言;

---

①②章太炎:《章太炎选集》,朱维铮、姜义华编注,上海人民出版社 1981 年版,第 327、324 页。

③④章太炎:《章太炎讲演集》,马勇编,河北人民出版社 2004 年版,第 3、5 页。

本无异义。"①以此为基础,章太炎继续从进化论的视角阐述道德之进化,进一步完善他提出的"善恶俱分进化论"思想。他认为道德进化是以"善""恶"两个方面一起进化来推进的,"彼不悟进化之所以为进化者,非由一方直进,而必由双方并进。若以道德言,则善亦进化,恶亦进化;若以生计言,乐亦进化,苦亦进化。双方并进,如影之随形,如罔两之逐影,非有他也"②。他还进一步区分"进化"的事实和进化对于善恶的作用,指出"进化之实不可非,而进化之用无所取"③,从而肯定善恶俱分进化在道德革命中的作用。

章太炎提出道德革命的目的是建立理想的伦理世界。他认为,建构理想伦理世界的途径有两条:一是把批判传统伦理和主张个性独立结合起来;二是倡导自由和平等。他提出"儒家之病,在以富贵利禄为心"④。他认为这种利欲熏心的人生观实肇始于儒家始祖孔子、孟子、荀子等。儒家的读书致仕说白了就是热衷于富贵利禄的表现,由追逐功名到引发社会伦理评价上"不必求其是",最终造成的恶果是整个社会的读书人在唯利是图的追逐中丧失了自我。在批判传统伦理的基础上,章太炎主张个性独立,还提倡自由、平等。他意识到自由与不自由的区分在现实世界里只具有相对意义。他尤其对标榜所谓"自由、平等"的资本主义国家的本质有着清醒的认识,他认为西方的自由、平等有着严格的国界限定,而绝不是什么抽象的全球共享的自由、平等。因此,必须真正地消除政府这一国家机器在现实世界中的存在,保障个体人格的独立性。唯有此,个性才能得以彻底地解放,个人才能广泛地享有自由和平等。

在章太炎所处的时代,由于封建伦理道德所训导的人与人之间的依附关系,造成了人的个性泯灭和独立人格发育的萎缩。对此,章太炎主张从人与社会的关系出发,宣传人格的独立性。在他看来,人格独立是孕育新"大群"(新的社会母体)的前提,即"大独必群,群必以独成",他针对封建宗法制度使得个人命运维系于家庭、宗派、山头、地域等结党营私、拉帮结派的不公正社会现象,指出其结果只能导致整个社会走向分裂与割据,形成无数尾大不掉的国中之"国","由是言之,小群,大群之贼也;大独,大群之母也"。⑤可

---

① ④ ⑤ 章太炎:《章太炎选集》,朱维铮、姜义华编注,上海人民出版社 1981 年版,第 86、363、3 页。

② ③ 章太炎:《章太炎全集》(四),上海人民出版社 1984 年版,第 386—387、387 页。

见这种认识,在某种意义上超越了同时代的其他思想家所达到的认识高度。

在社会伦理道德上,章太炎坚持"依自不依他"的认识论。在他看来,道德责任以意志自由为前提,"依自不依他"实际上是强调道德行为要自己做主,不依赖于鬼神或他人。这种主张导致他鼓吹自我中心论,正是从自我内心世界出发,章太炎主张"个性解放"和"个人自由",他认为,"要之,个体为真,团体为幻,一切皆然,其例不可偻指数也"。既然只有个体才是真实可靠的,那么聚落、政府、国家等理所当然是虚幻的。"凡团体者,非止以集合个体为性,乃自以其组织为性,故不得说为假有。夫组织云者,将指何等事也。"①在章太炎看来,组织如同一针一线经纬相交。因此他把个性解放,自由平等等伦理思想的实现寄希望于无政府及社会团体的消灭,"是故欲无政府,必无聚落,农为游农,工为游工,女为游女,苦寒地人与温润地人,每岁爱土易室而居,迭相迁移,庶不以执着而生陵夺。斯则无政府者,必与无聚落说同时践行也"②。解散政府及聚落方能获得个人的自由、平等,故人类只有回到"游农"、"游工"、"游女"时代。这与工业化要求人们协作生产背道而驰,故不可能在现实生活中实现,尤其是在西方列强对中国虎视眈眈、国民从未接受过系统的公民训练的情况下,试图通过"无政府"来实现个人的自由、平等无异于痴人说梦。

这种颇具理想色彩的自由、平等观使得章太炎在精神上反对功利意识,这也是他批判传统儒家伦理热衷追求富贵利禄而缺乏"求其是"的科学精神的出发点。章太炎从佛教和人性的视角对传统儒家伦理进行了批判和解构,以人的个性独立作为连接传统伦理和他的"理想的自由与平等"伦理思想的桥梁,同时在他看来,人的个性独立也是实现自由与平等的前提之一。由此可见,章太炎把个性独立作为国民性改造的目标,并以此构建他理想的自由与平等的伦理世界,这一点显然不同于一开始就把火力对准封建皇权专制统治的严复和梁启超。章太炎之所以提出不同于前期启蒙思想家的伦理主张,是因为他对西方文化中的主流价值"自由"与"平等"有自己独到的理解和见解。在章太炎看来,对于那些只对本国国民讲自由与平等却向其他国家采取军事行动的国家而言,他们所采取的军事行动往往就是打着"自由"与"平等"的旗子进行的。因此,章太炎以个性独立的国民人格实现理想

①②章太炎:《章太炎全集》(四),上海人民出版社 1984 年版,第 458、434 页。

的自由与平等的伦理世界，他的这一伦理思想对"五四"时期追求"科学"和"民主"的新文化运动产生了深远的影响。

二、孙中山的"自由、平等、博爱"伦理观

孙中山(1866年—1925年)，字德明，号日新，幼名帝象，学名文，后改号逸仙，中国近代伟大的民主革命先行者、革命家，中国国民党缔造者之一，中国同盟会总理，曾任中华民国临时大总统。

作为中国近代民主革命的先行者之一，孙中山不仅是一个身体力行的革命实践家，而且是一个进步的思想家，他对中国的政治、经济、军事、文化、教育、伦理道德等方面都提出了自己独特的见解。由于深受中国传统思想文化和基督教思想的影响，他的理论被打上了深深的道德烙印和强烈的宗教信仰色彩，他的社会改革方案也充满着浓厚的道德气息，他十分强调伦理道德对革命斗争、国家进步和社会历史发展的巨大进步作用，"我们现在要恢复民族的地位，除了大家联合起来做成一个民族团体以外，就要把固有的旧道德先恢复起来。有了固有的道德，然后固有的民族地位才可以恢复"[1]。因此，他的伦理思想在其整个思想体系和革命实践中占有十分重要的地位。

在孙中山的伦理道德思想体系中，自由、平等和博爱是最为核心的伦理价值和道德原则。自由、平等、博爱原本为西方资产阶级革命时期的政治口号和宗教道德原则，在西方资产阶级革命中起过十分重要的号召和启蒙作用。孙中山在对其大胆地取舍改造后为我所用，将之与中国的传统思想精华相结合，赋予它新的含义。孙中山曾说："我等今日与前代殊，于驱除鞑虏、恢复中华之外，国体、民生尚当与民变革。虽经纬万端，要其一以贯之精神则为自由、平等、博爱。"[2]

自由、民主和平等是西方资产阶级核心的政治观，又是十分重要的伦理观。自卢梭《民约论》问世以来，西方资产阶级构筑了立法、司法、行政"三权分立"的政治体系。这个体系突出的特点就是宣称民主自由是"天赋人权"，人人在社会生活中享有平等的权利。自工业革命以来，欧洲各国不论是共和制，还是君主立宪制，均以"三权分立"为政治蓝本，从而促使了欧美资本

---

① 孙中山：《孙中山全集》(第九卷)，中华书局1986年版，第243页。
② 孙中山：《孙中山全集》(第一卷)，中华书局1981年版，第296页。

主义的迅速发展。这个"蓝本"对孙中山来说是很有吸引力的,他推崇三民主义的根本目的就是建立民主共和国。因而他积极引进西方的"自由"、"民主"、"平等"等概念,为建设中国新道德服务。

孙中山认为"自由"有着多重含义。它既是指国家的独立自主,也是指个人思想的解放,有时也是针对纪律涣散、放荡不羁而言的。孙中山十分重视团体自由与个人自由的关系,将团体自由放在个人自由之上,着重强调民族的自由、国家的自由和团体的自由。他认为只有实现了国家的自由,才能谈得上个人的自由,即国家自由是个人自由得以实现的前提;在国民革命的非常时期,在民族生死存亡的紧要关头,孙中山倡导必须贡献、牺牲个人的自由,以求得团体、国家的自由。他要求革命党人要遵守革命团体和革命政党的法规,言行举止不可放纵。他说:"大家要希望革命成功,便先要牺牲个人的自由,个人的平等,把个人的自由、平等,都贡献到革命党内来。"①孙中山极力反对那种不要纪律不要集中不讲服从的极端自由,认为极端的自由就是无政府主义。他认为个人自由太多,容易形成一盘散沙,不能抵抗帝国主义的侵略,自由应限制在一个合理的范围之内。但是这个合理的范围的"度"何以才能被把握,由谁来把握,这显然是一个两难的问题。

论及平等,孙中山吸收了卢梭的"主权在民"的思想,而摈弃其"天赋平等"的思想。卢梭在《社会契约论》中认为,人是生而平等自由的,这种天赋的权利是神圣不可侵犯的。而孙中山认为,人并不是天生平等的,人生下来后有智力的不平等和人为制造的不平等,即人在人生的起跑线上就是不平等的。因此,民权是时势和潮流创造出来的,而不是天生的;人对权利的追求是人内在永恒的需要,革命的首要目标是争取民权。"世界潮流,浩浩荡荡,顺之者昌,逆之者亡",孙中山号召人们要为民权去奋斗,只有民权发达,人们才会有真正的平等。孙中山反对那种不管先天条件怎样而后天一定要拉平的平等。他认为,真正的平等应该是立足点的平等,是政治地位的平等。被剥夺了政治、经济以及受教育的权利的人是谈不上任何平等的。孙中山提出,政治上的平等,使人获得参政的自由,人民享有充分的权利,天下是天下人的天下;教育上的平等,使人获得精神上的自由,人们不再因为贫

---

① 孙中山:《孙中山全集》(第十一卷),中华书局1981年版,第271页。

穷不能接受教育而再度陷于贫穷；男女平等，使妇女获得人格上的自由，只有真正实现男女平等，才能建设真正的民主共和国。

对于博爱，孙中山将其与仁爱统一起来。他认为，能博爱，即可谓仁；博爱乃公爱，而非私爱。由博爱出发，他取消了儒家仁爱"爱有差等施由亲始"的内外远近亲疏之别。把爱推及一切人，从而使儒家、墨家以及基督教的关于爱的精神达到高度统一，真正体现了博爱本身的意蕴。此外，孙中山还把博爱与人道主义、社会主义等同起来。"社会主义者，人道主义也。人道主义，主张博爱、平等、自由，社会主义之真髓，亦不外此三者，实为人类之福音。"[1]在孙中山那里，博爱不仅仅是一个抽象、空洞的名词，而是被赋予了爱国、救国、救民的具体内容。在他看来，博爱的本义就是"仁"，仁可以分为"救世之仁、救人之仁和救国之仁"三类，他认为，"有救世、救人、救国三者，其性质则皆为博爱"。[2] 在孙中山看来，"自由、平等、博爱"三者的关系是相互联系、相辅相成的。自由是实现平等与博爱的基础，平等是实现自由与博爱的条件，而博爱是自由与平等的集中体现。孙中山将"自由、平等、博爱"说与其"三民主义"[3]有机地结合在一起，提出"三民主义是自由和平等的主义，实现三民主义就能消灭尊卑贵贱的差别，使人人处处平等自由，大家相爱"；同时又将自由、平等、博爱与革命大目标相融合，将贯彻自由、平等、博爱精神定位于国民革命目标之中。可以认为，经过改造了的"自由、平等、博爱"说是孙中山革命思想的重要组成部分，也是其伦理道德思想的精义。这不仅是个人修身的道德价值指导原则，也是国家建设和思想启蒙的精神资源，更是民主革命追求的终极目标。

孙中山以西方文化中的"自由"、"平等"和"博爱"构建他的伦理思想体系，而章太炎用佛教和人性作为建构理想的自由与平等伦理世界的基础。前者以西方文化的价值作为判断中国传统文化价值的标准以及批判传统文化的利器；后者以中国传统文化的价值为根基，以个性独立作为沟通东西伦理文化对话的桥梁。显而易见，孙中山以自由、平等和博爱构建他的三民主义学说，试图在一个有着五千年皇权专制统治历史的土地上建立一个资产

---

① 孙中山：《孙中山全集》（第二卷），中华书局1982年版，第510页。
② 孙中山：《孙中山全集》（第六卷），中华书局1985年版，第22页。
③ 民族、民权和民生是孙中山提出的治国纲领，即三民主义。

阶级民主共和国,这无疑会对传统伦理秩序及其主流价值带来一股巨大的冲击波,甚至会对人们传统的道德心理造成强烈的震撼。

三、蔡元培的修身伦理思想

蔡元培(1868年—1940年),字鹤卿,号孑民。中国近代民主革命家、教育家。

蔡元培关于修身的思想集中体现在他的《中学修身教科书》中。1907年,应商务印书馆之约,蔡元培开始编写《中学修身教科书》,一至四册为修身,第五册讲伦理学。他在留学德国期间对之进行了修订,于1912年5月分为上、下两篇出版。至1921年9月,已出16版,由此可见该书在当时被作为教科书采用的盛况。事实上,它的确是20世纪初中国最有影响的德育教材之一。①

作为晚清的翰林,蔡元培对中国传统道德具有深切的了解和真切的体认;作为前后多次留学欧洲的留学生和在国外居住多年的学者②,他对西方人的道德状况也有很好的把握。在研究修身伦理涉及到如何对待"中学"和"西学"的问题上,蔡元培明确提出,必须对我国传统伦理有所研究,才能吸收西方伦理的某些东西,"一切现象,无不随时代迁流,有孳乳。……迄际伦理界怀疑时代之托始,异方学说之分道而输入者,如磐如烛,几有互相冲突之势。苟不得吾族固有之思想系以相为衡准,则益将旁皇于歧路"③。因此,蔡元培的修身思想带有明显的中西结合特色。在《中学修身教科书》中,一方面他反复倡导忠孝、信义、恭俭、谦逊、自制、忍耐等德目;另一方面,在该书中提出了评价国民公德水平的尺度是考量其对公共事物的态度如何,对此蔡元培十分欣赏和推崇很多西方美德,尤其赞扬西方人的公德心:

113

---

① 在湖南第一师范工作期间,杨昌济的伦理学课程选择《中学修身教科书》作为课本。毛泽东当年以杨昌济先生为道德楷模,同时对伦理学课程持有浓厚的兴趣,可见蔡元培编写的这本教科书对其影响之大。

② 1908年,42岁的蔡元培留学德国莱比锡大学,在此期间完成了《中学修身教科书》的编写,至1911年归国;1914年,在"二次革命"失败后,他第二次赴欧洲,于1916年归国;1920至1921年,他到欧洲和美国考察教育;1923至1926年,他第四次前往欧洲,报名入学德国汉堡大学学习。

③ 蔡元培:《中国伦理学史·序例》,商务印书馆1927年版,第1页。

欧美各国，人人崇重公共事物，习以为俗，损伤破毁之事，始不可见，公园椅榻之属，间以公共爱护之言，书于其背，此诚一种之美风，而我国人所当奉为圭臬者也。国民公德之程度，视其对于公共事务如何。一草一石之微，于社会利害，虽若无大关系，而足以表见国民公德之深浅，则其关系，亦不可谓小矣。①

与梁启超一样，蔡元培特别赞扬古希腊哲学家苏格拉底、科学家布鲁诺、伽利略的勇敢气概、科学精神和道德勇气："不观希腊哲人苏格拉底乎？彼所持哲理，举世非之而不顾，被异端左道之名而不惜，至仰毒以死而不改其操，至今伟之。又不观意大利硕学百里诺（布鲁诺）及加里沙（伽利略）乎？百氏痛斥当代伪学，遂被焚死……加氏始倡地动说，当时教会怒其戾教旨，下之狱，而加氏不为之屈。"②蔡元培还把西方文化中的"自由"、"平等"和"亲爱"作为国民教育的纲领性内容，并用中国传统道德原则来论证其合理性：

孔子曰：匹夫不可夺志。孟子曰：大丈夫者，富贵不能淫，贫贱不能移，威武不能屈，自由之谓也。古者盖谓之义。

孔子曰：己所不欲，勿施于人。子贡曰：我不欲人之加诸我也，吾亦欲毋加诸人。《礼记·大学》曰：所恶于前，毋以先后；所恶于后，毋以从前；所恶于右，毋以交于左；所恶于左，毋以交于右，平等之谓也。古者盖谓之恕。

孔子曰：己欲立而立人，己欲达而达人。亲爱之谓也。古者盖谓之仁。③

蔡元培以中国传统道德价值"义"、"恕"和"仁"诠释了西方文化的"自由"、"平等"和"亲爱"。在广为吸收中西优良道德的基础上，蔡元培将二者完美结合，而且在整合中西方道德遗产的基础上他更加注重继承中国道德传统。他指出："本书悉本我国古圣贤道德之原理，旁及东西伦理大家之说，斟酌取舍，以求适合于今日之社会。"④千千万万中国学生通过学习《中学修身教科书》而得以知晓中国原有道德。该书在20世纪初为中国传统道德的延续、传承和更新作出了贡献。

在论及修身方法时，蔡元培结合中学生的生活实际，使得《中学修身教科书》在另外一种意义上成为学生的生活指南。全书一以贯之地坚持循循

---

①②蔡元培：《蔡元培全集》（第二卷），中华书局1984年版，第220、180—181页。

③④蔡元培：《对于新教育之意见》，见陈学恂主编：《中国近代教育史教学参考资料》（中），人民教育出版社1987年版，第133、169页。

善诱的原则,书中"处处显出一位忠厚长者温和慈祥的形象,使受教育者如听取自己父母的话语般产生信任感、亲切感"①。蔡元培认为,修身的关键在修德,也就是培养道德。他在《中学修身教科书》的开头就给道德下了定义:"人之生也,不能无所为,而为其所当为者,是谓道德。"②"为其所当为"的说法虽然简单,但却非常明了地概括了道德的本质。具体来说,道德的内容就是孔子的智、仁、勇三类,孟子的仁、义、礼、智四类,董仲舒的仁、义、礼、智、信五类,柏拉图的智、勇、敬、义四类,亚里士多德的仁、智两类。从"内修"与"外显"分别来看,蔡元培指出,内的方面孔子所说的智、仁、勇三类最为圆融,因为它们对应于知、情、意三者;从外显的行为方面看,应该包括自修之德、对于家族之德、对于社会之德、对于国家之德、对于人类之德。这种外的方面的道德分类,很可能是蔡元培在参考了古今中外的有关看法的基础上自己提出的创见,同时也把中国传统宗法社会中的家族伦理上升到全人类视野中的个人伦理、家庭伦理、社会伦理、国家伦理和民族伦理。《中学修身教科书》全书正是围绕着这五个方面而展开的,逐一阐述人与人、人与家庭、人与社会、人与国家以及人与族类之间应该遵守的道德规范。

在论及修身的"全人"目标时,蔡元培指出,人们不能满足于履行消极道德(克己内修),而要进一步追求积极道德(学会做事),并阐述了消极之道德和积极之道德对于个体道德生命成长的意义。

消极之道德,无论何人,不可不守。在往昔人权未昌之世,持之最严。而自今日言之,则仅此而已,尚未足以尽修德之量。盖其人苟能摒除一切邪念,志气清明,品性高尚,外不愧人,内不自疚,其为君子,固无可疑。然尚囿于独善之范围,而未可以为完人也。人类自消极之道德以外,又不可无积极之道德,既涵养其品性,则又不可不发展其人格也。人格之发展,在洞悉夫一身与世界之种种关系,而开拓其能力,以增进社会之福利……然而人格之发展,必有种子,此种子非得消极道德之涵养,不能长成。而非经积极道德之扩张,则不能蕃盛。故修德者,当自消极之道德始,而又必以积极之道德济之。消极之道德,与积极之道德,譬犹车之有两轮,鸟之有两翼焉,必不可

---

① 权佳果:《蔡元培〈中学修身教科书〉中的伦理及道德教育思想》,载《武陵学刊》1998年第5期。
② 蔡元培:《蔡元培全集》(第二卷),中华书局1984年版,第171页。

115

以偏废也。①

由上可见，在蔡元培看来，消极道德是低限道德，积极道德是高限道德；消极道德是"独善其身"，积极道德是"兼济天下"；消极道德是确立人格，积极道德是拓展人格；消极道德是"己所不欲，勿施于人"，积极道德是"己欲立而立人，己欲达而达人"。在蔡元培看来，虽然只有消极道德是不足够的，但是，积极道德必须建立在消极道德的基础之上。他用车之两轮、鸟之两翼来作为消极道德与积极道德之隐喻，说明两者缺一不可。

在蔡元培看来，修身即修德，修德的途径就是培育和发展良知和良心的过程。在《中学修身教科书》的上篇和下篇，都有专门的一节论"修德"。虽然上篇和下篇的修德其侧重点有所不同，但它们都以良知或良心为主线，阐述了德性、良知与信义三者之间内在的逻辑关系。上篇言："人之所以异于禽兽者，以其有德性耳。"而"德性之基本，一言以蔽之曰：循良知"。蔡元培提出最普遍的德性乃"信义"的命题。他指出："信义者，实事求是，而不以利害生死之关系枉其道也……入信义之门，在不妄语而无爽约。"②下篇又说："修德之道，先养良心。"③蔡元培认为，虽然良知或良心根植于人的本性，但是需要不断地培育。他说："盖人之初生，本具有可以为良心之能力，然非有种种经验，以涵养而扩充之，则其作用亦无自而发现。"蔡元培以种子为比喻来说明之：种子有萌发幼芽之能力，但是，如果没有阳光、水分等的作用，种子不能在实际上发芽。良知或良心就相当于种子，因此，人固有良心或良知而具有行善的能力，但这种能力的现实发挥则离不开后天的培育。蔡元培说："良心虽人所同具，而以教育经验有浅深之别，故良心发达之程度，不能不随之而异。"④蔡元培试图以教育经验发达个体的良心，在他看来，培育良心的途径多种多样：兼顾知识、意志、情感，使三者均衡发展；从小事做起，从日常生活的点点滴滴做起；不断反省自己，勉己之短，节己之长，避免出现畸形；接种种人物，涉种种事情，反复验证检查；质询师友，博览群书，吸取前人经验，如此等等。这些修德的途径可以归结为两个方面：内的方面和外的方面。前者内省、内求，后者外展、外求。人的修德都要兼顾这两者。内向的人要多向外用力，而外向的人则要多向内用功，这样才能达到内外兼修、知

①②③④蔡元培：《蔡元培全集》（第二卷），中华书局1984年版，第255、186、253、244页。

行平衡。

蔡元培整合中西伦理文化的核心价值,提出以履行"消极道德"修身,追求"积极道德"做事,通过"克己内省"和"修德外显",把中国传统伦理文化中的"智"、"仁"、"勇"和西方伦理文化中的"自由"、"平等"和"亲爱"连接起来,并以后者作为"一切道德之源",在此基础上着力于个体的自修之德、对于家族之德、对于社会之德、对于国家之德以及对于人类之德的培养,以养成全人人格,为民国成立之后确定的教育宗旨奠定了思想基础。

四、袁世凯的尊孔复古思想

袁世凯(1859 年—1916 年),字慰庭,号容庵,中国近代史上赫赫有名的北洋军阀鼻祖、中华民国首任总统。

袁世凯是中国近代史上一位颇有争议的重要人物,也是民国初年的风云人物。自 1895 年天津小站练兵至 1916 年郁愤而终的 21 年里,袁世凯曾担任北洋军阀首领、清王朝内阁总理大臣、中华民国临时大总统、中华帝国的洪宪皇帝。对于袁氏的种种行为,史学界褒贬不一。本文选择他担任中华民国临时大总统之后发起的一场尊孔复古运动为例,对这次活动开展的思想基础和当时民众对此表现出的社会文化心理反应做一考察。

1912 年 3 月,袁世凯出任中华民国临时大总统。不久,就在意识形态领域开始了一场尊孔复古运动。1912 年 9 月 13 日,袁记政府教育部公布每年10 月 7 日为孔子诞辰纪念日,令全国各学校届时举行尊孔祀孔纪念会。9 月20 日,袁氏颁布《整饬伦常令》宣称:"中华立国以孝悌忠信礼义廉耻为人道之大经,政体虽更,民彝无改。"[①]此令一下,将一度沉闷的尊孔祀孔活动刺激得活泛灵光起来,继而于 1913 年 6 月 22 日颁布《大总统尊孔令》,明确表示:"近自国体改革,缔造共和,或谓孔子言制大一统,而辨等威,疑其说与今之平等自由不合,浅妄者流至悍然倡为废祀之说,此不独无以识孔子精微,即于平等自由之真相亦未有当也,……天生孔子为万世师表,既结皇煌帝谛之终,亦开选贤与能之始,所谓反之人心而安,放之四海而准者",要求"查照民国体制,根据古义,将祀孔子典礼折衷至当,详细规定,以表尊崇,而垂永

---

①《中华民国史档案资料汇编》(第三辑·文化),江苏古籍出版社 1991 年版,第 1—2 页。

远",全国人民应该"尊孔祀礼","以正人心,以立民极"。① 在袁世凯的授意下,北洋政府教育部陆续发布开展尊孔活动的具体规定。②

"统治阶级的思想在每一时代都是占统治地位的思想"③,袁世凯为复辟帝制而恢复尊孔读经,1913年10月把"国民教育以孔子之道为修身大本"写入《天坛宪法草案》,初步恢复了读经在学校教育的地位,为读经提供了法律依据。随后,教育部便令"各书坊各学校教员等编纂修身及国文教科书,采取经训务以孔子之言为旨归,即或兼及他家亦必择与孔子同源之说"④。1915年1月,袁世凯推倒民国元年临时教育会议讨论通过的教育宗旨,而模仿清末教育宗旨,把"法孔孟"公然列入《颁定教育宗旨》。为了贯彻这个宗旨,随之又发布了《特定教育纲要》,规定各学校崇拜奉法儒家古圣先贤,尊孔以端基,尚孟以致用,各学校一律恢复读经,此后的《国民学校令》、《高等小学令》、《预备学校令》等,废止了民国元年南京临时政府教育部颁行的《小学校令》中关于初等小学、高等小学各条,把读经重新列为国民学校(指初等小学)、高等小学的必修课目。

由于封建专制主义统治对人性的压制,长期积聚的社会反抗能量的释放必然是一个漫长的历史过程,这种能量的释放是在"压制与反弹"的应力机制作用下进行的,是在双方力量反复较量与博弈中转换的。如果一旦上述机制失衡,这种被压制的反抗力量突然释放,引起的"政治地震"将对封建专制统治造成毁灭性打击。在民主共和方生,尊孔读经方死的混乱过渡时代,不仅思想保守者认为西方民主制度不能解决中国的问题,必须用传统道德来挽救人心民俗,坚持以孔教为国魂,而且地方军阀与都督大多也支持以

118

---

①《中华民国史档案资料汇编》(第三辑·文化),江苏古籍出版社1991年版,第1—2页。

② 1912年7月,北洋政府教育部决定把"孔子诞生日"列入学校自定仪式中。10月北洋政府教育部通令全国,规定"孔子诞日"举行纪念活动,"以表诚敬"。1913年9月,北京教育部通令全国,将孔子生日定为圣节,放假一日庆祝,北京、上海、山东等地的一些尊孔文人,纷纷组织孔教会(或孔道会、宗圣会),出版杂志,开展各种形式的尊孔活动。1913年10月,在袁世凯的操纵下,宪法起草委员会通过定孔教为国教的决议,载入《天坛宪法草案》。1914年9月,袁世凯率领文武百官至孔庙,亲自祀礼。1916年1月加封"衍圣公"孔令贻"郡王"衔。

③《马克思恩格斯选集》(第一卷),人民出版社1995年版,第98页。

④ 舒新城:《中国近代教育史资料》,人民教育出版社1981年版,第1061页。

旧道德继续以往的统治,这种充满封建主义的思想文化心理,加上民国成立之初百废待兴而一时难兴带给民众的失望甚至绝望感,造成民众对民主共和之信心的普遍缺失,为尊孔复古思潮的滋生提供了土壤酵素,为袁世凯以读经为敲门砖实现帝制自为的目的,提供了合理的民意与氛围。于是,执掌了民国大权的袁世凯才敢于通过政令,重拾以前未被废止的奄奄一息的读经,在社会上掀起了尊孔读经的风潮,使民主共和的历史车轮倒行逆施。

由此可见,袁世凯倡导的尊孔复古运动与民国初年民众微妙的社会心理之间构成一种十分协调的互动关系。由于长期经受封建皇权专制统治,多数中国民众的骨子里带有两种天生遗传病症的文化基因:一种是患"受虐症"而养成的忍性,这种"受虐症"又叫"斯德哥尔摩"综合征,表现为患者因为长期受虐待而突然获得施暴者莫名其妙的暂时开恩时,便开始对施暴者产生情感依赖①,其后遗症表现出典型的"奴性"特征;另一种是妄想症,即期待将来某天黄袍加身做一回皇帝的念头或臆想。当这两种病症在民初的民众和统治者身上一起发作时,就有了这场读经复古的闹剧发生。起初,由于民国禁止一切与新政体不符的学说,尊孔和读经是被抑制的,尽管也出现了一些类似孔教会的社会团体,也仅仅是出于宪法保障国民信教自由的缘故而依法存在。袁世凯上任临时大总统后对于尊孔舆论和民意不仅没有阻止,相反先是默许,然后是支持,继而是操纵与提倡,最后是借以推动帝制复辟。显而易见,袁世凯对尊孔表现出来的是一种政治胆略和见识,而非信仰,在他看来,孔学不是宗教,孔子也不是教主,他反对把孔子教主化,反对定孔教为国教。在袁世凯那里,尊孔祭孔均不是目的,仅仅是一种实现个人政治目的的谋略罢了。他把"尊孔"作为一箭双雕的权谋之术,一方面用以安抚旧派人士,另一方面给提倡信仰自由的新派人士做了个交代。袁世凯

119

----

① "斯德哥尔摩"综合征的症状是,患者明知施暴者可以轻而易举地随意处置他,但是施暴者却网开一面或者倒施一点小恩小惠,使患者对施暴者产生一种感激涕零的情结或者在情感上依赖对方,甚至一些女性患者还产生了愿意向男性施暴者献身的想法和念头。一般而言,在专制主义政体统治下被感染"斯德哥尔摩"综合征的国民普遍带有奴性性格的特征,患有典型的"不抗争"心理暗示的后遗症。由此可见,"斯德哥尔摩"综合征症状显现的条件是:患者失去人身自由,并对摆脱被控制的可能性绝望;施暴者处于绝对强势,且其处置被虐者的行为不受任何外部条件的约束。因此,施暴者明白,对被虐者迫害得越深,他处置被虐者的主动权就更加灵活,有时对被虐者实施迫害的一个正名或平反,就足以让其顿感皇恩浩荡。

的"尊孔"之术是建立在他对民初社会各派政治力量的心理分析与把握的基础之上：一是辛亥革命之后，传统社会的基本结构并未被先进的资本主义生产方式所取缔，人们头脑中根深蒂固的传统社会价值体系并未受到先进的资产阶级的价值观的冲击而溃败，相反，辛亥革命在打倒皇帝的同时使皇权赖以存在的传统价值观、天道观和"大一统"等儒家学说的神圣性、权威性丧失，同时又难以及时提供一个在完整性上足以与传统价值全面匹敌的替代价值信念系统，造成了社会价值权威的空缺；二是与民间孔教会组织源于思想上的共识而结成的统治者与民间组织之间在行动上达成的默契；三是中国资产阶级民主革命胜利后，百废待兴过程中部分民众对资产阶级革命表现出失望、绝望甚至仇视以及对传统社会的留恋，从而极力鼓吹尊孔，由此而分化出来，出现顽固派、保守派和反动派等三支社会力量。因此，在民初资产阶级价值观远未深入普通民众的内心，而资产阶级价值权威在短时间内又很难确立的这段时期，当袁世凯发动的复古尊孔运动，试图用儒家伦理禁锢或统一人们思想以重建价值权威时，这一切似乎具有历史的必然性。

在袁世凯发动的复古尊孔运动中，虽然他也曾将孔子的大同学说和民本思想与现代民主思想相比附，并提出复古尊孔就是以孔子大同思想为指归，给民主思想的传播以一定的合法性，但是他对于中华民国立国理念的"平等、自由、共和、民权"这些从资产阶级那里植入的价值观从根本上是抵触和排斥的。作为中华民国的大总统，一个深受传统文化熏陶的读书人，一个以"从不与执政者的核心利益发生正面冲突，以识时务者为俊杰"作为明哲保身金规则的官场中人，他对现实问题解决谋略的关注远远超出了对国家未来走向进行高瞻远瞩的勾勒与想象。因此，在个人政治生涯有限的时间内，面对如何解决辛亥革命遗留下来的政治遗产，迅速化解当下混乱的政治局面和社会局势这一现实问题，袁世凯最终选择了回到"家天下"重塑威权统治的政治谋略，这也是他实现黄袍加身的原始根本动力和政治目标。

五、陈独秀的"新青年"伦理观

陈独秀(1879年—1942年)，原名乾生，字仲甫，号实庵，安徽怀宁(今属安庆市)人。中国共产党的创建者之一及首任总书记，也是新文化运动的主要倡导者之一，"五四"新文化运动的精神领袖。

从戊戌变法、辛亥革命到复辟帝制，陈独秀经历了自康党、革命党到乱党纷争的时局变迁。本以为辛亥革命推翻了清王朝的统治可以从此告别专制走向共和，但是，他很快发现社会的黑暗、政治的腐败、时局的混乱一如既往，社会上多数国民不知共和为何物，而与此密切相关的倒是社会上尊孔复古的逆流沉渣泛起且有愈演愈烈之势，正所谓"肉体之袁世凯已死，而精神之袁世凯固犹活泼泼地生存于吾国"①。陈独秀通过对从辛亥革命到二次革命所尝试过政治的、军事的等各种斗争方式的考察，把革命失败的根本原因归结为仅仅推翻了一个君主专制政府，而没有通过批判封建意识形态使国民真正觉醒起来，从而自觉地担负起国家主人翁的职责和义务。他认为，"中国多数国民口里虽然是不反对共和，脑子里实在装满了帝制时代的旧思想"，故"要巩固共和，非先将国民脑子里所有反对共和的旧思想，非一一洗刷干净不可"，"否则不但共和政治不能进行，就是这块共和招牌，也是挂不住的"。②由此，陈独秀进一步指出：中国时下的危机不独源于外敌和专制，其最深最大的病根是国民"抵抗力之薄弱"所致。③因此，中国的变革有赖于国民性格和民族文化心理的重塑，没有国民根本之思想进步，没有多数国民之自醒，建设共和政治只能是一句空话。陈独秀还以中西方文化之"冲突"与"觉悟"的过程，将中国现代化进程概括为"学术"（技艺）的觉悟、"政治"（制度）的觉悟和"伦理"（价值）的觉悟三大依次递进的阶段，认为只有变革文化价值的"伦理的觉悟"，才是最后的觉悟，才是中国现代化的终极目标。④于是陈独秀主张以思想文化为武器，釜底抽薪，从根本上颠覆旧传统旧制度。这里所谓的"釜底抽薪"就是从底层做起，自下而上进行"国民性改造"，因为"我国民志气之消沉，至今日而极矣"⑤，陈独秀开始寄希望于青年，"后来责任，端在青年"。正是基于这一思想认识，陈独秀想办一本杂志，坚信只要十年八年的功夫，一定会发生很大的影响。

1915 年 9 月 15 日，《青年杂志》⑥在上海创刊，从此，陈独秀以此为阵地发起了一场伟大的思想革命和现代思想启蒙运动，进而直接导致了其国民性思索的历史性突破，将青年的精神启蒙与国家存亡联系在一起。《新青年》以"与青年诸君商榷将来分析修身治国之道"为出发点与归宿，"盖改造

---

①②③④陈独秀：《独秀文存》（一），上海亚东图书馆 1922 年版，第 126、189—191、40、60—61 页。

⑤梁启超：《饮冰室合集》（专集之三十三），中华书局 1989 年版，第 79 页。

⑥在 1916 年出版发行的第二卷更名为《新青年》。

青年之思想,辅导青年之修养,为本志之天职。批评时政,非其旨也"。①不批评时政,并不等于《新青年》不关心时政。之所以如此低调面向"时政",近则为回避政府舆论禁忌的锋芒,远则如胡适所云:"在民国六年,大家办《新青年》的时候,本有一个理想,就是二十年不谈政治,二十年离开政治,而从教育思想文化等等,非政治的因子上建设政治基础。"②虽然也没有做到二十年不谈政治,但是《新青年》之创刊,实致力履行其"天职",即对青年进行思想与修养的启蒙。而所谓思想与修养的启蒙,就是要唤发起青年最后之"伦理的觉悟"。陈独秀在《吾人最后之觉悟》中对"最后之觉悟"进行了深刻的伦理审视:

> 自西洋文明输入吾国,最初促吾人之觉悟者为学术,相形见绌,举国所知矣;其次为政治,年来政象所证明,已有不克守缺抱残之势。继今以往,国人所怀疑莫决者,当为伦理问题。此而不能觉悟,则前之所谓觉悟者,非彻底之觉悟,盖犹在惝恍迷离之境。吾敢断言曰:伦理的觉悟,为吾人最后觉悟之最后觉悟。③

这里的伦理觉悟,实则为理想的青年精神画像。在陈独秀那里,理想的青年精神形象,即《敬告青年》中所呈"六义":一是自主的而非奴隶的。陈独秀认为:"我有手足,自谋温饱。我有口舌,自陈好恶。我有心思,自崇所信。决不认他人之越俎,亦不应主我而奴他人。……一切操行,一切权利,一切信仰,唯有听命各自固有之智能,断无盲从隶属他人之理。"要成为自主的而非奴隶的,必须废弃一切把人沦为奴隶的伦理道德和制度,在他看来,"儒者三纲说,为一切道德政治之大原",这种君臣、夫妇、父子关系,必然是"民于君为附属品"、"妻于夫为附属品"、"子于父为附属品",并"缘此而生金科玉律之道德名词,曰忠、曰孝、曰节,皆非推己及人之主人道德,而为以己属人之奴隶道德也"。④因此,必须以"非孝"的勇气彻底抛弃奴隶之道德和不平等的专制制度,"破坏君权,求政治之解放也;否认教权,求宗教之解放也;均产说兴,求经济之解放也;女子参政运动,求男权之解放也"⑤。陈独秀主张破除奴隶道德,提倡人的全面解放与他的实现共和的中国梦想是一致的。他

---

① 陈独秀:《独秀文存》(四),上海亚东图书馆 1922 年版,第 204 页。

② 胡适:《陈独秀与文学革命》,见《胡适学术文集·新文学运动》,中华书局 1993 年版,第 188 页。

③④⑤陈独秀:《独秀文存》(一),上海亚东图书馆 1922 年版,第 55—56、3、3 页。

说:"伦理政治之纲常阶级说也","此不攻破,吾国之政治、法律、社会道德,俱无由出黑暗而入光明"。①陈独秀提出人的解放与社会的解放在逻辑上保持内在的一致性,这是20世纪初以陈独秀为首的新文化运动的巨子们根据国情而开出的救国救民处方。

除上述之外,陈独秀还指出理想的青年形象是:"进步的而非保守的;进取的而非退隐的;世界的而非锁国的;实利的而非虚文的;科学的而非想象的。"②在陈独秀眼里,青年是社会的希望,时代的良心。青年的思想、修养、伦理觉悟、精神境界,是《新青年》致力之焦点和宗旨所在。《新青年》的极致目标是要造就一代新青年。"改造青年思想、辅导青年修养"决定了此《新青年》之所以为《新青年》之"新"所在也。

他在《一九一六年》中进而说:"吾人首当一新其心血,以新人格,以新国家,以新社会,以新家庭,以新民族,必追民族更新,吾人之愿始偿,吾人始有与皙族周旋之价值,吾人始有食息此大地一隅之资格。青年必怀此希望,始克称其为青年而非老年;青年而欲达此希望,必扑杀诸老年而自重其青年。"③

显然,在陈独秀看来,一代新青年要有自由独立平等的现代人格,有追求进步、敢于竞争、讲求实际的时代精神,具备放眼世界、相信科学的基本素养。这种思想的启蒙和素养的养成需要一以贯之地贯穿"科学"和"民主"这两大主旋律。

科学与民主相辅而行,专制与愚昧相依为命。科学是愚昧的克星,民主是专制的对头。如同宣传科学必须扫除迷信,启迪愚昧,弘扬民主则不得不与专制势力交手。而首要的是消除野蛮的军人和腐败的官僚,陈独秀说:"野蛮的军人,腐败的官僚,都是国民的仇敌。但是两样比较起来,军人更觉可怕,可厌。"④由这两种统治者,而生发出武治与文治,他认为,"中国的武治主义,就是利用不识字的丘八,来压迫政见不同的政党;或者是设一个军政执法处,来乱杀平民。中国的文治主义,就是引用腐败的新旧官僚,来吸收人民的膏血;或者是做几道命令,来兴办教育工商业,讨外国人的好;做几道

123

---

①②③陈独秀:《独秀文存》(一),上海亚东图书馆1922年版,第4、4—8、43页。

④陈独秀:《独秀文存》(二),上海亚东图书馆1922年版,第8页。

命令,来提倡道德,提倡节孝,提倡孔教,讨社会上腐败细胞的好"①。陈独秀反对武治主义与文治主义的思想根源于辛亥革命前后军阀割据、乱党林立的社会现实。武治主义与文治主义的本质是专制主义,而专制主义的特征是政府不守法律和人民缺少法律保护的言论自由。为此,陈独秀强调法律在创造现代文明中的地位、价值与作用:

> 法律是为保守现在的文明,言论自由是为创造将来的文明;现在的文明现在的法律,也都是从前的言论自由对于他同时的法律文明批评反抗创造出来的;言论自由是父母,法律文明是儿子,历代相传,好像祖孙父子一样。现在世界上有一种政府,自己不守法律,还要压迫人民并不违背法律的言论。……而法律只应拘束人民的行为,不应拘束人民的言论;因为言论要有逾越先行法律以外的绝对自由,才能够发见现在文明的弊端和现在法律的缺点。言论自由若要受法律的限制,那便没有自由了;言论若不自由,言论若是没有"违背法律的自由",那便只能保守现在的文明,现在的法律,决不能够创造比现在更好的文明,比现在更好的法律。②

陈独秀以"言论自由不受法律限制而法律应该约束的是人的行为"为他反对封建礼教、宗法、贞节、旧伦理和旧政治而辩护,坦然承认世人对于《新青年》"破坏礼教"等罪名的指责,同时坚决拥护甚至不惜牺牲个人生命维护"德先生"和"赛先生"在政治、思想、道德和学术等领域的先进性领导③,为"五四"新文化运动的到来吹响了思想启蒙的革命号角。

陈独秀以自己从晚清到民初亲身经历的政局变迁,对封建专制统治的批判表现出常人难以体认的决绝之勇气。他提出的"新青年"之伦理自觉思想,其主旨乃是通过"科学与民主"的伦理价值启蒙,向广大青年发起反封建反专制的战斗动员令。虽然陈独秀也论及新青年的"自由独立平等"人格,但是与其他启蒙思想家不同的是,他更加关注如何在法律的框架下保障青

①②陈独秀:《独秀文存》(二),上海亚东图书馆1922年版,第8、64—65页。

③ 1919年1月,陈独秀撰《本志罪案之答辩书》,为"破坏礼教"之罪名进行辩护,并认为犯下的几条所谓的滔天大罪只因为拥护那德莫克拉西(Democracy)和赛因斯(Science)两位先生,并力陈:要拥护那德先生,便不得不反对礼教、礼法、贞节、旧伦理、旧政治。要拥护那赛先生,便不得不反对旧文学。认定只有德、赛二位先生可以从根本上救治中国政治上、道德上、学术上、思想上一切的黑暗。于是,陈独秀代表杂志同仁宣誓:"若因为拥护这两位先生,一切政府的压迫,社会的攻击笑骂,就是断头流血,都不推辞。"

年的言论自由及约束青年的外在行为以获得真正意义上的自由,其勾勒的新青年精神画像,激励了无数青年学子"心向往之",为之不断追求真理、积极进取,为早日实现国家的富强、民主和自由而奉献青春年华。因此,在该种意义上讲,陈独秀提出的以"科学"和"民主"为旗帜的伦理自觉思想,影响了一代又一代青年人去追求自己的中国梦想。

第二节 民初两次教育宗旨的更迭与修身课程标准的颁布

从晚清到民初,国家统治方式实现了从皇权专制到民主共和的政体变换,学校教育宗旨也随着发生变化,进而影响到学校德育课程内容的选择和编制。本节通过对民初两次教育宗旨更迭的背景研究,探讨政体更迭对教育宗旨的影响及其与学校德育课程的价值取向和内容选择之间的逻辑关系。

一、以培养完全人格为目的的民初教育宗旨

1912 年 6 月,教育部"为谋求教育改良进步",在全国范围征集意见以及讨论方法,并提出召开第一次全国性教育会议,拟定会议的目标为筹划"学校系统、学校规程、学校由中央管辖与地方管辖之划分、高等教育会组织法等"①。同月,为了本次会议取得成效,教育部颁布《临时教育会议规则》②。

① 《教育部订定临时教育会议章程》,载《教育杂志》1912 年第 4 卷第 4 号。

② 规则内容涉及"集合开会"、"会议中止、散会及展会"、"会议表决及审查"、"会场秩序"、"告假"、"议事录及议决录"等七章共 45 条,其中,议案的提出、审查、修改到确立的过程,必须经过"初读再读和三读"的程序。而且规定:初读时讨论议案大体,决定本案成立与否;再读时逐条评议;三读时修正字句,完成全案;但再读三读得因事宜由议员公决而省略之;教育总长提出的议案应尽先议决;议员所提议案必须有十人赞同才能送交议长;表决方式分举手、站立和记名投票三种;表决后所确定的议案,除前后矛盾或与其他法规抵触的情况外,不得修改。参见《教育部订定临时教育会议章程》,载《教育杂志》1912 年第 4 卷第 4 号。

7月8日，全国临时教育会议预备会议召开。9日，蔡元培在欢迎临时教育会议到京会员茶话会上，表明本次会议的主题，并表示不希望教育部卷入党派之争，称"近来每一见开会时，常各执一见，或有意批驳。此次开会，则纯为教育，而教育事业，纯然为人，毫无利己之处，必无争执之虑"①。7月10日，蔡元培在全国教育临时会议致《开会词》中表达了对教育宗旨的见解，指出民国教育与君主时代教育不同，君主时代教育方针"不从受教育者本体上着想，用一个人主义或用一部分人主义利用一种方法，驱使受教育者迁就他之主义"，是"利己主义"；而民国教育方针"应从受教育者本体上着想，有如何能力，方能尽如何责任；受如何教育，始能具如何能力"，而且"须立于国民之地位，而体验其在世界、在社会有何等责任，应受何等教育"。蔡元培着重强调，教育家应秉持五种主义，即"军国民教育、实利主义、公民道德、世界观、美育"，"五者以公民道德为中坚，盖世界观及美育皆所以完成道德，而军国民教育及实利主义，则必以道德为根本"②。蔡元培的上述讲话中的主要观点成为民国确立教育宗旨的基础。

全国临时教育会议从7月10日到8月10日，历时整整一个月。这次会议讨论、审查、通过了以下四个方面内容的议案：一是教育宗旨和学校系统；二是各学校校令及规程；三是教育行政划分和教育会组织法案；四是学校各项详细规则。其中，前两项为会议主要内容。这次会议的主要成果是，通过政府与民间沟通的形式，商定教育大政方针，巩固了民初教育改革的成果，从此，中国现代教育的演进正式走上制度化发展的道路。

经全国临时教育会议讨论通过的教育宗旨由教育部9月2日公布，原文如下：

注重道德教育，以实利教育、军国民教育辅之，更以美感教育完成其道德。

与清末学部颁布的教育宗旨相比，民初教育部公布的教育宗旨更加注重道德教育与实利教育（智育）和军国民教育（体育）的结合，以及强调美感教育作为实现道德教育目标的新途径。

把美育划分在德育的范畴，为清末学部颁布的教育宗旨所不道，从而成

①②蔡元培：《蔡元培全集》（第二卷），中华书局1984年版，第260、263页。

为民国新教育宗旨的一大亮点,而这一点尤其被蔡元培所看重。在他看来,美育所激发起的道德情感在道德教育中的功效是巨大的:

美感者,合美丽与尊严而言之,介乎现象世界与实体世界之间,而为之津梁。此为康德所创造,而嗣后哲学家未有反对者也。在现象世界,凡人皆有爱恶惊惧喜怒悲乐之情,随离合生死祸福利害之现象而流转。至美术,则即以此等现象为资料,而能使对之者,自美感以外,一无杂念。例如采莲煮豆,饮食之事也;而一入诗歌,则别成兴趣。火山赤舌,大风破舟,可骇可怖之景也;而一入图画,则转堪展玩。是则对于现象世界,无厌弃而亦无执着也。既脱离一切现象相对之感情,而为浑然之美感,则即与造物为友,而已接触于实体世界之观念矣。故教育家欲由现象世界而引以到达于实体世界之观念,不可不用美感之教育。①

蔡元培对美育的德育价值十分看重,与后来提出"以美育代替宗教"的伦理思想乃一脉相承。② 他主张"以美育代替宗教"的主旨,是要以美育的即兴慰情作用取代宗教的情感信靠和寄托作用。但是为什么在陶养人的感情方面要舍弃传统的宗教方式而代之以美育的方式呢? 蔡元培认为有以下理由:第一,美育是自由的,而宗教是强制的;第二,美育是进步的,而宗教是保守的;第三,美育是普及的,而宗教是有界的。因此,虽然美育和宗教都能陶养人的感情,但宗教既有上述诸多弊端,故欲陶养人的感情,应以美育代宗教。"总之,宗教可以没有,美术可以辅宗教之不足,并且只有长处而没有短处,这是我个人的见解。"③

蔡元培"以美育代替宗教"的观点立即引起学界争鸣,而最有力的反对者乃主攻西洋哲学史,于 1920 年担任国立东南大学(现为南京大学)哲学系首任系主任的刘伯明。刘伯明观点鲜明地指出,他不赞同蔡元培以美育代

---

① 蔡元培:《对于新教育之意见》,见陈学恂主编:《中国近代教育史教学参考资料》(中),人民教育出版社 1987 年版,第 135—136 页。

② 蔡元培提出"以美育代替宗教"的观点不是凭空产生的,而是与他在国外的学习经历相关。他发现:"然则法德两国不甚信仰宗教,而一般人民何以有道德心,此即美术之作用。大凡生物之行动无不由于意志,意志不能离知识与情感而单独进行。凡道德之关系功利者伴乎知识,恃有科学之作用;而道德之超越功利者,伴乎感情,恃有美术之作用。"(《蔡孑民言行录》)蔡氏此观点一提出,立即引起学界的争鸣。

③ 蔡元培:《蔡元培美学文选》,北京大学出版社 1983 年版,第 180 页。

宗教的主张。因为蔡元培并未道及何为宗教，以及美育如何可以代替宗教。在刘伯明看来，宗教，尤其是所谓高级宗教，起源于理想与现实的冲突。对于理想与现实的冲突，艺术固然可以调和其中一部分，这一点蔡元培看了出来，但蔡元培不知道宗教的本体，不知道艺术的想象只是弥合理想与现实之冲突的暂时代替品，只能予人以一时的普通满足，而不能予人以永久的根本满足。后一种满足，实为宗教所提供的满足。退一步说，宗教化的艺术或者可以代替宗教，但普通的艺术则不可能代替之。宗教有它的精神世界为对象，这是普通的艺术永远也替代不了的。理想境界是否有其客观的存在，这是可以讨论的，但理想境界的意义和价值，却有其历史上的客观。东西方古今思想中对理想境界的普遍认同，都表明了理想境界的这种历史客观性，所以，它是有根据的，它的根据不在于物质与自然，而在于人的精神。既如此，宗教就有其独立存在的理由，就不能由艺术来替代。① 刘伯明对艺术和宗教对于人的精神意义和价值进行了详尽的比较，意在表明：艺术的慰情是有限的，而宗教的慰情是终极的。就此而言，虽两者都是慰情的，但宗教有其独立存在的理由，不能由艺术来代替。

刘伯明反对以美育代替宗教，并非否定美育在教育中的地位、价值和作用。他认为："美育之属于教育，与德、智、体三育同，不可有所轻重也。德、智二育一趋于意，一趋于知，美育则偏重于感情。意也，知也，情也，皆人类精神现象之要素，互相作用，无所轩轾于其间。然今之谈教育者，多偏重德、智二育，弃美育于不顾，此实一大缺点。"②由此可见，蔡元培以美育完成道德教育有一定的理论基础，但是，在不同的政治、文化背景下的道德教育"能否以美育代宗教"以及"如何以美育代宗教"仍然是值得深入研讨和追问的学校德育宗旨和德育路径问题。

刘伯明和蔡元培关于"以美育能否代宗教"的争论实际上涉及到"美育与德育"和"宗教与德育"两个问题的思考。他们争论问题的焦点集中在对上述问题表征与分析的两个维度：一是美育和宗教的慰情方式是什么；二是

① 刘伯明：《宗教哲学》，见《中国现代哲学史资料汇编》（第1集第10册），辽宁大学出版社1982年版，第91页。

② 参见1921年刘伯明在南京高师教育研究所关于"美育"的讲演，舒新城：《近代中国教育思想史》，福建教育出版社2007年版，第121页。

美育和宗教是如何在道德教育中起作用的。对于第一个问题,蔡元培以美育自由说和宗教强制说作出回答,明显存在两个瑕疵:一是美育是自由的,但自由的不一定是道德的,只有法律允许的自由才是道德的,而法律本身仅仅是最低的道德,所以法律不能制造高尚,但是人类社会需要高尚的人,且需要给予或允许想成为高尚的人以充分的消极自由;二是宗教是强制的,但它是以信徒的心甘情愿为前提的。在这里有必要区分迷信和宗教的差异,前者是因为害怕,而后者源于相信。因此,他的所谓宗教的强制说也是站不住脚的。对于第二个问题,二人均没有正面回答,它涉及到美育和宗教担当道德教育的权威价值是什么。前者是出于"情",通过情绪调动传达艺术感染力,旨在体验美的存在意义,引导人的精神境界在艺术中不断升华;后者相信"爱",是宗教信仰的权威对人类的大爱感化了信徒的心,从而滋生对权威的归顺和信靠,其目的是追求至善,以及渴望到达彼岸的一颗平安的心。

总而言之,民初蔡元培提出以道德教育为核心的教育宗旨确立了学校德育的方向,但是,学校德育的内容选择和实施途径如何在传统道德的私德修养和现代公民道德的公德养成上不断推进,为新生的共和国培养人格健全的合格公民,这是一个有待重新审视和反思的现代学校道德教育价值和道德教育目标的问题。

二、以尊孔复古为中心的教育宗旨

1915 年 1 月,北洋政府颁布《特定教育纲要》,针对现实教育中存在"一不重道德,二不重实利,三无尚武精神,四不切实用"等四大缺点,申明教育宗旨为"注重道德、实利、尚武,并运之以实用",提出"以道德教育为经,以实利教育、尚武教育为纬,以道德、实利、尚武教育为体,以实用主义为用"①的原则。在"教育要言"一节规定,"各学校均应崇奉古圣贤以为师法,宜尊孔以端其基,尚孟以致其用"②,要求各大、中、小学一律恢复读经课程。

同年 2 月,在《特定教育纲要》的基础上,以大总统命令的形式颁布七项

---

①②袁世凯:《特定教育纲要》,见陈学恂主编:《中国近代教育史教学参考资料》(中),人民教育出版社 1987 年版,第 223、225 页。

教育宗旨为"爱国，尚武，崇实，法孔孟，重自治，戒贪争，戒躁进"①。袁世凯对此作出进一步解释：

　　本大总统既以兴学为立国要图，今兵气渐销，邦基粗定，提倡斯旨，岂容踌躇。矩矱本诸先民，智慧求诸世界，使中华民族为大仁、大智、大勇之国民，则必于忠孝节义植其基，于智识技能求其阙，尚武以备军人资格，务实以做末俗虚浮，矢其忠诚，以爱国为前提，苦其心志，以猎官为大戒，厚于责己，耻不若人，严则如将领之部其弁兵，亲则如父兄之爱其子弟。此本大总统对于学校之精神教育，尤兢兢于变化气质，而后种种学业乃有所施也。②

　　这一段话作为袁氏教育要旨的理论说明或注脚，就其实质而言，它与晚清政府1906年所定教育宗旨除字面上有个别改动之外别无二致，可以说是其在民国新时代的绝好翻版。在袁世凯看来，孔孟乃圣学之传，其倡导的"仁""义""礼"之说为治世修身之原则。他指出："孔孟之言，载于《论语》及《七篇》者，至赅且备；其于近世治世修身之要。引信致用，亦未尝不与西哲相合，而厘然有当于人人之心。今观《论语》五十八章中，凡言仁者一百有八。而孟子则言仁必兼言义。宋儒以仁为心德，义为事宜，盖自修齐以至治平，悉为此二者之所贯注。……言义又兼言礼者，古时礼本谓法，即指当代之一切典章法律言。是知以礼即守法，存心以仁，处世以义，而又必申之以守法，斯又法治国民之真模范也。吾国民诵习孔孟之言，苟于其所谓居仁由义而求得共和法，治国为人之真谛；将见朝野一心，共图上理，由是扬国粹而跻富强，其道又奚待外求哉。"③袁世凯试图以孔孟学说重建道德价值权威，以期为其实行皇权统治、维持社会伦理秩序的稳定性奠定意识形态基础。

　　由于民初战乱频仍，社会秩序混乱，加之长期实行皇权专制统治，使得中华民国普遍缺少民主制度运作的社会基础：一是缺少一种可以操作的民主机制，人们普遍纠结的一种心理状态是，既渴望通过民主保障个体基本权利，同时又担心实施民主之后会失去原来的位置；二是国民在一种超稳定结构的"温水煮青蛙"式的制度环境中逐渐丧失了基本的自治能力。当一种旧的制度已被打破，而新的民主制度又一时无法建立起来时，整个社会就会趋

---

　　①②③袁世凯：《颁定教育要旨》，见陈学恂主编：《中国近代教育史教学参考资料》（中），人民教育出版社1987年版，第233—242、234、238—239页。

于或陷入一种严重的失范状态,而社会既需要通过变革来迎接时代的挑战,适应整个世界的剧变,同时又需要以稳定为前提,实现多种有助于社会进步的要素和资源的重新整合。在这一宏观背景下,袁世凯选择学校教育作为抓手和突破口,主张通过教育培养学校儿童的自治力"以求人之能自治",从而"以人能自治"实现"地方之自治",在一定意义上体现了公民自治思想的进步性。为此,他在"重自治"中阐述了其自治观:

> 今人皆知地方自治,不知地方者,受治之客体,其主体仍在乎人;未有人人不能自治,而地方可以自治者。欲求人之能自治,必先求人人各有自治力。其力维(为)何?一曰自营,一曰自助。要莫不皆由教育养成之。……夫所谓自营者,非谓徇私忘公为肥家润身之计;所谓自助,亦非离群众独立无汎爱济众之心也。盖人人有资生之能,不必依赖而自活,斯遇事有强立之力,不待督责而自兴;惟其然,故成效益宏,而所受之教育,益足以见诸事实,以是因果相生,蒸为国力,斯诚足树自治之极轨,宏强国之远谋矣。吾国民苟能以英(国)为范本,其重思考爱秩序之心,群趋于戒空言求进步之实,行见生聚教训,起而自谋,因以富国强民,教育事业之发达,岂必俟诸十年以后哉。①

袁世凯以读经"法孔孟"建立专制统治的伦理秩序,但同时又强调通过教育自治培养人之自治之能的重要性。如何解释其思想悖论的复杂性?正如周予同对清末和这次颁布的教育宗旨进行比较研究之后所指出的:"按'纲要'所定的教育宗旨完全为满清五项教育宗旨的复活。删去'尚公',而以'道德'二字遮掩'忠君'与'尊孔'而已。至于七项教育宗旨,'爱国'、'尚武'、'崇实'都是因袭旧说;'法孔孟'系为洪宪帝制作反动思想的准备;'戒贪争'、'戒躁进'系针对当时政党派系而发。所谓'重自治',在政治上,即解散国会,取消地方自治;在教育上,却又特加注重。此乃表见其政治策略的欺骗而已。"②事实上,周予同对读经复古教育宗旨的反动性评价,与他对读经与现代教育宗旨异趣的一贯理解和立场是一致的。他后来针对古今教育目标的不同,指出:"中国现代的学校制度和古代的含义并不相同。古代的

131

---

① 袁世凯:《颁定教育要旨》,见陈学恂主编:《中国近代教育史教学参考资料》(中),人民教育出版社1987年版,第239—240页。

② 周予同:《中国现代教育史》,上海书店1933年版,第29—30页。

学校制度只有一种政治目的，就是养成统治人才；换言之，它是官僚训练所或官僚选拔处。现代学校，除政治目的外，还含有更重要的经济目的；详言之，在基础教育段要养成公民和劳动者，在专科教育段要养成国家公仆和生产技术人才。读经和生产教育无关；而养成公民和公仆，也另有其陶冶的方法，决不必求助于读经。"①

随着新文化运动的兴起，以陈独秀、钱玄同、胡适、李大钊等为代表的启蒙思想家高擎"科学"和"民主"两面旗帜，运用科学和理性主义立场，把《新青年》作为向传统旧文化挑战的阵地，"反对孔道、批判尊卑贵贱和三纲伦理"，倡导"人权平等"、"人格独立"和"言论自由"，对传统伦理文化和尊孔复古的教育逆流进行反思和深刻批判，在一定程度上推动了"读经"课程在学校的消失。1916 年 10 月 9 日，教育总长范源濂签署了《教育部令第十九号》，公布了《国民学校令》，在"第十三条"、"第十五条"和"第二十六条第二项"删去了"读经"及"在预备学校修业四年"等字样。

综上所述，民初两次教育宗旨的更迭既反映了国家或统治阶级的权力意志，同时也折射了文化、经济和社会的历史变迁。从中我们可以发现，虽然统治阶级在涉及国体和政体的选择上表现出截然不同的政治态度，但是由于教育领域的相对独立和自治，使得这一时期的学校教育发展在现代学校教育制度的框架下基本上可以实现平稳过渡，逐渐向现代国民教育转型。

三、中小学课程标准的公布与修身课程目标的确立

1912 年 1 月 19 日，教育部公布了由蒋维乔、陆费逵起草的《普通教育暂行办法通令》和《普通教育暂行课程标准》两个文件。在《普通教育暂行办法通令》中，女性儿童首次获得与男性儿童同窗共读的学习机会，享受与男性儿童平等的受教育权利②，通令明文规定："初等小学，可以男女同校；凡各种教科书，务合乎共和民国宗旨，清学部颁定之教科书，一律禁用；凡民间通用之教科书，其中如有尊崇满清朝廷，旧时官制及军制等课，并避讳抬头字样，应由各该书局自行修改，呈送样本于本部及本省民政司、教育总会存查。如

---

① 周予同：《全国专家对于读经问题的意见》，载《教育杂志》1935 年 25 卷第 5 号。
② 临时教育会议讨论通过的《壬子学制》规定初等小学四年为义务教育。

学校教员遇有教科书中不合共和宗旨者,课随时删改,亦可指出呈请民政司或教育部通知该书局改正;小学读经科一律废止。"①

　　与《普通教育暂行办法通令》同时公布的《普通教育暂行课程标准》,对初等小学、高等小学、中学校和师范学校的课程设置、各学科的要旨及每周教授时数作出详尽的规定。其中,修身为必修课,初等小学和高等小学每周二小时,中学和师范学校每周一小时。强调了小学各学段的修身要旨,"初小一二年级:注重学校、家庭和社会,三四年级加国家之事;高小一年级:注重道德要旨,二至四年级加国民义务"②

　　1912年11月22日,教育部订定《小学校教则》及课程表,从传统道德和公民道德的层面规定:"修身要旨在涵养儿童之德性,导以实践。初等小学校,宜就孝悌、亲爱、信实、义勇、恭敬、勤俭、清洁诸德,择其切近易行者授之;渐及于对社会对国家之责任,以激发进取之志气,养成爱群爱国之精神。对于女生尤须注意于贞淑之德,并使知自立之道。"建议教员"教授修身,宜以嘉言懿行及谚辞等指导儿童,使知诚勉,兼演习礼仪;又宜授以民国法制大意,俾具有国家观念"③。

　　1912年12月教育部公布《中学校令施行规则》,规定中学修身课程的要旨在"养成道德上之思想情操,并勉以躬行实践,完具国民之品格",强调"修身宜授以道德要领,渐及对国家社会家族之责务,兼授伦理学大要,尤宜注意本国道德之特色"。④ 该施行规则规定修身课程的课时为每周一小时。

　　1913年3月19日,教育部公布了中学校课程标准,对于修身课程的教学内容和教授时数作出以下规定(见表2.1)。

---

① 《普通教育暂行办法通令》,见朱有瓛主编:《中国近代学制史料》(第三辑上册),华东师范大学出版社1990年版,第2页。

② 《普通教育暂行课程标准》,见朱有瓛主编:《中国近代学制史料》(第三辑上册),华东师范大学出版社1990年版,第3页。

③ 《小学校教则及课程表文》,见朱有瓛主编:《中国近代学制史料》(第三辑上册),华东师范大学出版社1990年版,第117—118页。

④ 《中学校令施行规则》,见朱有瓛主编:《中国近代学制史料》(第三辑上册),华东师范大学出版社1990年版,第352页。

表 2.1 1913 年教育部颁布的中学修身课程标准

学年\科目	第一学年		第二学年		第三学年		第四学年	
	每周时数	教学内容	每周时数	教学内容	每周时数	教学内容	每周时数	教学内容
修身	1	持躬处世；待人之道	1	对国家之责务；对社会之责务	1	对家族及自己之责务；对人类及万有之责务	1	伦理学大要；本国道德之特色

中学修身课程标准从个人伦理、家族伦理、社会伦理、国家伦理及自然伦理的模块规定了修身课程的教学内容，这也是培养国民之公民道德，对国民实施公民教育的核心内容。

如前所述，随着袁世凯尊孔读经复辟帝制步伐的加快，一度被教育部取缔的读经活动又死灰复燃，在社会上得到了部分民众的积极回应并引发广泛争论。1914 年 6 月教育部发出《饬京内外各学校中小学修身及国文教科书采取经训务以孔子之言为指归文》，令"各书坊，各学校教员等编纂修身及国文教科书，采取经训务以孔子之言为指归，即或兼及他家亦必择与孔子同源之说，从前业经审定发行之本如有违背斯义或漏未列入者，并即妥慎改订，呈部审查，以重教育"。[1] 1915 年 1 月，袁世凯颁布《特定教育纲要》。在"教育要言"中，对中小学教员的培养与教科书的编写原则，就如何处理与以孔子为代表的儒家学说之间的关系作出具体规定："中小学教员宜研究性理，崇习陆王之学，导生徒以实践，教科书宜采辑学案以明尊孔尚孟之渊源"[2]，"讲求心性之学，实教育国民必不可少之趋旨也"，建议"道德教育，以高尚涵养德性之法，宜师英美，以严重锻炼德行之法，宜师德国，以期其调和发达"，而且强调"中小学修身科国文科，应将诚心爱国尽责任重阅历之积极

____

①《饬京内外各学校中小学修身及国文教科书采取经训务以孔子之言为指归文》，见朱有瓛主编：《中国近代学制史料》（第三辑上册），华东师范大学出版社 1990 年版，第 126 页。

② 袁世凯：《特定教育纲要》，见陈学恂主编：《中国近代教育史教学参考资料》（中），人民教育出版社 1987 年版，第 225 页。

行为,与勿破坏、勿躁进、勿贪争之消极行为,定为德目,编入修身及国文教科书中,一面注重教授,确定其意志,一面照此训练,使其志行合一,实于日后处世关系甚巨",对学校修身课程的目标提出了具体要求,"各学校教育宜注意学生之个性陶冶,奖掖其良知良能,并养成其自动力暨共同习惯",①并阐述了民国教育与旧教育的本质区别,"明示教育趋向,使人人知求学系造就本身能力,用以开发社会无穷事业,非仅供官吏一部分之用,凡从前入学专以干禄之恶习,切宜破除,以养成国民独立之精神"②。

由上可见,民初两次教育宗旨的确立分别导致了《中学修身课程标准》的颁布和学校读经课程的恢复,具体体现在以下两个方面:一是基于刚刚成立的中华民国政体需要,从"培养完全人格,注重公民道德养成"的国民教育宗旨出发,教育部十分重视以法治教,随着《普通教育暂行办法通令》的颁布,在一定程度上维护了教育系统正常办学秩序,而且从法律法规上规约了女性儿童与男性儿童享受同等接受国民初等教育的机会和权利;二是读经课程的恢复,表明学校教育在发挥文化传承功能方面具有的独特价值,从文化心理层面体现了国民在国家现代化历程中由于价值权威的丧失而表现出来一种对个体身份与传统文化的认同感,从而进一步显示出,中国学校教育的现代化必然经历在文化传统与现代文明之间由冲突、对话到融通的复杂嬗变过程。

民初在教育管理方面依法治教的传统,对随后教育部的人事变动、教育宗旨变更以及教科书编写产生了积极的影响。即《法令》的颁布使得教育能够保持某种程度的相对独立性,不论教育部主管人员名单的确立,教育宗旨确立或颁布的主体还是教科书编写制度的执行,均能大体上遵照教育发展过程中自身演进的基本逻辑。因此,尽管随后出现教育宗旨的变革,在学校中又恢复了读经课程,但是,造就国民的服务精神和独立人格的国民教育思想价值却能够一直保留和传承下来,从而维护了国民教育价值演进的连续性和稳定性。在这种意义上讲,民初《普通教育暂行办法通令》的颁布在维护教育秩序的稳定性以及教科书内容的延续性方面发挥了不可替代的作用。

ــــــــــــــــــ

①②袁世凯:《特定教育纲要》,见陈学恂主编:《中国近代教育史教学参考资料》(中),人民教育出版社1987年版,第226、227页。

第三节　民初修身教科书的编写与出版

1912年1月创建于上海的中华书局，于是年12月编写出版了《中华新教科书》。这套教科书包括小学全套的国文、算术、历史、地理、理科等课本，其中小学课本44种，中学和师范课本27种。教材一经出版，立即受到社会的欢迎。而这时的商务印书馆及其他书局面对如此局面，显得无从下手。中华书局的《中华新教科书》几乎独占了整个教科书市场。接着，1913年3月，中华书局组织教育界精英，对《中华新教科书》进行修订，在此基础上出版了《新制中华教科书》系列。

中华书局顺应辛亥革命的潮流，适应共和政体的需要，率先宣传了反对清朝专制统治的资产阶级革命观点，增加了许多关于国家的内容，如在国文课本中有"我国旗，分五色，红黄蓝白黑，我等爱中华"之句。修身课本中编入了"报国"、"国旗"、"勇敢"、"从军"、"兵役"、"纳税"、"议员"、"共和国民"等德目，体现了爱国思想、民主精神和公民义务。不过，先期出版的《中华新教科书》系列为了赶在商务印书馆前面刊行，编写仓促，较为粗糙，而体例与编写方法，亦无多少新颖之处。其后为了适应新学制之需，中华书局编写《新制中华教科书》一套，分为初小、高小、中学和师范四类。《新制中华教科书》较全面地贯彻了南京临时政府的教育宗旨，刻意从新教育这个角度去体现教科书的时代特色，因而书出版之后在社会上引起强烈反响，收效良好。面对中华书局咄咄逼人之势，商务印书馆不甘落后，立即采取了两条应急措施，一是将旧有各书按教育部通令精神大加改订，凡有违者悉数删除，并于封上特加"订正中华民国"字样，先行出版，以应急需；二是立即组织精兵强将，着手编辑《共和国新教科书》，以适应新时代教育改革需要。1913年秋天，商务印书馆终于向民国献上了自己的第一份礼物——《共和国新教科书》。该书共有学生用书40种，初小、高小和中学兼备，另有教师用书25种。

《共和国新教科书》是商务印书馆出版的最为完备的一套教科书，既集中体现了编写者数十年编辑和教学的经验，又总结该馆所出教科书之得失，同时博采世界最新教科书之众长，又迎合民国教育宗旨及特点，并努力在具体内容和编辑方法上更贴近儿童。多种优势的组合,使书出版后销路看好,各校纷纷采用,商务印书馆也因此重振雄风,在教科书出版方面与中华书局形成强有力的竞争。商务印书馆乘势大举挺进,从 1913 年到 1915 年,不断推出各类型教科书。为了进一步提高教科书的编写质量,以满足社会用书和适合读者之用,也为了进一步增强竞争力,商务印书馆还专门在《教育杂志》上刊登《编辑小学教科书商榷书》,向社会征询意见。其后又将有关商榷之结果刊出,把收到的来自社会各个阶层的反映作一小结。这种锐意进取、图变求新的至诚态度、专业精神和严谨学风,是与当时在教科书编写上采用国定制和审定制的制度安排分不开的,目的在于使各书局或出版社在如何提高教科书编写质量上展开充分的竞争。这一状况即使在袁世凯复辟帝制时期也没有改变。

一、中华书局出版的《新制中华修身教科书》

1913 年 3 月,由戴克敦、沈颐和陆费逵等编写的《新制中华修身教科书》共十二册由上海中华书局修订出版发行。① 这套教科书比较好地体现了民初蔡元培提出的完全人格培养,完成公民道德教育的教育宗旨。正如《编辑大意》开篇所言,"本书之宗旨务令知独立、自尊、尚武、尚实、爱国、乐群,以造成共和国民之品格",教科书在体例构成上以儿童为中心,材料组织"假设儿童所能行之事俾易于仿效,寓言必选多趣味近情理无流弊者,故事兼采中外以唤起儿童之历史观念和世界观念,格言择切用而易解者俾儿童可日日诵习以为处世之资,训词用命令体述事理之当然者,作法乃普通礼法之当演习者"。②

这套教科书,从材料组织的形式来看,前三册课文全用图画,全部按照课标所列德目,使其成为可以遵行和参照的标准或依据,四册以后图画与文字并列,图画全部与事实相对应,而文字字数则从十字左右起,逐渐增加。

① 这套《新制中华修身教科书》专为义务教育阶段的初等小学儿童使用,根据教育部公布《学校学年学期及休业日期规程令》规定,各学校以八月一日为学年之始,一学年分为三学期:元月一日起至三月三十一日为一学期;四月一日起至七月三十一日为一学期;八月一日起至十二月三十一日为一学期。由此可见,一学年中第一学期最长。
② 戴克敦、沈颐、陆费逵:《新制中华修身教科书·编辑大意》,中华书局 1913 年版。

教科书在材料分类编排中,前六册多用假设、故事及寓言,后六册兼用故事及训词;从材料涉及的具体内容来看,前三册以家庭、学校为主,而兼及社会,四册以后则将共和国民应备之道德按程度编入。对于图画画面的处理,教科书在编写过程中处处从教育意义的角度考虑:

图画务求明显,不取细琐,使儿童可一目了然,房屋衣服及一切陈设品等务求简单,以养成儿童朴素之风;凡为古人和西人之故事,图画中之衣服亦必用古装和西装,务使与事实实物相肖,绝无牵强之弊;书中间插彩色图画,以增儿童之兴趣;初等小学无分男女,本书为男女共学之用,故中间兼讲女子之事。①

在初等小学段使用的《新制中华修身教科书》第一册中,由于第一学期时间较长,共编写了十六课。课文内容立足于儿童生活实际,从学校、家庭和社会常识出发,以养成儿童良好生活习惯为要旨,选编了以下德目:"入学"、"上课"、"游戏"、"守时刻"、"守规则"、"好学"、"仪容"、"清洁"、"早起"、"慎食"、"衣服"、"习劳"、"温课"、"整理"和"休息"。其中,德目"习劳"分两课学习,画面主要涉及"帮助教员搬书"、"自己清洗砚台"、"农民耕作"和"驾驶马车",透露出"习劳"应该先从身边力所能及的事做起,了解长大后我们可能从事的工作或职业,教育儿童明白"劳动无贵贱之分,从小应该热爱劳动"的朴素道理。

从第四册起,材料组织开始兼用画面和文字。在第四册的课文编写中,从家庭、学校和社会出发,采用了以下德目:"父恩"、"母恩"、"孝亲"、"事亲"、"兄弟"、"姊妹"、"敬长"、"敬老"、"敬师"、"朋友"、"好学"、"敬客"、"守规则"、"专心"、"守时刻"和"竞争"。在"父恩"德目中,画面为父亲出门,母亲和"我"站在家门口相送;课文的文字内容为"父远行,儿随母,出门送父",将识字和礼节教育通过图画和课文结合得十分自然。部分貌似重复的德目,其实是编写者采用了"圆周法"②的编排方式,在画面和文字上体现出高低学段儿童认知能力的差异。像"好学",在第一册第六课中,"好学"这一德

①戴克敦、沈颐、陆费逵:《新制中华修身教科书·编辑大意》,中华书局1913年版。
②基于不同年龄阶段儿童认知水平的考虑,一个德目在不同年级使用的教科书中出现两次,但同一德目的编排方式以及内容组织有深浅难易之分,以使儿童能够逐渐领会吸收。

目是以"两幅画"进行表达的，画面中天正在下雨，有两个穿戴整齐的儿童斜背着书包，第一幅画面上有两个儿童撑着雨伞，一个儿童刚从家门口出来，正迟疑着去不去上学，旁边的儿童好像在动员他；第二幅画是两位儿童来到学校门口，刚才做动员工作的儿童已经收好了雨伞，正等着那位看上去下了很大决心才来上学的儿童一起进校门。而在第四册的课文中，"好学"是以图画和文字配合表达的：一位儿童端坐在桌前正在灯下温习功课，下面用文字"学生功课，不可间断，昼必入学，夜必温课"配图注解，一方面告知学生在校的主要志业，同时注重培养学生学习的恒心以及课后及时温习功课的好习惯。

由于当时受到进化论的影响以及西方列强的侵略，教科书着意培养国民的"竞争"意识，与此同时注意养成儿童传统"谦让"之品德。在第四册第十六课"竞争"德目下，画面上一群儿童竞相赛跑，你追我赶，其中一位最先夺得红旗，并使用"群儿竞走，一儿奋力争先，夺得红旗，众皆拍手"之类的文字配图。教科书这样的编排设计，一方面让儿童懂得游戏规则的体育精神，另一方面教会儿童学会如何在群体中与同伴相处。

在第八册第十二课"让功"德目下，课文则讲述了中国古代发生的一个关于大树将军冯异的故事：冯异偕诸将出征，每战必身先士卒，奋力平贼，及还，论功行赏，诸将皆争论不已，异独退立大树下，默不一言，时人称为大树将军。①

教科书从第九册起，逐渐减少了课文插图，并增加了课文字数和难度。在第十二册，教科书编选了"自尊"、"自由"、"人道"、"平等"、"守法"、"纳税"、"兵役"、"教育"、"议员"、"对外人"和"共和国民"等德目。在论述"自由"德目的课文中，编者充分利用中外伦理资源，揭示了自由的涵义、自由的本质、自由的保障、自由的界限和无自由的后果，对儿童进行了一次真正意义上的"自由"教育。课文这样写道："法国大革命宣布之词曰，不侵他人权利，而为己所欲为者，是为自由。天然者，自由之根本也；正义者，自由之标准也；法律者，自由之保障也；己所不欲，勿施于人者，自由之界限也。卢梭

---

① 戴克敦、沈颐、陆费逵：《新制中华修身教科书·编辑大意》，中华书局1913年版。

曰，无自由，则国家不能存，无德行，则自由不能存。"①

在"人道"德目中，编写者以"人类应有爱"为前提提出了"人之为人"应享的基本权利。"我人也，人亦人也，无论何族，皆当相爱。有饥寒者，必周恤之；有疾病者，必保护之；有患难者，必拯救之。"②而且作者还补充强调，这种人与人之间的帮助不仅仅限于本国之人和同族之类，还包括黑人、白人等世界其他国家的人民，由此可见编写者能够在当时从全人类的视野阐述"只要是人就应该得到像人一样的对待"的论点与常识，是对现代关于"人权"启蒙思想的积极回应。

在"平等"德目中，编写者开篇提出"共和国无君主、无贵族，人人皆平等"③的命题，然后阐述了人的职业分工不同是因为人的能力不同，并无贵贱之分的道理。"大总统统治人民，似可谓尊荣矣，然其职权，由人民授予，国有常法，彼不能独逞己意，且及其退职，即与平民无异盖。人人守法，人人有自由权，乃平等之真义也。"④由此讲述了人人平等的道理以及保障人人平等的条件。

在最后一课，编者论及了共和国民的涵义以及如何承担对自己、家庭、社会和国家之义务及责任。"合众民而成国，故为国民者，当修身慎行，以固国本；共和国民之对己也，勤学厉行，正直谨慎，节饮食、务清洁、注意运动、勉于操作、衣饰整洁而不华；其对于家也，父慈子孝，兄友弟恭，夫义妇顺，主厚仆忠，祭祀祖宗，不辱其先；其对于社会也，和睦邻里，交友以信，敬老慈幼，怜贫恤孤，关于公益之事，努力为之，不稍懈怠；其对于国也，纳税、当兵、服从法律、教育子女、尽力参政，以谋国利民福，而巩固一国之基础。"⑤其中，把教育子女的义务仅仅从家长的角度提出，而忽视了国家应该提供义务教育设施的义务。这是当时编写者认识的局限，或是从中华民族一贯重学的传统伦理出发而定的。

由此可见，在中华书局出版的《新制中华修身教科书》系列中，有关国家伦理部分的内容占据相当比重，在教科书中，编写者积极地普及法律常识，对义务教育阶段的学龄儿童讲权利和义务，表明这一阶段儿童应该明白国

①②③④⑤戴克敦、沈颐、陆费逵：《新制中华修身教科书》（第十二册），中华书局1913年版，第1—2、9、2、3、3页。

民具有完成义务教育的义务,同时凸显了教科书的内容组织的变迁随着国家政体改变不断与时俱进,这主要表现在以下三个方面:一是材料组织的形式尽量符合儿童认知发展的逻辑,从图画到图文结合,再到故事训词,体现了教科书作为课程的载体较好地实现了教科书内容组织的逻辑与儿童认知发展逻辑的统一;二是材料呈现形式追求简朴、实用,注重营造良好的教育氛围,有助于实现教科书蕴含的教育价值与意义;三是注重传统修身与现代国民教育之间的沟通,在德目的选择上,古今融合,东西融通,视野开阔,较好地体现了教育宗旨关于培养国民道德的主张,较好地引导学生正确对待与处理人与家庭、人与社会以及人与国家之间的关系,凸显了现代学校公民教育的基本理路与实践追求。当然,要把属于公民教育范畴的大量内容全部集中在小学阶段来完成,尤其是一些在儿童心目中无甚意义的政治和抽象的道德在教材中占据大量篇幅,而属于儿童生活范围之内的公民习惯养成的训练内容却相对甚少,这不仅受到修身科教育宗旨的局限和制约,也是修身科自身难以克服的弱点。显而易见,修身科教材中传统道德教育的内容怎样适应儿童的现实需求与未来生活正面临着一次剧烈的嬗变。

二、商务印书馆出版的《共和国教科书新修身》

1913 年 1 月,由包公毅、沈颐编写的《共和国教科书新修身》经商务印书馆出版刊行。该套教科书初小一、二册,与中华版一样,课业均以"有图无文"①的图画呈现,应有德目的讲解放在供教员用的教授书里讲述。在高小第一册,在编排上已经完全取消了课业中的插图,编写者开篇论及修身的意义及要旨:"自共和民国成立以来,今日之首宜注重者尤汲汲于民德之增进,盖国者集人民而成,人人品行正,风俗美,道德智识日益进步,则国之强盛,又奚待言本编所述,务取国民教育之本,情为养成伟大国民之基,修身之学,以躬行实践为主,故所取教材,不尚高远,期于道德上之普通常识完全养成,即为教育家应尽之责。"②

在高小第一册,编写者从个人修身的立场,编选了"道德"、"求己"、"自

---

①②包公毅、沈颐:《共和国教科书新修身·编辑大意》(第一册),商务印书馆 1903 年版。

助"、"不畏难"、"循序"、"专一"、"励志"、"自省"、"韬晦"、"戒贪"、"贮蓄"、"节用"、"清洁"、"饮食"、"职业"和"习勤"等德目。首先,编写者对"道德"这一德目进行了界说:"人为万物之灵,非徒恃智力之卓绝也,又必恃道德为维系焉。世界日益进化,物质之文明益发达,则道德之关系益重大。故人生世界中,对于己、对于人、对于家、对于国、对于世界、对于万物,均有应尽之职务。子思曰:'道也者,不可须臾离也,可离,非道也',盖世界者,为道德所维系之世界也,为学者,首宜注意于此。"①商务出版的这套教科书,对道德的界说超越了同期出版的其他教科书,它从个人伦理、家族伦理、社会伦理、国家伦理、世界伦理和自然伦理的视角为个体修身立命,以帮助儿童明了人生在世之应尽之职。尤其值得一提的是,该套修身教科书系列首次从自然伦理和世界伦理的角度提出修身的要求。

在第二册二十课,编写者以"爱生物"为德目编选了"张元收养被遗弃路边小狗"的故事。课文中通过张元和叔父的对话,教育儿童要有仁爱之心,在学会尊重"有生之类的性命"的基础上珍惜生命。

在第六册二十七课讲到德目"国际道德",从培养世界公民的角度提升了修身的要旨。作者在课文中讲道:"自世界大通,国与国之交际日繁,国人之待遇外人,宜以诚实、信用、亲爱、礼让为贵;未开化之国民,对于外人,或加以侮辱,或施以傲慢,于外人丝毫无损,特以野蛮示人尔,盖所谓文明国民者,不独平时之礼意殷拳也。虽在两国战争时代,苟非战斗之员,不加仇视,而敌军之失战斗力者,其待遇即与常人无异,试观红十字会之看护伤亡,敌我如一,诚不忍以国界故而泯其道德心也。"②

除此之外,商务出版的《共和国教科书新修身》系列,有大量内容涉及如何培养与共和相适应的国民,在教科书中选编了"扶弱"、"慈善"、"责善"、"宽容"、"公益"、"公德"、"公义"、"国民义务"、"人权"、"人格"、"报国"和"中华国民"等德目,对儿童进行"人、社会与国家"的常识启蒙。其中,为了适应儿童的认知特点,部分德目仍然采用"圆周法"编写,体现了课程编制的逻辑层次,也提高了儿童的学习效果。在这种意义上,商务在教科书编写水平上

---

① 包公毅、沈颐:《共和国教科书新修身》(第一册),商务印书馆1903年版,第1页。
② 包公毅、沈颐:《共和国教科书新修身》(第六册),商务印书馆1903年版,第1页。

与中华书局共同引领时代之先。

　　商务印书馆出版的这套修身教科书与中华书局所编的《新制中华修身教科书》相比，更加关注在传统道德的基础上阐释现代国民公德的内涵。除了注重传统道德的修身功能外，商务版教科书还把目光集中在"人与自然"和"人与世界"的伦理关系上，这大大地拓展了公民课程内容的选编视野或范围，而且从个人伦理、家族伦理、社会伦理、国家伦理、世界伦理和自然伦理的视角审视个体如何通过修身立命，在更加复杂的多维层面"认识你自己"①，以探究人与世界丰富的关联性问题，在更深的层次上回答了国民道德养成的可能路径。

①"认识你自己"是古希腊哲学家苏格拉底关于知识与美德提出的一个基本命题。这一命题的核心思想是"人如何才能认识自己"以及"人认识自己的最终目的是什么"。这两个问题一直成为现代西方哲学关于知识论和伦理学争论思辨的难题。

第三章

"五四"新文化精神启蒙与现代公民课程的演进

20世纪20年代,在中国发生了一场波澜壮阔的"五四"新文化运动①,这场运动从西方移植启蒙理念,在根本上动摇甚至改变了中国社会的价值观念、文明意识、思维方式乃至行为习惯,并在传统和现代、东方和西方之间的价值碰撞、批判、甄别和选择过程中,其多元思想的交融和对话深深地影响了一代又一代的中国人。"五四"新文化运动高举"科学"和"民主"两面旗帜,以"自由"、"平等"、"人权"和"法治"作为合理的价值内核,呼唤在对传统伦理的批判中为"理性"和"宽容"预留合法席位。因此,在这种意义上讲,"五四"新文化运动一方面具有彻底地反帝、反封建、反专制的正当性;另一方面又把培养现代中国公民作为努力的方向,开启了中国现代新式知识分子对中华民族崭新国民理想形象之人格塑造的实践行动。

对于长期处于封建专制统治下的国人而言,自由是一份"望梅止渴"的安慰,也是一种不安分守己的冲动,甚至还有被缀上"散漫"二字的可能以否定其合目的性的价值属性。作为一种源于人性内在趋于摆脱某种束缚的意志和本能,自由是一个敏感而富有争议且边界模糊的概念。在近代,严复是第一个把"自由"概念引入中国的启蒙大师,他对自由理解的精深和翻译之精准,无疑达到最高境界。严复在翻译密尔的《论自由》一书时,由于"自由一言,为中国历古圣贤之所深畏,而从未尝立以为教者也",所以"中文自由常含放诞、恣睢、无忌惮诸劣义",严复担心"自由"会被国人误解"为放肆、为

---

① "五四"新文化运动指1915年9月陈独秀创办《青年杂志》,历经1919年5月4日下午北京大学等13所高校学生3000多人从四面八方到天安门集会要求"废除二十一条"、"还我青岛"到1922年7月《新青年》终刊的一场思想启蒙运动。

淫佚、为无法、为无礼"①，所以煞费苦心地把密尔的《论自由》翻译为《群己权界论》，从而给中国带来了"自由"的经典定义：人是生而自由的，他可以做任何他想做的事，但必须以不妨碍他人的自由为界标。应该说，这个中文书名准确地提炼了自由主义的精髓，那就是分清公私权域，只有限制或限定公权力的使用范围，才能保障公民个体的私权利不受侵犯；只有依法规约个体的权利和义务，才能保证每一个体充分享有道德自由的权利。简言之，经公民同意和认可的宪法是保障公民自由人权的达摩克利斯之剑。

权利事关人的尊严，既然自由是天赋的属于人的不可剥夺的权利，那么，争取自由平等的权利乃天经地义。因此，梁启超认为，"人人于法律内享有自由，法律之下人人皆平等，而断不容更越此界以作别种之解释"，"争回此平等自由之权利，宁非天经地义？"②这和德国哲学家康德对公民的理解已相当接近，在康德那里，宪法规定的自由，是指每一个公民，除了必须服从他表示同意或认可的法律外，不服从任何其他法律；公民的平等，是指每一个公民有权不承认人民当中还有在他之上的人：政治上的独立（自主），这个权利使一个公民生活在社会中并不是由于别人的专横意志，而是由于他本人自由选择的权利以及作为这个共同体成员的权利，因此，一个公民的人格所有权，除他自己外，别人是不能代表的。③ 由此可见，"五四"时期新式知识分子对现代公民的内涵的理解已经达到了相当高的水平。

如果说晚清知识分子承担了对"自由"、"人权"和"平等"等普世价值在民众中间的社会启蒙，那么，"五四"新文化运动中的知识分子则更多地期待通过自身的革命性实践或实验，十分迫切地推进上述价值的现实化。因此，"五四"新文化运动鲜明地举起了"科学"与"民主"的大旗，中国人开始运用自身的理性能力分析中国的现实问题，并踏上了对"现代化"不懈追求的漫长道路。这种追求与探索极为艰辛。其之所以艰辛，就在于"现代化"就其根本来说是人的现代化，没有国民意识的全面觉醒与国民素质普遍提高，没有民主法治的社会环境，没有现代公民的诞生，现代化就永远成为中华民族复兴之路的"疼"与"痛"。

---

① 严复：《严复集》(第一册)，中华书局 1986 年版，第 2—3 页。

② 梁启超：《饮冰室合集》(专集之三十二)，中华书局 1989 年版，第 17—18 页。

③ 康德：《法的形而上学原理》，商务印书馆 1991 年版，第 140—141 页。

第一节　现代公民思想的启蒙与社会伦理价值的诉求

新文化运动是一场以欧洲启蒙运动为蓝本的思想变革运动,也是中国历史上一次伟大的反专制的思想解放运动。在 20 世纪初,这场通过概念移植发生在中国的启蒙运动,在思想资源依赖于西方的同时又遭遇欧洲思想危机。① 随着 1914 年第一次世界大战在欧洲的爆发,自由秩序迅速陷于崩溃。这对于正处于启蒙运动高潮同时面临救亡危机的中国而言,在启蒙和救亡的优先性选择问题上不可避免地受到西方经验的牵制和主导。

启蒙时代是现代性的开端,也是现代性批判的起点。理性的运用恰恰成为现代性启蒙的标志,这意味着人性首先从神性的束缚中被解放出来。显而易见,这种建立在"理性"运用基础之上现代思想启蒙运动,对现代民主国家、法治社会和市场经济的运行机制提供了制度保障,有力地推进了人类社会追求"自由"、"人权"和"平等"等普世价值现实化的历程。当然,由于其在思维方式上存在非此即彼的致命弱点,这一先天不足的主要缺陷表现在:以理性为抽象标准的追求"理性王国"的社会改造运动,有可能导致大规模破坏现存秩序的乌托邦工程;以理性化为基本特征的现代化运动,将人类的理性能力发挥到极致,导致人类理性的过度开发与运用,以致把人类带上一辆没有刹车的列车,最终带来工具理性和价值理性的彻底断裂与剥离。与此同时,由于作为绝对权威的偶像的退隐,人的主体性的彰显过度夸大了人的理性能力,每一个个体都竭力将个人理性能力发挥到极致,其追求理性运用的结果导致最终走向反理性的结局。"五四"新文化运动期间各种思潮泛起,以追求理性和宽容为宗旨,结果却出现了暴力行动,这种"打着红旗反红旗"的现象真实地反映了当时知识分子在"启蒙与革命"之间的摇摆与失衡。

---

① 19 世纪末以来,代表启蒙价值的自由主义运动盛极而衰,取而代之为科学主义的盛行。在科学主义看来,科学不仅仅是一种学说、知识体系或方法论,科学还成为一种判断其他存在者或存在是否科学或是否符合科学的标准。

一、个性主义与人权思想

"五四"时期的个性主义，就是通常所谓的个人主义。但这种个人主义决不同于个人利己主义。按照杜威和胡适的解释，个人主义有"假的个人主义"与"真的个人主义"之分，前者指"唯我主义"或"自我中心"（Egoism），其性质是自私自利，只顾自己的利益，不管群体的利益。后者指"个性主义"（Individualism），具有以下典型特征：一是独立思想，不肯把别人的耳朵当自己的耳朵，不肯把别人的眼睛当自己的眼睛，不肯把别人的脑力当自己的脑力；二是个人对于自己思想信仰的结果要负完全责任，不怕权威，不怕监禁杀身，只认得真理，不认得个人的利害。显而易见，只有这种"个性主义"才是健全的个人主义，才与独立人格和自由思想相关，但是如何才能保障这种个人主义，在"五四"新文化运动期间，以胡适、鲁迅为代表的知识分子对此从学理上进行了较为详尽的求解与辨析。

1918 年 6 月，胡适在《新青年》上发表《易卜生主义》一文，文中着重介绍易卜生关于"个人须要充分发达自己的天才性；须要充分发展自己的个性"①的主张。在胡适看来，社会是由个人组成的，如果"你要想有益于社会，最妙的法子莫如把你自己这块材料铸造成器"②。但是社会又总是十分险恶，胡适认为，"社会最大的罪恶莫过于摧折个人的个性，不使他自由发展"③。因此，胡适指出："发展个人的个性，须要有两个条件。第一，须使个人有自由意志；第二，须使个人担干系，负责任。"④他主张"极力提倡思想自由和言论自由，养成一种自由的空气，布下新思潮的种子"⑤；他还特别突出地宣传过男女平等的思想，认为男女同是"人类"，都应该努力做一个自由独立的"人"。而要成为自由独立的"人"，就必须以行动争取自己的权利。

由此可见，胡适关于"男女平等"的自由独立思想已经超越了思想启蒙在舆论上的呼吁这一层次，而是为如何在中国真正实现男女平等开出了药方。尽管这一时期正值"五四"新文化运动的高潮，各种思潮泛起且相互交织，出现了以"救亡"为中心的爱国主义与民族主义的呼声，而且这种论调日益高涨并渐渐开始压倒和遮蔽思想"启蒙"的声音，但是，胡适仍然关注如何

---

①②③④⑤胡适：《胡适文存》（四），上海亚东图书馆 1921 年版，第 32、33、34、35、24 页。

利用西方现代文明关于个人主义的核心价值来改造中国传统文化，以造就成千上万的自由独立之人格，为中国社会转型奠定思想基础。

在胡适看来，中国的当务之急是完成文化与制度上的改良，他认为，东方自由主义与西方自由主义最大的区别在于，没有抓住政治自由的特殊性，走上建设民主政治的路子。"只有民主的政治才能够保证人民的基本自由，一个国家的统治权必须放在人民手里。"[①]而"我们始终没有法可以解决君主专制的问题，始终没有建立一个制度来限制君主的专制大权"[②]，所以中国人的自由和尊严始终不能得到真正保障。在胡适看来，自由的本义是"由于自己"而非"由于外力"，这与中国古代关于"自由"即"自然"（即自己如此）的思想相互印证。胡适认为，对于个体而言，"自由不是那种内心境界，而是不受外力拘束压迫的权利。是在某一方面的生活不受外力限制束缚的权利"[③]，也可以说是一种免于恐惧的权利。在这里，胡适实际上已经触及到了消极自由的含义和精髓。因此，胡适认为，要真正实现个体的自由与独立，必须有两个条件：一是以"法治"为保障；二是要训练公民的参与能力。

胡适以西方的人权法治为参照尺度，大力倡导健全的个人主义，对中国文化传统伦理及宗法社会摧残人的个性、剥夺人的权利的做法提出严厉批判。同时，他还以"问题与主义"为题，提出以改良主义为手段，把北洋军阀政府改造为"好政府"，要求"好政府"守法，这样才能尊重和保护人民的权利。因为，在胡适看来，要保护人民的权利，必须限制君主专制。胡适指出："宪政从来就不是什么高不可攀的理想，而是一种可以学到的政治生活习惯。"[④]胡适一再强调，人民的参政能力是练习出来的，而不是训斥出来的。在他看来，民主宪政不过是建立一种规则来界定政府与人民的政治活动范围，在此范围内，凡有能力的国民都可以参加政治和表达意见，这种共同遵守规则的政治生活就是宪政。在某种意义上讲，宪政简单得如同下象棋的人必须遵守"马走日字，象走田字，炮隔子打，卒走一步"的规矩一样。胡适把宪政比喻成幼稚园的政治，他认为，在该种政治体制下运作的民治制度是训练良好公民的重要工具。"民治的制度是一种最普遍的教育制度，因为它

---

① ② ③ 胡适：《胡适文集》（十二），北京大学出版社 1998 年版，第 807—808、808、806 页。

④ 胡适：《我们能行的宪政与宪法》，载《独立评论》1937 年 7 月 11 日第 242 号。

是全国一致的,是有公民资格的人都可以参加的……凡经过长期民治制度的训练的国家,公民的知识和道德比别国要高得多。"胡适对此作出这样的解释:"他们只不过生在共和制度之下,长在民主的空气里,受了制度的训练,自然得着许多民治国家的公民应有的知识,比我们在大学里读纸上的政治学的人还高明得多。"①胡适特别重视这种在真实的民治生活情境中习得的公民知识。他强调:"公民知识是公民道德的要素,公民知识的普及是公民道德养成的重要条件。公民的知识不充分,所以容易受少数舞法奸人的愚弄。"②因此,胡适认为,民治的本身便是一种生活教育,人民参政并不需多大的专门知识,对他们来说重要的是参政的经验。民治主义的根本观念是承认普通民众的常识是根本可信任的,民治制度本身便是最好的政治训练。民众参政可以一回生,二回熟;一回上当,二回便学乖的。这是因为,"民主政治的好处在于不甚需要出类拔萃的人才,在于可以逐渐推广政权,有伸缩的余地;在于'集思广益',使许多阿斗把他们的平凡常识凑起来也可以勉强对付;在于给多数平庸的人有个参加政治的机会,可以训练他们爱护自己的权利。总而言之,民主政治是常识的政治,而开明专制是特别英杰的政治。特别英杰不可必得,而常识比较容易训练。在我们这样缺乏人才的国家,最好的政治训练是一种可以逐渐推广政权的民主宪政"③。

以宪政为基础和前提,胡适积极宣扬权利学说:"先进的民族得着的民权,不是君主钦赐的,也不是法律授予的;是无数的先知先觉奋斗力争来的,是用血写在法律条文上去的,是时时刻刻靠着无数人的监督才保障得住的。没有长期的自觉的奋斗,决不会有法律规定的权利;有了法律授予的权利,若没有养成严重监护自己的权利的习惯,那些权利还不过是法律上的空文。法律只能规定我们的权利,决不能保障我们的权利。权利的保障全靠个人自己养成不肯放弃权利的好习惯。"④因此,在胡适看来,争取自己的正当权利,就是争取自己的人格。胡适针对当时中国社会对自由和权利的误解,指出了"自由独立的人格"的重要性,他说:"把自己铸造成器,方才可以希望有益于社会。真实的为我,便是最有益的为人,把自己铸造成了自由独立的人

---

① ② 胡适:《胡适文存》(三),上海亚东图书馆 1921 年版,第 23、23—24 页。

③ 胡适:《再论建国与专制》,载《独立评论》1933 年 12 月 24 日第 82 号。

④ 胡适:《民权的保障》,载《独立评论》1933 年 2 月 19 日第 38 号。

格。"①胡适认为，世界上最强有力的人就是那最孤立的人，这也是他关于健全的个人主义真精神的观点与主张。只有具有独立人格的人，才能去争取宪法规定的权利。胡适强调，如果"现在有人对你们说：'牺牲你们个人的自由，去求国家的自由！'我对你们说：'争你们个人的自由，便是为国家争自由！争你们自己的人格，便是为国家争人格！自由平等的国家不是一群奴才建造得起来的！'"②的确，一个尊重个人自由的社会才是一个好社会，也只有具备自由独立人格和创新精神的现代公民才能建设一个现代国家，这是创造现代文明的不二法门。

胡适的卓越之处就在于，他不是把民主仅仅理解为一种政体形式，而是把民主同时理解为人的生活方式。这是他师承杜威民主主义核心价值理念的中国语境下的运用。杜威也把民主理解为一种生活方式，他进而指出，这种生活方式的形成与民主教育之间互为基础，构成一种良性循环。只有这样，人们才能真正摈弃暴力、破坏与强迫，学会以民主、协商、对话等方式解决现实中遭遇的各种问题，共谋发展之路。

在话语表达方式上与胡适形成明显对应和观照的是鲁迅。作为中国现代文化传播的主将，鲁迅在针对公民人格的建构上与胡适异途同归，他始终以"人"为主题贯穿其思想主线，正如钱理群先生的分析指出，鲁迅最关心的是"人在中国社会结构与中国历史中所处的地位与真实处境"③。为此，鲁迅从两个维度上进行了深刻的分析：一是对历史与现实的"国民性弱点"的反省与批判；一是对具有自由独立精神的理想人格的渴望。前者基于对人的被奴化危险的警惕而对国民性的解构，后者基于他的"立人"思想。一破一立，二者构成了鲁迅思想的两个基本方面，形成了鲁迅完整的"人学"思想。在鲁迅的观念中，"把人当做人"，还是"使人成为奴隶"是区分"传统社会"与"现代社会"的一个基本的价值标准与尺度，这也是他观察与思考一切历史与现实问题的基本出发点。正是在这个意义上，鲁迅认为中国传统文化是一种彻底使人"奴化"、造就奴隶的文化。但鲁迅没有泛泛而论，而是描述这样一个基本事实：

无论是普通国民，还是知识分子，他们中的大多数都是处于被奴役、压

---

① ② 胡适：《胡适文选》，上海亚东图书馆 1930 年版，第 9、10 页。
③ 钱理群：《拒绝遗忘》，汕头大学出版社 1999 年版，第 5 页。

迫的境地,尽管他们自身的弱点,特别是根深蒂固的奴性,成为了强权统治的社会基础,但"奴隶"与"主子"、"奴才"的区别却是不可混淆的(至于"奴"与"主"之间的转化则是另一个问题)。①

对国民性的批判,是"哀其不幸,怒其不争",要启发民众自己觉悟,反抗压迫与压迫者。鲁迅把自己的批判锋芒最终引向奴役者与奴役制度本身,并因此对任何有可能(无论有意还是无意)帮助压迫者逃脱罪责的言行保持着高度的警惕。正是在这样的认识指导下,鲁迅终其一生都在自觉地用其"立人"思想作为民众启蒙的火炬一以贯之地高高擎起。所谓"立人",就是使人明白,自己的命运要由自己来支配,"立"人本身意味着对奴隶地位的彻底摆脱。所以,鲁迅极为看重人的精神独立与自由,也就是一个以真实自我为内涵的独立人格:"我"不再是"我们"的一个复制品,"我"不再微不足道。有人正是在这个意义上指出:鲁迅所说的"吃人"是指对人的个体精神自由的否定,对人的生存发展的贬抑。② 所以,鲁迅沉痛地发出了"救救孩子"的呼声,他是希冀新生的一代能够真正走出这种被奴役的状态,自己把握自己的命运,自己成为自己的主人。在他看来,没有孩子,国家和民族就没有未来;没有独立人格的个体,怎能建设富强、民主、平等的世界强国? 于是,"爱人"和"立人"成为鲁迅"立国"思想的核心要素。

151

"五四"时期的鲁迅,他的思想一直纠结在对广大民众"哀其不幸,怒其不争"的懦弱国民性格的认知层面,一方面竭力弘扬"爱人"的人道主义理想,推己及人,促进人类社会的进化或进步;另一方面则继续宣扬个性解放的"立人"主张,实现个体的独立和自由人格。简言之,他以个性主义和人道主义作为批判传统纲常名教的现代性思想资源。在《我们现在怎样做父亲》一文中,鲁迅表达了其思想中"爱己"与"爱人"的两重性。在鲁迅看来,"爱"是人的天性,对于任何国家的任何人而言均是一件应当之事,"爱己"是保存生命的要义和继续生命的根基,而"爱人"则是发展生命即进化的条件。因而以幼者或弱者为本位的道德才合乎进化的法则,"所以觉醒的人,此后应将这天性的爱,更加扩展,更加醇化;用无我的爱,自己牺牲于后起新人"③。

---

① 钱理群:《拒绝遗忘·自序》,汕头大学出版社1999年版,第4页。

② 王乾坤:《关于"吃人"》,载《鲁迅研究月刊》1996年第2期。

③ 鲁迅:《鲁迅全集》(第1卷),人民文学出版社2005年版,第140页。

鲁迅没有从现代人类文明"弱者优先"的伦理秩序来解释幼者本位,而是从进化的法则予以探讨,其实蕴藏着人类爱己及人的道德义务和伦理自觉。

其实,在鲁迅的思想中,他始终以"爱人"的情怀把"立人"与国家的未来结合起来,他说:"惟有民魂是值得宝贵的,惟有他发扬起来,中国才有真进步。"①鲁迅以先知的判断力和犀利独到的眼光,在20世纪早期就意识到,中国的现代化,不仅仅是建设一个独立的现代化国家,即"立国",更重要的是实现人的个体精神自由,即"立人",而"立人"是"立国"的根本。否则,"立国"就只是建立在海市蜃楼基础上的空中楼阁。因为在一个遍地都是阿Q的国度里,革命即便成功了,也没有什么实质意义。所以,不从根本上解决"立人"的问题,现代化就只能是画饼充饥与望梅止渴。因此,鲁迅的思想意义就在于,他不断提醒我们在追求国家的独立、富强和民主的同时,还应自觉地追求人的个体精神独立与自由,只有以"立人"和"立国"确立起现代化的双重目标,我们才能从历史的失败中汲取积极的警示意义,并将它们作为我们民族奋起的真正起点,最终屹立于世界强国之林。

由上可见,在胡适和鲁迅的个人主义思想背景中总是隐藏着民族主义思想的潜在动力。正如汪晖所言:"中国社会的兴盛与灭亡实际上正是几代启蒙思想家的最基本的思想动力和归宿,无论他们提出什么样的思想命题,无论这个命题在逻辑上与这个原动力如何冲突,民族思想都是一个不言而喻的存在,一种绝对的意识形态力量。"②而他们之所以选择个人主义这一思想武器,是因为其有利于实现中国的富强。他们都倡导思想文化的革命,认同西方文化的价值,接受并宣传了个人主义思想,要求创造新人,并且克服了历史所产生的情感因素,对传统文化进行了整体性的批判,这也是他们早期在"五四"新文化运动中之所以成为战友的原因。但是,他们在对于个人如何促进国家富强上出现了分歧。胡适试图通过改良主义拯救中国,即在帮助政府成为好政府的前提下鼓励个人争权利。而鲁迅则通过国民性批判表达他的"哀其不幸,怒其不争"的人文关怀,他试图通过"立人"追求个体的精神自由,继而实现国家独立。这种思想分歧所追求的结果都是国家富强

---

① 鲁迅:《鲁迅全集》(第3卷),人民文学出版社2005年版,第222页。

② 汪晖:《预言与危机——中国现代历史中的"五四"启蒙运动》,见汪晖:《无地彷徨:"五四"及其回声》,浙江文艺出版社1994年版,第26页。

与独立,因此,在某种意义上可谓殊途同归。

对于胡适和鲁迅来说,个人主义思想本身也存在其内在价值,但是更重要的是因为它具有帮助中国生存的工具价值,因而从这一点上看,他们实质上继承了严复、梁启超"新民"的思路。所以,他们注重的是个人主义理论与中国现实结合的理路,不是通过探求个人主义在历史上的变迁和传承来研究个人主义的整个理论,而是按照自己的需要去吸收和丰富个人主义的理论,这就导致了他们对个人主义理解层级和表述思路的不同了。

二、社会主义思潮与国民教育思想

在 20 世纪初,有两起国际事件震惊了中国,一是 1914 年 7 月爆发、历经四年零三个月结束的第一次世界大战;一是 1917 年列宁领导的俄国十月革命取得成功。这一败一胜之间的强烈对照和鲜明对比,对于一个习惯于"非此即彼"的常识性思维,面临多种发展路向选择的困境以及急功近利的民族而言,其个中意义不言而喻。1919 和 1920 年间苏俄政府两次发表对华宣言,它使中国人民倍受鼓舞,民族意识高涨。巴黎和会激发了"五四"运动,苏俄对华宣言则推动"五四"运动深入发展,并推动革命民主主义者孙中山与苏俄结盟,加快了马列主义在中国的广泛传播,进而引发了社会主义思想的大辩论。其中以李大钊、张君劢、张东荪为代表的言论影响最为深远。

作为马克思主义和科学社会主义思想在中国传播的第一人,李大钊坚信社会主义必然在中国取得最后胜利,在深入学习和研究马克思的社会主义理论后,他结合中国革命的实际对社会主义的蓝图进行了初步的勾勒,并提出当下必须普遍关注和急迫需要解决的问题。

首先,要建设社会主义社会需要新国民。针对国民中普遍存在性格卑怯、信力不信理、靠人不靠己、屈从强者的奴性和依附性心理,李大钊认为,这种人性中的卑劣性,"在政治上相见,就想引政治以外的势力;在学术上相遇,就想引学术以外的势力。我尝追究这个原因,知道病全在惰性太深、奴性太深,总是不肯用自己的理性,维持自己的生存,总想用个巧法,走个捷径,靠他人的势力,摧除对面的存立"①。因此,在如何培养新国民这个问题上,李大钊主张利用教育和人格感化的力量。他指出:"若夫国民教育,其培

---

①⑧ 李大钊:《李大钊全集》(第二卷),人民出版社 2006 年版,第 313、121 页。

根固本之图,所关至钜,余当更端论之。"①即通过国民教育,根除民族性格中传统文化的糟粕性遗存,"自觉近世公民之新精神"③。他还认为文学作品是教育国民的一种好工具,因此呼吁救世之大文豪应运而出,奋生花之笔歌离黍之章,唤醒众生于罪恶迷梦之中,否则"精神上乏优美高尚之感化,忏悔之念,亦无自而发"④。他由衷地欢呼:"由来新文明之诞生,必有新文艺为之先声,而新文艺之勃兴,尤必赖有一二哲人,犯当世之不韪。"⑤同时,李大钊还提出了"人格感化"的设想,期望通过为国人树立理想的道德楷模,使民众发忏悔之心,从而达到改造国民性的目的。他认为"一群之中,必有其中枢人物以泰斗其群,是曰群枢","而风俗之厚薄,自乎一二人之心之所向"。⑥那么谁来充当这个楷模呢? 李大钊认为是"上流阶级",他相信"上流阶级"的"以身作则"定可祛除国人所染的专制政治的余毒,通过对传统文化价值的传承和西方现代文明价值的选择,以此改造国民文化心理,提高国民之修养。"惟在上流阶级,以身作则,而急急以立宪国民之修养相劝勉。立宪国民之修养维何? 即依吾儒忠恕之道,西哲自由、博爱、平等之理,以自重而重人之人格,各人均以此惕慎自恃(持),以克己之精神,养守法循礼之习惯,而成立宪国绅士之风度。"⑦为此他还专门提出过"以中级社会为中枢"的中心势力创造论,主张"顺世界文明之潮流,别造一种新势力以代之。此之势力,必以中级社会为中枢,而拥有国民的势力,其命运乃能永久"⑧。由此可见,李大钊的国民教育思想是建立在中产阶级的基础上,而决定中产阶级力量的根本因素是经济问题。

正是基于对中国国民性问题的基本认识和把握,李大钊提出了一条全新的国民培养途径,即把改造中国国民性与改造中国社会经济组织相结合,以彻底摧毁封建、半封建的经济基础作为新民的必要途径。李大钊主张"物心两面"的改造:"我们主张以人道主义改造人类精神,同时以社会主义改造经济组织,不改造经济组织,单求改造人类精神,必致没有效果;不改造人类精神,单求改造经济组织,也怕不能成功。我们主张物心两面的改造,灵肉一致的改造。"②因为"经济组织没有改变,精神的改造很难成功。在从前的

---

①③④⑤⑥⑦ 李大钊:《李大钊全集》(第一卷),人民出版社 2006 年版,第 43、139、70、168、89—90、315—316 页。

②②④ 李大钊:《李大钊全集》(第三卷),人民出版社 2006 年版,第 35、12、12 页。

经济组织里,何尝没有人讲过'博爱'、'互助'的道理,不过这表面构造(就是一切文化的构造)的力量,到底比不上基础构造(就是经济构造)的力量大。你只管讲你的道理,他时时从根本上破坏你的道理,使它永久不能实现"②。但同时,李大钊也肯定了精神改造对新民的必要性,他认为,"道德之进化发展,亦泰半由于自然淘汰,几分由于人为淘汰,经济基础改变以后,旧的道德迟早必归于消灭,吾人为谋新生活之便利,新道德之进展,企于自然进化之程,少加以人为之力,冀其迅速蜕演"③。这"人为之力"指的就是精神改造,不仅如此,这个精神的改造,"实在是要与物质的改造一致进行,而在物质的改造开始的时期,更是要紧。因为人类在马克思所谓'前史'的期间,习染恶性很深。物质的改造虽然成功,人心内部的恶,若不划除净尽,他在新社会新生活里依然还要复萌,这改造的社会组织,终于受他的害,保持不住"④。李大钊以先驱者的眼光看到了经济基础对人的现代化的决定性影响或作用,从而提出了中国国民性的改造必须与社会经济组织的改造相结合,指出只有改变中国封建、半封建的社会经济基础,才能塑造出西方资本主义民族的国民性,这一新民思想达到了当时所能达到的最高认识水平,闪耀着马克思历史辩证唯物主义的光芒。

与李大钊革命改造的社会主义不同的是,张君劢所心仪的演进性社会主义则主张,中国采行社会主义的目的,在于预防革命的发生,在于采用一种渐进式的合法方式实现社会主义。因此,张君劢倡言力主德国社会民主党式的社会主义,以法治的手段制衡或压抑个人的自私自利。他认为,社会主义的真谛是"社会所有",它包括土地与生产机关的公有、公共管理和公众福利分配三项内容。由于私有制造成了贫富悬殊,因此,必须废除私有财产制度,实行生产自治团体的公有化,由公共团体经营生产自治团体。这里的所谓生产自治团体,即按行业组成自治团体,其管理之权,由生产者、消费者、工厂主、工人和国家共同负责,而利益所入,则归之于全国。因这两方面的内容,也就决定了其企业生产的赢利所得和私人企业的赢利所得不同,不是归于私人企业主,而是归于公共团体,除部分作为工资付给管理人员和工人外,其余则用于社会福利,如发展教育,以增长人民知识,设养老金,使老幼皆有所养等等。由此可见,在张君劢看来,社会主义的精神实质就是"尊

---

③ 李大钊:《李大钊全集》(第一卷),人民出版社 2006 年版,第 247 页。

社会之公益，而抑个人之私利"。基于此，社会主义主张尊重社会公道，限制个人自由；废除私有财产，收归社会所有；变私人经营为国有化。① 此外，他还批驳了种种"社会主义不适合中国"的流行观点，而坚持认为："居今日工业未兴之中国，欲确定工业新组织，免阶级之战争，舍自始采取社会主义而施行社会所有法外，殆无他道。"②这也是在关于中国现代化典范选择问题上，张君劢反对走俄国式布尔什维克主义道路，而坚持走德国社会民主主义道路的缘由之一，他在对德俄革命进行比较的基础上，认为俄国采用的是非法律的暴力手段，而德国采行的是法律手段。信奉法治主义的张君劢主张渐进式的改良，在社会公德和个人自由之间进行调和，最终实现民主式的社会主义。张君劢提出以公共团体经营由企业工厂建立的行业自治团体的思想，有助于公民社会的形成。这里的公共团体在公民社会中是一种常见的非政府组织，它可以在某种意义上发挥政府不能起到的作用。因此，这在理论上具有一定创新价值。但是，他在分析"公益"与"私利"时采用了二元论观点的视角，实际上是把二者对立起来，从而陷入了理论思维的误区和陷阱，后期提出的调和主义在一定程度上克服了这一理论缺陷。

在"五四"期间，各种关于社会主义争论的思潮此起彼伏，值得一提的还有曾留学日本和游历欧洲的张东荪，他一直徘徊于社会主义与自由主义之间。张东荪自幼受到的良好的启蒙教育，使他心灵和精神上或多或少地带有儒家的传统，或者说是中国的传统文化所带来的一种被深深烙上"大同"色彩的群体精神，这一内在气质恰恰在心灵上与社会主义精神有着契合的一面。在分析社会主义特征时，张东荪将人类文明的演进分为三个时期，在他看来，第一种文明为"习惯与迷信的文明"，即古代宗教文明；第二种文明为"自由与竞争的文明"，即现代西方文明；第三种文明是"互助与协同的文明"，即未来的社会主义文明。他指出，与第二种文明的个人主义道德、国家主义制度、竞争主义经济和唯物主义思想相反，第三种文明将具有以下特征：

思想道德上以社会为本位，经济上以分配为本位，制度上以世界为本位，社会上消除阶级差别。新文明崛兴的历史契机是第一次世界大战。这

---

① 张君劢：《社会所有之意义及德国煤矿社会所有法草案》，载《改造》3 卷 11 号。
② 张君劢：《悬拟之社会改造同志会意见书》，载《改造》4 卷 3 号。

次大战使西方式的第二种文明危机毕露,资本主义和国家主义已趋于穷途末路,难以为继。资本主义必然导致阶级悬隔和社会分裂,而国家主义则难免武力相争和国际战争之祸。未来的世界将依照第三种文明的原则来改造。中国虽然尚处于第一种文明与第二种文明之交,但不应再提倡第二种文明的知识和道德,而应致力于第三种文明的培养。①

因此,社会主义在张东荪看来就是要"提倡互助的精神,要培植协同的性格,要养成自治的能力,要促通合群的道德,……是互助与协同的文明"②。由此可见,张东荪以第三种文明勾勒他理想中的大同世界,这在当时看来也实为超前。

以上阐述了李大钊、张君劢和张东荪为代表的关于社会主义的思想或论说。虽然三人从不同的视角或层面提出了社会主义社会的本质观,但是,三人对社会主义社会下个体的自治能力均给予高度重视。其中,李大钊以经济基础作为衡量社会中层阶级力量的依据,试图以改造国民性和改造经济组织相结合的途径,彻底摧毁封建和半封建社会的经济基础,从而实现国民性的改造,塑造出西方民族主义"博爱、互助和独立"的国民性;张君劢以德国民主社会主义作为思想资源,借助法律武器在社会公共道德和个人自由之间进行调和,以渐进式的改良主义实现社会伦理的转型;张东荪则以大同世界的第三种文明提出了国民教育在提升人的公德素质方面的努力方向,实为当时中国教育现状与现代化追求之动力。

三、国家主义伦理与个人自由

辛亥革命之后,古老的帝国变成了民国,一个新的国家诞生了,但是一批"五四"启蒙者如陈独秀等人痛苦地看到,上至总统总理等国家领导人,下至士农工商普通百姓,多数人并不清楚这片土地上发生的变化,不明白民国与帝国不同的性质,所以,共和国的政治陷入一片混乱,一时难入正轨。其实,这一切不难理解,因为作为亚洲第一个民主共和国的中华民国的诞生的确有些仓促,历史的准备显然不足。人们可以迅速完成共和国的制度设计

① 张东荪:《第三种文明》,见蔡尚思主编:《中国现代思想史资料简编》(第1卷),浙江人民出版社1981年版,第612—615页。

② 邱若宏:《张东荪"社会主义"思想述论》,载《湖南师范大学社会科学学报》1999年第1期。

和宪法草案,却无法迅速造就合格的现代国家公务员和合格的现代公民。面对中华民族走向共和第一步遭遇的挫折和困境,后来的人们往往脱离历史语境,满足于抨击当日时政,从对袁世凯的指责中获得实现民主共和之梦的一种精神快感。但当时那些清醒的人们知道,发生的一切都不奇怪:一方面,袁世凯和他的同僚们,几天前还是帝国的臣子,转眼就成了民国的总统,这个总统怎么做,他们既不清楚,更不习惯,他们更习惯于按照传统的规矩行事,而传统的规矩就是专制君主制度之下的那一套;另一方面,作为刚刚诞生的共和国的公民,人们更没有意识到自己由帝国臣民或子民到民国主人这种身份的转变,进衙门去见自己花钱聘用的政府官员,仍然要像鲁迅所描写的阿Q那样,不自觉地就要跪下。鉴于这种情况,陈独秀等人做出了与袁世凯、孙中山等不同的选择,要培养青年的公民意识,造就现代公民,从而为共和国奠定一个稳固的国民基础。而要培养现代公民意识,首先就要播撒现代国家理念的种子。在这方面,陈独秀虽然有足够的自觉,而且在《爱国心与自觉心》中有集中的表述,但是,他毕竟缺少专业训练,对现代国家法理的方方面面,难有全面而准确的把握。因此,高一涵的出场弥补了陈独秀知识结构的缺陷,他连续发表文章,致力于现代国家理念的传播,从国家伦理层面为建立民主共和国提出了建设性建议。而且在这方面,高一涵与陈独秀基本见解一致,对陈独秀的努力给予了全面的配合。陈独秀发表《敬告青年》,选定青年作为言说的对象,与青年探讨"修身治国之道"①,高一涵的文章谈的是"共和国家与青年的自觉";陈独秀发起伦理的革命,高一涵论述的是现代国家伦理;陈独秀致力于唤醒个人,高一涵论述"国家非人生之归宿"。总之,新文化运动初期的那些主题,大多由陈独秀提出,而在高一涵那里得到深入的阐发。可以说,正是高一涵使《新青年》一开始就充分显示了同仁刊物思想上的一致性和团体作战的特色,并且为《新青年》增添了现代思想的理论色彩和现实关怀。

与前代人相比,《新青年》的同仁们最突出的特点之一,就是思考问题的出发点不再仅仅停留在救亡层面。他们更多地从个人权利出发,试图根据自由主义理念重构国家和社会伦理秩序,因此,首先需要唤醒个人,重新确立个人与国家、社会的关系。在这一方面,高一涵的贡献是巨大的。他一系

---

① 陈独秀:《社告》,载《青年杂志》1915年第1卷1号。

列文章的核心内容就是个人与国家关系的论述。

要弄清个人与国家的关系,就不能不面对不同国家的不同性质。高一涵首先说明共和国与专制国的不同:"专制国家,其兴衰隆替之责专在主权者之一身;共和国家,其兴衰隆替之责则在国民之全体。专制国本建筑于主权者独裁之上,故国家之盛衰随君主之一身为转移;共和国本建筑于人民舆论之上,故国基安如泰山,而不虞退转。为专制时代之人民,其第一天职,在格君心之非,与谏止人主之过,以君心一正,国与民皆蒙其庥也。至共和国之政治,每视人民舆论之为运施,故生此时代之人民,其第一天职,则在本自由意志(Free will)造成国民总意(General will),为引导国政之先驰。"①在《民约与邦本》中,他又着眼于人民与国家的关系,写下了这样的思考:"往古政治思想,以人民为国家而生,近世政治思想,以国家为人民而设","宪法由国家主权而生,非以限制国家自身之权力,乃以限制国家机关之权力。即规划政府对于人民布政运权之范围者也"。②他告诉人们,现代国家的宪法来自人民,是限制国家机关的,不是限制人民的。国家主权在民,如果政府不能很好地履行职责,人民就可以更换政府。他强调说:"古今国家观念之根本差异,即在此主权所在之一点。"③也就是说,古代国家主权在君,现代国家主权在民,这是根本差异。这种论述,从本质上阐释了什么是国家的现代性。

在论述共和国的性质时,高一涵是这样提出问题的:共和国为何物? 他告诉人们,共和国有其形式,又有其精神。形式是什么? 他讲了两点:一是国家主权在民;二是共和国元首权力来自公民选票。"主权在民"是高一涵反复论述的一个命题。在论及共和精神时,高一涵解释说:"共和原文,谓之Republic。考其字义,含有大同福祉之意于其中,所以表明大同团体之性质与蕲向者也。就法律言,则共和国家,毕竟一律平等,一切自由,无上下贵贱之分,无束缚驰骤之力,凡具独立意见,皆得自由发表,人人所怀之意向,蕲求感情利害,苟合于名学之律,皆得尽量流施,而无所于惧,无所于阻。就政治言,使各方之情感思虑相剂相调,互底于相得相安之域,而无屈此伸彼之弊,致国家意思为一党一派一流一系所垄断。故民情舒放,活泼自如,绝不

---

① 高一涵:《共和国家与青年之自觉》,载《青年杂志》1915 年第 1 卷 1 号。
②③高一涵:《民约与邦本》,载《青年杂志》1915 年第 1 卷 3 号。

虞抑郁沉沦,以消磨其特性而拘梏其天机。"高一涵还强调了共和国的法理秩序:"人民创造国家,国家创造政府,政府者立于国家之下,同与全体人民受制于国家宪法规条者也。执行国家意思,为政府之责。而发表国家意思,则为人民之任。"人民如何发表个人的意思而使之成为国家意思呢? 私下议论当然不够,而是要诉诸舆论,所以共和国必须有言论自由和出版自由作为保障;要通过议会,所以要有自己选举的议员作为代言者。① 高一涵提出通过实施宪政保障国家的法理秩序,这一主张在今天看来实属振聋发聩。

在论述个人自由是否会损害国家自由以及个人的自由如何与国家自由相调适这两大问题时,高一涵认为,国家是物业公司,人民是业主。他指出:"国家为人而设,非人为国家而生。离外国家尚得为人类,离外人类则无所谓国家。人民,主也;国家,业也。所业之事,焉有不为所主者凭借利用之理?"②这样,便将个人自由立于国家自由之基础地位,没有真正的个人自由,国家自由是难以保障的。论及现代国家的性质,高一涵反复强调的是:国家是人创造出来的,是保障人民权利的工具,个人与国家的本末关系不能颠倒。他反复强调说:"盖先有小己后有国家,非先有国家后有小己。为利小己而创造国家,则有之矣;为利国家而创造小己,未之闻也。"他批判一些以国家为目的的人,"殊不知国家为人类所创造之一物,其实有体质,即为人类所部勒之一制度,用为凭借,以求人生之归宿者也"。一事之起,必有因由,人为什么要建立国家? 高一涵回答说,人们之所以需要国家,并且愿意付出代价养活国家,说到底是为了保障个人的权利。因此,如果国家不能满足人民需要,或违背了人民的愿望,就失掉了存在的合法性。"制度而不适于人群,斯直无可存之资格,终亦必亡而已矣。"③

众所周知,古代的帝国或王国,与现代国家性质完全不同。在帝国或王国,国家是帝王的私产,是他们自身或祖先为子孙打下的家业,人民和土地不过是他们的占有物。在这样的国家,"普天之下,莫非王土;率土之滨,莫非王臣",表述的都是基本事实,子女玉帛皆属帝王所有,人民只有老老实实、战战兢兢地夹着尾巴做人,其权利当然无从说起。但是,在英国革命、法国革命和美国建国之后,世界上却出现了一种新的国家,即现代国家。在这

---

① 高一涵:《共和国家与青年之自觉》,载《青年杂志》1915 年第 1 卷 1 号。

②③高一涵:《国家非人生之归宿论》,载《青年杂志》1915 年第 1 卷第 4 号。

种现代国家,情况完全变了:国家是全体公民的,主权在民;政权出自选票,执政者只是人民选聘的管理者;宪法是人民制定的,用以限定政府的权限,并防止执政者僭越或违背人民的意志。这种现代国家首先出现于西方,但在辛亥革命之后,中国也开始了这场伟大的历史转换,国家从帝王手中转移到人民手中,不再是帝王或某个集团的占有物。这是一个划时代的转换,从这种意义上讲,一般的中国人在这时候才有了自己的具有现代意义的国家。①

综上所述可以看出,高一涵关于国家伦理和个人权利的这些言说,与陈独秀当时的努力方向极为一致,目的都是为了唤醒个人,为共和国培养新一代公民。为培养新一代公民,他们首先强调的就是权利意识,首先阐明的是个人与国家的关系。这恰恰是新文化运动最初的着力点。不过,高一涵的言说所具有的学理上的系统性和严密性,是当时一般人所无法企及的,像陈独秀、胡适、鲁迅等人也只能望其项背。因为在《新青年》创办之际,高一涵正就读于日本明治大学政法系,学的是政治和法律,而且即将毕业。正是因为这样的专业基础和学科背景,使高一涵的国家理念不仅与前代人康有为、梁启超等大不相同,而且比鲁迅、胡适、陈独秀等人更加全面和周密。因此,在"五四"新文化运动中,高一涵发文阐述的公民常识,其启蒙的价值意义更为彰显。

161

四、平民主义教育思想及行动

1919 年,杜威来华讲学,极大地促进了平民教育思潮的传播。他在北京、上海、南京、福建等地多次演讲,大谈平民教育:"因为共和国者,则必须实行平民之政治;欲实行平民之政治,非有平民之教育不可";"夫平民教育者,公共之教育也,国民人人所应享受者也"。② "什么叫平民主义的教育呢?就是我们须把教育事业为全体人民着想,为组织社会各个分子着想,使得它

---

① 钱玄同对此有所论述,他认为,若从中华民国自身说,它是公历 1911 年 10 月 10 日产生的,那一日才是中华民国的真纪元。就中国而论,这日是国民做"人"的第一日;就世界而论,这日是人类全体中有四万万人脱离奴籍,独立做"人"的一个纪念日。

② 单中惠、王凤玉主编:《杜威在华教育讲演》,教育科学出版社 2007 年版,第 51 页。

成为利便平民的教育，不成为少数贵族阶级或有特殊势力的人的教育。"①
"我们既然说平民教育，那就不可不顾大多数平民的生活。我们须把教育普
及到大多数的平民身上去，使得他们觉得这种生活有乐趣……我们实施平
民教育的宗旨，是要每个人受切己的教育；实施平民教育的方法，是要使学
校的生活真正是社会的生活。"②杜威关于平民教育的思想受其民主主义教
育理论的影响，他对中国现代教育最重要的影响之一，体现在1922年新学制
《壬戌学制》）的制定。新学制反映了当时社会发展对新教育的要求，提出
了作为教育宗旨的"七项标准"："发挥平民教育精神；注意个性之发展；力图
教育普及；注重生活教育；多留各地方伸缩余地；顾及国民经济力；兼顾旧
制，使改革易于着手。"③新学制明确地将"发挥平民教育精神"作为国家指导
教育的基本方针，鲜明地体现了"五四"文化的价值和时代精神。其中，"适
应社会进化之需要"、"谋个性之发展"、"注意生活教育"等条款，均为进步主
义教育思想的体现。

1919年，平民教育的宣传出现了高潮，3月，蒋梦麟发表文章，称平民教
育或曰"民权教育"，指出"此次世界大战之结果，平民主义已占胜势，世界潮
流且日趋于平民主义"，称中国应步趋世界潮流，加强平民教育、发达人权教
育。"强国之道，不在强兵，而在强民。强民之道，惟在养成健全之个人，创
造进化的社会。"④12月，李大钊发表文章，主张普遍建立劳工补习教育机
关，给工人以教育。1920年3月29日至31日、4月2日至3日，几乎连续五
天在武汉《国民新报》上登载了恽代英发表的《平民教育社宣言书》。作者针
对当时中国教育未能普及的现实以及实业不振的原因，指出了平民学校的
好处，并拟定平民教育的纲领、宗旨及行动方案，为中国现代教育追求国民
独立、平等精神的发展开辟了广阔的天地。

其间，以北京大学中文系二年级学生邓中夏为首，由许德珩、罗家伦等
人参与发起的北京大学"平民教育讲演团"（以下简称平教团）成立，宣称"平

---

①②单中惠、王凤玉主编：《杜威在华教育讲演》，教育科学出版社2007年版，第237、
242页。

③《教育部召集之学制会议及其议决策》，见璩鑫圭、唐良炎主编：《中国近代教育史
资料汇编·学制演变》，上海教育出版社1991年版，第977页。

④蒋梦麟：《和平与教育》，见马勇主编：《蒋梦麟教育思想研究》，辽宁教育出版社
1997年版，第43页。

民教育是教国民人人都有独立人格与平等的教育","以教育普及与平等为目的,以露天讲演为方法","以增进平民知识,唤起平民之自觉心为宗旨"。在谈到教育的途径时平教团认为,教育有两种,一是"以人就学"的教育,一是"以学就人"的教育。前者主要指现有的学校教育,后者更多的是学校之外的社会教育。在绝大多数普通人还无法进入学校求知识的情况下,在对现有制度化的学校教育无法干预的情况下,平教团采取的是后一种方式来实现他们的平民教育理想:不断下乡进行讲演,内容涉及生产、生活等诸多方面知识,提高平民思想觉悟,启发其自主意识等。

平教团所做的工作仅仅停留在宣传、发动、号召的层面,真正意义上的实质性推进是在1923年。这年5月,中华平民教育促进会筹备会在上海召开,晏阳初被推为总干事之一,并通过了《中华平民教育促进会简章和组织大纲》。这样,全国平民教育总的领导机构——中华平民教育促进总会遂于8月26日正式成立。机构的成立,推动了全国平教运动的广泛展开,平教工作范围进一步扩大。平民教育运动最初是以识字教育的姿态出现的,运动的中心集中在城市平民、苦力、士兵身上,为他们创办成人业余"民众学校",编写了一系列千字教科书,授课识字,还教授简单的卫生知识和公民常识。但是,随着运动的深入,他们越来越认识到,中国问题的关键在占全国人口的85%以上的农村。于是,平教总会设立农村教育部,自此,平教运动的中心由城市转向了农村。平教总会迁往定县,开始定县实验,从而将平教运动带入一个新的阶段——农村改造建设阶段。

通过社会调查,晏阳初认为,农村的问题千头万绪,但最基本的可以用四个字概括,这就是:愚、穷、弱、私。"所谓愚,系指中国人民有80%是文盲;所谓穷,是说最大多数的人民是在生与死的夹缝中挣扎,谈不到什么生活程度,生活水平线;所谓弱,指大多数人民是病夫,根本谈不上科学治疗和卫生;所谓私,指大多数人民不能团结,不能合作,缺乏道德陶冶与公民训练。"[①]因此,晏阳初确定平民教育的四大内容:"以文艺教育救愚,以生计教育救穷,以卫生教育救弱,以公民教育救私。希望中国人,人人都是富有知

---

① 晏阳初:《中华平民教育促进会定县工作大概》,见马秋帆、熊明安主编:《晏阳初教育论著选》,人民教育出版社1993年版,第50页。

识力、生产力、强健力和团结力的新民。"①在晏阳初的平民教育理论体系中，通过公民教育发展农民的公共意识是最为核心的目标之一。

在实施公民教育方面，晏阳初认为，要在一国社会的基础上培养农民的团结力、公共心和合作精神，而且要在人类普遍共有的良心上，发达他们的判断力、正义心，使他们皆有自决自信、公是公非的主张；同时通过良好的公民训练，使他们具有最低限度的公民常识和政治道德，以奠立地方自治的基础。为此，晏阳初提倡进行国族精神研究，由公民教育部编辑了一套弘扬"国族精神"的读物——《历史图说》，通过对历史上伟人的介绍，培养农民的忠贞爱国等精神，并且进行农村自治研究，对农民进行公民知识的教育。

就四大教育的实施而言，晏阳初强调必须坚持两个原则，一是四大教育应连锁进行，相辅相成；二是四大教育应切合农民生活。"四大教育的主要实施方式有三种，一是学校式，二是社会式，三是家庭式。"从前的看法以为，学校之教授是教育的全部，从平民教育的立场看，学校的方式只是一种方式。"学校式的实施以文字教育为主，注重于工具知识之传授与基本训练，注重于个人的教学。社会式的实施以讲解表演及其他直观与直感教育的方法为主，注重团体的共同教学。家庭式教育或为中国特殊的而又是必需的一种方式。家庭在中国社会结构上，占有特殊的地位，欲改善中国的生活方式，必须从家庭做起。"②

与晏阳初处于同一时代，对于当时中国国民素质低下深有感触的陶行知曾经做过分析：四万万中国人中只有八千万人能读书，三万万二千人不能读书，除掉小孩，还有两万万不识字。他认为一个不识字的人，就像失了耳目一样，什么事都不能办。一个国家富强的根本在于劳动者的素质，中国富不富，国力强不强，关键在于国民的整体素质，提高国民整体素质是平民教育的宗旨。③ 因此，平民教育在陶行知看来首先是面对多数人的教育，然后是教人生利的教育。只有四万万人学会了生利，自发组织社会，才可以实现改造社会的目的。

陶行知以"爱满天下"的宗教情怀推行平民教育，为农民、为店员、为警

---

①②晏阳初：《中华平民教育促进会定县工作大概》，见马秋帆、熊明安主编：《晏阳初教育论著选》，人民教育出版社 1993 年版，第 52、93 页。

③ 参见胡晓风等主编：《陶行知教育文集》，四川教育出版社 2007 年版，第 96 页。

察、为囚犯、为士兵、为僧人等办起各类平民教育机构,他甚至想为土匪办改造教育。他脱去西装皮鞋,戴上瓜皮帽,穿上马褂长衫,认为自己彻底平民化了。他下乡与老牛睡在一起,办乡村教育;他进城与贫苦大众打成一片,为城乡穷苦工人办工学团。他为孤儿难童办育才教育,像乞丐武训一样,募捐办学,"捧着一颗心来,不带半根草去",一心一意"为农民烧心香"。

陶行知力主平民教育要教人生利,首要的就是通过职业教育教人解决生计问题,教人"生利之技能"。他批评中国的乡村教育是"消费"的教育。他在《中国乡村教育之根本改造》一文中指出,"消费"的教育有很多弊端:

中国乡村教育走错了路!他教人离开乡下向城里跑,他教人吃饭不种稻,穿衣不种棉,做房子不造林;他教人羡慕奢华,看不起务农;他教人分利不生利;他教农夫子弟变成书呆子;他教富的变穷,穷的变为格外穷;他教强的变弱,弱的变得格外弱。前面是万丈深崖,同志们务必把马勒住,另找生路![1]

陶行知主张发展生利的教育,他认为活的乡村教育要教人生利,使人掌握生利的本领,他指出:"生利是什么? 就是建设适合乡村实际生活的活教育。他要叫荒山成林,叫瘠地长五谷,他要教农民自立、自治、自卫。他要叫乡村变为西天乐园,农民都变成快乐的活神仙。"[2]陶行知特别重视职业教育,把解决人生存和发展的问题当作职业教育存在的价值基础,他一直强调职业教育应"标解决生计问题为进行之方针",并认为职业教育不是"生活主义",除了解决温饱之外,人还应该有所追求,要掌握"生利之技能",掌握"乐业之道"。职业教育是生活所需之教育,职业劳动是生活的基础。在陶行知看来,只有人就了业,有了固定的职业,才能获得相应的报酬,才能解决人的生存问题和生活问题。

陶行知主张把办学与改造社会结合起来,即把农村平民教育与提高农民素质、推广农业技术等结合起来,使教育服务于社会,这样的教育才有社会意义。而且要把办教育与改造农村社会结合起来,使教育承担起改造社会的使命。对此,陶行知阐述道:"改造社会而不从办学入手,便不能改造人的内心;不能改造人的内心,便不是彻骨的改造社会。"在20世纪二三十年代的乡村建设运动中,陶行知以实验推广"乡村教育"作为改造农村的出发点,

165

---

[1][2]胡晓风主编:《陶行知教育文集》,四川教育出版社2007年版,第157、29页。

进行了有益的探索。陶行知主张"以教育救农村"来实现其教育救国的梦想。1926 年 12 月陶行知在为中华教育改进社起草的《改造全国乡村教育宣言书》中写道："本社的乡村教育政策是要乡村学校做改造乡村的中心,乡村教育做改造乡村生活的灵魂。"其中提出了一个宏伟的计划："要筹集一百万元基金,征集一百万位同志,提倡一百万所学校,改造一百万个乡村。"陶行知主要是想通过发展乡村教育,提高农民的文化科技水平和文明意识,达到拯救、改造、建设农村的目的。

晏阳初和陶行知主持的平民教育实验虽然经历时间不长,但是,作为 20 世纪 20 年代那场"五四"新文化运动在教育领域的投射与反映,在中国广袤大地上最需要的地方进行民权教育和生活教育,这是近代以来一次较为彻底的教育实验,它大大拓展了现代学校教育的范围、内容和组织方式,为学校教育、社会教育和家庭教育作为现代教育不可或缺的三支相互协同的教育力量,并与职业教育一起构成中国乡村教育体系的一部分,并就如何充分发挥各自的教育功能提供了示范和借鉴。换言之,平民教育是 20 世纪发生在中国最适合中国社会实际的一次较为成功的公民教育运动。

五、新生活运动的政治意义

1931 年 9 月 18 日,盘踞在中国东北的日本关东军公然发动事变,正式启动了军事侵华的战争计划。以蒋介石为首的国民政府奉行"攘外必先安内"的方针,遭到爱国青年学生的游行抗议和示威,在政治上陷入了"内忧外患"的被动局势。为了迅速凝聚国民抗日的士气取得战争的主动权,建设可以与日军抗衡的精神国防,蒋介石从两个方面确立政治军事战略:一是以"卧薪尝胆,忍辱负重"之国民精神,复兴民族雪耻救国;二是彻底消灭中共及其领导的革命武装以及国民党内的反蒋异己势力以除后患。但是,如何实施这一战略? 蒋介石认为,中国之所以招致外敌入侵是由于国家衰弱,而国家衰弱最主要的根源是"五四"新文化运动摧毁了中国传统文化,因此,欲"使一般国民具备国民道德"[1],发动新生活运动实在是"今日救国立民惟一

---

① 中国第二历史档案馆编:《中华民国史档案资料汇编》(第五辑,第一编政治),江苏古籍出版社 1990 年版,第 755 页。

之道也"①。

1934年2月,蒋介石在南昌发起新生活运动,成立以蒋介石为会长的促进总会,各省市县依次设立分会。各级分会指导员深入到机关、学校、工厂、农村大张旗鼓地宣传动员。在《新生活运动之要义》的演讲中,蒋介石宣布了新生活运动的准则和目标。他指出,新生活运动自始至终以"礼义廉耻"的"四维"为中心准则,要求将此中心准则作为国民精神贯彻落实到日常生活的衣、食、住、行等四个方面中,以根除国民生活中"污秽"、"散漫"、"颓唐"、"懒惰"等毛病,养成整齐、清洁、简单、朴素、迅速、实在、守秩序的"文明"生活,即恢复中华民族的"固有德性"。实现三个目标,即国民生活的"艺术化"、"生产化"、"军事化",其中又以军事化为最终目的,以实现国民生活的"整齐划一"、"共同一致",使国民养成"勇敢迅速、刻苦耐劳、共同一致的习惯与本能",能随时"为国捐躯"。

关于"礼义廉耻",在蒋介石看来,所谓"礼",就是"规规矩矩的态度","礼"即是"理",包括"自然定律"、"社会规律"、"国家纪律",因此依乎"礼"而生活,就是要对于这些定律、规律、纪律有"规规矩矩"的态度;所谓"义",就是"正正当当的行为",依乎"礼"的行为就是"正正当当的行为",故依礼而行就是"义",否则就是"不义";所谓"廉",就是"清清白白的辨别",即清白地辨别是非,是非的标准又是"合乎礼义为是,反乎礼义为非";所谓"耻",就是"切切实实的觉悟",即切实觉悟不合礼义与廉耻的行为,由此而对耻存"切实之恶",进而"必力行涤雪"。可见,"四维"又以"礼"为本,②其本质在要人们服从,维护现存秩序。

国民党规定的新生活运动推行要诀是"由己及人"、"由上而下"、"由近及远"。"道民之门,在上之所先,风行草偃",所以政府机关公务员及一切为人长官教师父兄者,先从己做起,切实实行新生活,然后去督导民众、部下或子弟。其实施方式则以宣传、教育为先,然后进行考核、评比。为了加强对"新运"的领导,国民党中央设立"新运总会",主持全局工作,各省市县设新运促进会,由其最高行政长官主持,由党部、民政、教育、公安、军事各部门各

_167_

————————

① 中国第二历史档案馆编:《中华民国史档案资料汇编》(第五辑,第一编政治),江苏古籍出版社1990年版,第765页。

② 参见《总统蒋公思想言论总集》(卷十一)(演讲),台湾"中国国民党中央委员会"党史委员会印。

派一人，社会公法团派若干人组成；农工商学军政各界及家庭之新运由区保甲长、工会或行会负责人、校长与教职员、政训处长官或党部负责人、机关长官、妇女协会负责提倡，并受当地"新运会"指导。新生活运动发起后，在国民党的严密控制和大力推动下，迅速扩展到全国。据统计，到1936年，有20个省成立了省"新运会"，南京、上海、汉口、北平四个院（直）辖市成立了市新运会，成立县"新运会"的有1355个县，此外，还有铁路"新运会"14个，华侨"新运会"19个。①

随着局势的变化，蒋介石逐渐明确且形成了新生活运动的一整套理论与方法。在一系列讲话中，他不断地表述了这样的思想：对付内外忧患的根本办法就是以"礼义廉耻"去"整饬"国民生活。"明礼义"、"知廉耻"落实起来，其根本就在"守纪律"、"知本分"、"尊长上"，即要求人民服从既有的社会规范与社会秩序。可见，重建传统伦理道德是新生活运动的基本出发点，维护现存秩序是其基本目标。

"新生活"本身是基督教信徒日常的查经、读经、祷告、交通、侍奉等聚会活动，目的是获得属灵生命的生长，在日常世俗生活中更加坚定个人的信仰。因此，在这场新生活运动的展开和推进过程中，蒋介石得到夫人也是基督徒的宋美龄的大力支持，甚至连"新生活运动"的计划也是由宋美龄提出的。② 可以讲，蒋介石试图通过西方文化中的基督教信仰精神整合中国传统文化中的道德元素，重新恢复中国传统社会的礼治伦理秩序，其初衷并没有错。但是，他恰恰遗忘了西方自从新教改革以来一直维护的"政教分离"这一传统，在他手里经过政府大力宣传和通过军事化运动强制推行，显然已经超出了"信仰自由"的范畴，而且违背了基督教关于传教的教义规定。加之，在他大力推行新生活运动的时期，正是中华民族面临蕞尔小国日本的虎视眈眈，整个国家处于十分危险的境地。在这种情况下，民族"救亡"压倒道德"启蒙"成为不愿做亡国奴的中国人民的必然选择。

当然，蒋介石通过"新生活运动"在一定程度上实现了"攘外必先安内"的政治军事战略，主要体现在以下三个层面：一是通过对"五四"新文化运动

---

① 参见《新运十年》（革命文献）（第68辑），台湾"中国国民党中央委员会"党史委员会编辑发行，第208页。

② ［美］西格雷夫：《宋氏家族秘闻》，四川省社会科学院出版社1988年版，第34页。

高举的"科学"与"民主"两面旗帜的否定,试图以传统文化中的礼治精神在思想上统一全国,这种"统一"还体现在运动中提出的"一个党"、"一个主义"和"一个领袖"上,为蒋介石建立一党专制独裁政权消除异己奠定社会思想基础;二是"新生活运动"通过振奋民族精神和提高抗战士气,在客观上支持了抗战,对抗战取得最后胜利具有积极的贡献;三是以西方基督教徒的聚会形式纳入传统礼义廉耻的文化元素,对于激发国民在国难当头之际应有的"担当"意识以及基督徒救赎过程中的"苦难"意识,从而增强国民抗战到底的士气和信心具有一定的积极意义。

当然,这场运动由于认识和实践的误区必然使其预先试图达到的目的或效果打了折扣,主要原因有三:一是对"五四"新文化运动的认识和评价的局限性制约了"新生活"运动所倡导的"新"与时代精神的相互观照,对"五四"的全盘否定与"五四"对传统的全盘否定,其"非此即彼"的极端思维方式,两者是相同的;二是在没有充分考虑国民公民道德素质水准和国家经济状况的前提下,试图通过军事化的方式在全国强制推行"新生活运动",以此迅速改变各地出现"脏乱差"的卫生状况和社会秩序,显然有操之过急之嫌;三是以"新生活运动"推行道德救国,以"礼治"取代"法治",建立一党专制,这对于经历过"五四"新文化运动的"科学"和"民主"之魂洗礼之后的民众而言,"新生活运动"因为缺少普世价值的先进性必然失去他们的道义支持,从而因为这种民心的背离而影响其推行的效果。

第二节 教育宗旨的变更和学制变迁

"五四"新文化运动期间,平民主义教育思潮的影响十分广泛。这种以社会为参照,注重在学校制度之外的一种更加灵活的能够适应个体学习需要,旨在发展健全人格的办学模式,对学校教育宗旨的确定、公民课程的设置以及教科书的编写产生了积极的影响。

一、平民主义之教育宗旨

平民即平等国民之简称,它是民主社会中"主权在民"的一种象征。平民教育活动的开展是"五四"新文化运动在教育领域取得的丰厚成果。

1918年12月30日，教育部为调查审议教育上重要事项，组织"教育调查会"，公布规程。1919年4月，教育调查会召集开会，对于教育宗旨加以研讨。结果，主张废止1912年公布的教育宗旨，而另拟"以养成健全人格，发展共和精神"作为新的教育宗旨。所谓健全人格，即要培养健全国民，而健全国民者，必须具有三种健全的生活：一为公民的；二为职业的；三为修养的。此三种生活，必须受适当之陶冶，始臻健全；生活既臻健全，方足为健全之国民。① 而健全之国民乃健全人格之体现。

教育调查会继续陈述了废除元年教育宗旨的理由："自欧战终了后，军国民教育一节，于世界潮流容有未合，余亦似太复杂，未易适从，不如出以单纯，俾一般国民易于了解。"②至于新旨，特做出以下说明：

所谓健全人格者，当具下列条件：

(1) 私德为立身之本，公德为服役社会国家之本；

(2) 人生所必需之知识和技能；

(3) 强健活泼之体格；

(4) 优美和乐之感情。

所谓共和精神者：

(1) 发挥平民主义，俾人人知民治为立国根本；

(2) 养成公民自治习惯，俾人人能负国家社会之责任。③

新的教育宗旨注重平民人格教育，以道德修养作为修身"立人"之本，以"服务社会"作为公民道德的基本义务。而且，在物质和精神层面把人格划分为"体格"和"个性"，重视儿童身心全面发展。尤其是，在经历了"五四"新文化运动倡导的"科学"与"民主"的启蒙之后，把"自由"、"人权"和"平等"这些抽象的普世价值落实到现代教育实践的实实在在的追求中。

1919年10月，第五届"全国教育联合会"在太原召开，建议教育部明令废止民国元年公布的教育宗旨，而采用"教育调查会"所拟议的"教育本义"，并进一步主张"儿童本位教育"。这是"进步教育"的根本出发点和核心教育

---

① 程时煃：《中学校教科课程之研究》，见教育杂志社编：《新学制中学的课程》，商务印书馆1925年版，第33—34页。

②③《教育调查会第一次会议报告》，见陈学恂主编：《中国近代教育史教学参考资料》(中)，人民教育出版社1987年版，第481—482，482页。

价值旨趣之所在。

二、《壬戌学制》的公布及教育标准的颁布

虽然教育部对于民国元年公布的教育宗旨没有废止,但是,当时正值新文化运动的高潮,民治(德谟克拉西)主义在中国已非常流行。1922 年 11 月,公布"学校系统改革令",即《壬戌学制》,首附"七项"标准①以取代教育宗旨。

《壬戌学制》又称新学制。新学制分为三类(普通、师范和职业)和三段(初等、中等和高等)设学。与民元学制相比,存在如下几个明显特征:(1) 不设教育宗旨,代之以七条标准;(2) 以仿效美国教育模式为主,主干学程为 6·3·3·4制;(3) 进一步缩短了小学的修业年限,由 7 年减为 6 年,将中学分段设置,有利于不同年限的普及义务教育的实施,同时也更符合学生的生理和心理特征;(4) 在中等以上学校实行了选科制,便于学生自由选择,增强了职业技术教育内容,兼顾学生升学与就业。从上述特征可以清晰地看出"平民主义"、"共和精神"、"民治"和"儿童本位"等等一些时尚的新词汇,深感美国教育理念与模式对中国教育的影响日益增大,分析其个中原因,主要是由于美国的经济势力继英、日之后在中国逐渐发展,留美学生逐渐增多,而且学成回国后在教育界逐渐把握了话语权,1914 年 6 月 10 日中国科学社成立②,1917 年 5 月中华职业教育社成立,1922 年 7 月中华教育改进社成立;以及 1919 年杜威(John Dewey)访华,在上海、南京、福建等地发表演讲,1921 年孟禄(Monroe)来华调查,可以窥见美国文化势力对中国的影响范围在不断扩大。在学校教育方面,它通过课程标准的编制、修订和颁行来体现"七项标准"之精神。

虽然《壬戌学制》的公布是近代以来学校制度的巨大变革,其中蕴含的理念和设计的方案体现了国民精神的觉醒,但是对于什么是"新"以及如何

---

① "七项"标准是:(一) 适应社会之进化;(二) 发挥平民教育精神;(三) 谋个性之发展;(四) 注意国民经济力;(五) 注意生活教育;(六) 使教育易于普及;(七) 多留各地方伸缩余地。

② 中国科学社,原名科学社(Science Society),于 1914 年 6 月 10 日由留学美国康奈尔大学的胡明复、赵元任、周仁、秉志、章元善、过探先、金邦正、任鸿隽、杨铨等九人创议并成立,其宗旨为"提倡科学,鼓吹实业,审定名词,传播知识"。科学社最初发起主要是为了发刊《科学》。

将这种新的精神和理念真正落实在学校教育实践中还是引起了广泛讨论。一些专家学者纷纷从儿童的立场出发，阐述新学制如何处理传统教育模式和外国学制在本土化过程中的基本价值取向问题。余家菊认为，新学制之"新"主要体现在两个方面："一为以儿童身心发展的阶段为划分学级之大体标准；一为顾虑各方情形而采富于弹性之方案，而免去一派硬行其主张之险象。"①对于《壬戌学制》承载的教育价值和理念，陶行知在《我们对于新学制草案应持之态度》一文中阐述了个人的观点和主张。他把教育比作房屋，学制比作房屋之图案。他认为："想有适用的房屋，必先有适用的图样。这图画如何能画得适用？我以为画这图的人，第一必须精于工程。第二，假使所造的是图书馆，他必定要请教图书馆专家；科学馆，必定要请教科学专家；纱厂，他必定要请教明白纱厂管理的人；舞台，必定要请教明白管理舞台的人。有这两种人参议，才能斟酌损失，画示最适用之图样。"②接着，陶行知继续以房屋和图案作隐喻，对新学制在操作中可能会遇到的诸如"以偏概全、食洋不化、否定传统和纸上谈兵"等问题提出中肯的批评，并提出了对新学制应持的四种态度："一是虚心讨论，研究实验，以构成面面顾到之学制；二是对于国外学制的经验，应该明辨择善，决不可舍己从人，轻于吸收；三是在欢迎新学制的时候，也得回过头来看看掉了东西没有；四是学制以后之事业问题，是无穷尽的。无穷尽的事业，要我们继续不已地去办理；无穷尽的问题，要我们继续不已地去解决它。"③

由上可见，《壬戌学制》的颁布是中国教育现代化的标志，它意味着过去由政治家、教育家确立的教育宗旨在学校制度设计中由制度安排而定，而且随着教育管理的层次和内容的复杂化，学校组织法等法规规程的制定进一步以法律条文的形式规定学校教育的目标，把学校教育的管理与经营纳入现代学校制度框架中，在一定程度上保障了学校的自治权利，较好地解决了学校教育的发展如何维持传承与创新的平衡这一难题。因此，在《壬戌学制》中，"以养成健全人格，发展共和精神"作为取代教育宗旨的学校教育目标一直引导学校的办学方向，即使在国民政府宣言"以党治国"，确定以三民

---

① 余家菊：《评教育联合会之学制改造案》，载《时事新报》1921年12月3、4、5日。

②③陶行知：《我们对于新学制草案应持之态度》，见璩鑫圭、唐良炎主编：《中国近代教育史资料汇编·学制演变》，上海教育出版社1991年版，第900、900—901页。

主义作为教育宗旨的指导原则之后。由于受到"五四"新文化运动的影响，"科学"和"民主"的价值深入人心，人们更是信奉民治主义，这样的社会心理环境和氛围使得教育能够在一定程度上保持相对独立。而且随着各级学校组织法的修订，教育部据此分别制定各级学校规程，从而建立了一套真正意义上的现代学校管理体制。尽管在当时，上述法律法规在很大程度上仅仅作为一纸公文停留在文字层面，但是，它的出台表明现代学校管理方式在制度层面开启了不断创新实践的新路径。

三、党治主义之教育宗旨

从1924年国民党改组，到1927年国民革命军北伐成功建立国民政府，宣言"以党治国"，在此期间，在学校教育中，"党化教育"、"党义教育"和"三民主义教育"的新名词又相继出现。随着政治变迁，先前根据平民主义制定的七条"教育标准"被"三民主义的教育宗旨"所取代。

1928年5月15日，大学院召集"全国教育会议"，研讨教育宗旨的规定和新学制的修订。会议结果主张正式取消"党化教育"这一名词，而确定今后中华民国的教育宗旨为"三民主义的教育"。"所谓三民主义的教育，就是实现三民主义的教育；就是以实现三民主义为目的的教育；就是各级行政机关的设施、各种教育机关的设备和各种教学科目，都以实现三民主义为目的的教育。"①

以"民族、民权和民生"三足鼎立而构成三民主义的思想体系是孙中山在改组国民党时提出的全党信奉的基本纲领，其中，民族主义是孙中山揭橥民主革命的战斗旗帜；民权主义是三民主义的核心；民生主义是孙中山进行社会革命的纲领。三民主义因此而成为国民党的党义。

根据新定的三民主义的教育宗旨，确立以公民教育为主旨，拟定实施方案的教育原则十五项：

一、发扬民族精神。二、提高国民道德。三、注重国民体格的锻炼。四、提倡科学的精神，推广科学的应用。五、厉行普及教育。六、男女教育机会均等。七、注重满、蒙、回、藏、苗、瑶……等教育的发展。八、注重华侨

①《第一次中国教育年鉴》甲编，教育总述，第一部分，教育宗旨，开明书店1934年版，第10页。

教育的发展。九、推广职业教育。十、注重农业教育。十一、阐明自由界限，养成服从纪律的习惯。十二、灌输政治知识，养成使用政权的能力。十三、培育组织能力，养成团体协作的精神。十四、注重生产、合作、消费及其他合作的训练。十五、提倡合于人生正轨的生活（卫生的、经济的、秩序的、优美的），培植努力公共生产的精神。①

上述拟定的三民主义教育原则是在会议主张取消"党化教育"的决议基础上提出的，却遭到国民党中央执行委员会训练部的批评，认为十五项教育原则"对于出发点站在党的立场未尝标明；教育与党既缺乏实际的联络，虽标榜教育与政治互为因果，而实际上完全舍却党的立场以谈教育，实有背于本党以党治国之主旨"。因而，另定教育宗旨为"中华民国之教育，以根据三民主义，发扬民族精神，实现民主政治，完成社会革命，而臻于世界大同为宗旨"备待审查。后经"中央执行委员会各部会处秘书审查会"审查结果，另成修正案，确定教育宗旨为"中华民国教育，以根据三民主义，发扬民族精神，启发民权思想，增进民生幸福，而臻于世界大同为宗旨"。其中，将先前确定的"实现民主政治，完成社会革命"更改为"启发民权思想，增进民生幸福"。

本次《全国教育会议》提出新学制的修正案，但未公布，一直沿用《壬戌学制》至 1932 年。通过的新学制修正案提出中华民国学校系统原则为：1. 根据本国实情；2. 适应民生需要；3. 增高教育效率；4. 谋个性之发展；5. 使教育易于普及；6. 留地方伸缩余地。②

由此可见，新修订的学校系统原则更加注重体现三民主义精神，注重民生需要。同时也表明：即使在国民党中央执行委员会训练部的施压之下，新的学校系统原则不得不在"党治"和"民治"之间作出适当妥协或让步，但是，为了保障学校和地方的自治权利，拟定的学校系统原则第六条"留地方伸缩余地"仍然为学校和地方的办学自主权提供了政策保障的弹性制度空间。

1929 年 3 月 25 日，国民党第三次全国代表大会通过"确定教育宗旨及其实施原则案"。其中，教育宗旨具体表述如下："中华民国之教育，根据三民主义，以充实人民生活，扶植社会生存，发展国民生计，延续民族生命为目的；务期民族独立，民权普通，民生发展，以促进世界大同。"同时确立了八条

---

①②《第一次中国教育年鉴》甲编，教育总述，第一部分，教育宗旨，开明书店 1934 年版，第 10、25—26 页。

实施方针,于同年 4 月 26 日由国民政府正式公布,1931 年 11 月国民党第四次全国代表大会将实施方针略加修正,使得这一教育宗旨和实施方针一直沿用到抗战前。

1931 年 9 月 3 日,中国国民党第三届中央执行委员会第一五七次常会,通过了三民主义教育的实施原则,作为宪政时期以前各级教育实施之重要依据。对于初等教育(幼稚园小学)的目标、课程和训育提出了下列要求:

第一节　目标

(一) 使儿童的整个身心融育于三民主义教育中;

(二) 使儿童的个性、群性在三民主义的教育指导下平均发展;

(三) 使儿童于三民主义教育教导下,具有适合于实际生活之初步的智能。

第二节　实施纲要

(一) 课程

1. 应以三民主义重要的观念,为编定全部课程之中心;

2. 应注意伦理知识及实践,以助长儿童忠孝、仁爱、信义、和平之德性;

3. 应注重自然科学之讲授,以养成儿童爱好自然、利用自然、改造自然的兴趣及破除对于自然现象一切的迷信;

4. 应注重实际生活的知识和实习;

5. 应酌量当地情形,制定特殊之课程或材料,以养成儿童适合于实际生活之初步技能。

(二) 训育

1. 根据中山先生遗教中合于儿童身心发展之事理,制为信条,以指导其整个的生活;

2. 注重训育和课程之联贯,并谋学校训育与家庭社会相联贯;

3. 由史地、时事及各种纪念会之讲解,以启发儿童爱民族、爱国家之精神;

4. 由游戏、运动、学校卫生及课外作业的教导,以养成儿童对于筋肉劳动的兴趣及生产的观念;

5. 由日常生活实际知识之教导,以引起儿童好学的兴趣,并由童子军之训练,以养成勇于从事,洁己奉公的精神;

6. 由乐歌、图画等以陶冶儿童的情操,并使多与自然界接触,以养成审美的情趣;

7. 由团体运动集会等训练,以养成儿童守时重律的习惯;

8. 于公共场所揭示有关公德之标语,以养成儿童注重公共卫生,爱护公物之美德;

9. 由消费合作的训练,及储蓄等事项之指导,以养成儿童节俭的习惯;

10. 由民权初步的演习,使儿童略知四权之运用。①

从初等教育的目标、课程价值和训育要求可以看出,国民党中央执行委员会严格执行孙中山在《建国纲领》中提出的"由军政、训政到宪政"的建国步骤或施政时间表,把这一时期作为为宪政做准备的训政时期,在学校教育中全面贯彻三民主义的教育方针,目的在于培养具有一定参政能力的合格公民。主要表现为:在教育目标上重视儿童的个性和群性的和谐发展,在课程编订方面更加关注传统道德的德性养成和实际生活技能的培养,在训育中注重学校、家庭和社会之连贯,训练儿童爱民族、爱国家、爱劳动、爱卫生、爱公物、爱自然的生活习惯,并通过练习学习民权在生活中的使用。

国民政府教育部自成立后,即次第着手修订各级学校组织法。1929年7月,国民政府公布了《大学组织法》和《专科学校组织法》两种。1932年12月,国民政府公布《小学法》、《中学法》、《师范学校法》和《职业学校法》四种,教育部据此分别制定《小学规程》、《中学规程》、《师范学校规程》和《职业学校规程》,于1933年3月公布施行。至此,各级学校学制大致具备。

第三节　学校课程标准的颁布与公民课程的设置

1922年10月,中华教育改进社公民教育组在其第一次年会报告中,专门把公民科取替修身科当作一个议题讨论,其中给出的三个理由,基本上概括了由"修身"到"公民"课程之"改"的必然:"修身范围太狭,仅斤斤于个人修养,务使个人适应社会,公民学则改良社会以适应个人。故修身不适用于共和的社会,此应改之理由一。修身注重道德之涵养,缺乏法律的概念。法治国之人民,以富有法制精神为最要,其能培养法制精神,巩固法律观念者,莫若公民学,此应改理由之二。修身标准太旧,且多从消极方面立言,与公

---

① 《第二次中国教育年鉴》,商务印书馆1948年版,第5页。

民积极图谋团体幸福适相反,修身不适于合作团体,此应改之理由三。"①

从中国哲学的传统来看,修身之"身"是中国人专门用来特指自己的,比如说"本身"、"自身"和"亲身"。这种"身"亦是"指不包括灵魂或精神的人之肉体部分"②。因此,中国人对于自己和别人都只有"人身"观念,而没有"人格"观念。修身的最终目的仅仅是使生活的全部意向导向为满足"身"的需要,这种"身体化"倾向的存在使得学校教育中的"修身科"已经无法适应时代的需求和社会的发展。

对于修身科改为公民科之理由,程湘帆还从学校课程设置的角度,从修身科涵养儿童德性之教育功能的局限性到现代社会对国民身份提出的责任和要求出发,论述了修身科之"变"的必然性。他认为:"细考修身学科之教材,不外道德之要旨,我国道德之特色,如孝、弟、忠、信、爱、义、勇、恭敬、勤俭、清洁诸德,其中虽有所谓'公民须知','持躬待人'之道,个人对于家族、国家、社会、人类,及万有之责务。此种材料似为公民所不可不知,但其弱点甚多。"③接着,程湘帆从修身科范围之窄、标准太旧、太重学理、教材支配未能适合儿童、不能造成儿童法律的观念等层面阐述了修身科课程教材的弱点及公民学科之努力改进的方向。

1922 年 11 月,教育部公布《学校系统改革令》即《壬戌学制》,随后颁布了《新学制课程标准纲要》,将自清末废科举、兴学校、设立以个人修养为中心的修身一科废除,而以公民科代之。④ 由于教育的本质是使儿童"成"人,其中一个重要的层面就是成为一个社会人,成为共和国民主社会中的合格公民。因此,仅仅偏重于个人的修身并不能与时代精神的感召相因应,如何养成共和国的新国民和法治社会中的好公民,是学校教育公民科课程面临的"名止言顺"的问题。

《壬戌学制》的颁布,标志着中国学校教育现代化历程正式进入了新的

177

---

① 中国教育改进社:《中华教育改进社第一次年会报告公民教育组会议记录》,载《新教育》1922 年 5 卷 3 期。
②[美]孙隆基:《中国文化的深层结构》,广西师范大学出版社 2004 年版,第 23 页。
③ 程湘帆:《小学课程概论》,商务印书馆 1923 年版,第 60—61 页。
④ 在《新学制课程标准纲要》总说明第十一条,明确提出:"旧制修身科,归入公民科,关于个人修养,仍宜注重,各学科均应兼顾道德教育。"参见《新学制课程标准纲要》,商务印书馆 1925 年版,第 8 页。

历史时期。在经历了"五四"新文化运动提倡的"科学"、"人权"和"民主"思想启蒙之后,学校教育更加关注人的现代化问题。1920年2月9日,一直"迷信教育"的陈独秀在《国民新报》上发表文章,表达了他对新教育精神的诠释。在他看来,研究教育要注重方法新和精神新。这种"新"主要体现在以下三个层面:

一是教育要趋重社会。教育和社会的关系是很大的。社会要是离了教育,那人类的知识必定不能发展,人类的知识不发展,那国的文化就不堪问了。

二是要注重启发的教育。如果总是教员将所晓得的说与学生,学生晓得了又是这样的教与他将来的学生,这个文化思想力怎么会发展呢? 所以教育应是训练的,非口说的"是"①,是发展的,非流传的。道德的进步要有行为的教育,学问的进步要有知识的教育,像这样训练学生,就易于感觉了。……再说小学生的教育,更不能叫其读没有作用的书,做没得作用的事。只要就儿童心理所能领会的,审慎加以训练,使他好发展想象力,那就够了。

三是要讲究实际应用。实际的应用不在形式,而在内里结不结实。再说现在的教育部,依我说顶好是废除不用。你看在教育部办事的人几多晓得各地的情形和经济的状况? 他只要就他们几个人所想的要各省的学校都来照他的整齐划一,多以各地的学校要兴的弄得不能兴,要废的弄得不能废,都是为他们限制了。②

陈独秀从知识到文化,从社会到学校课堂,从形式到内容全方位审视了新教育的精神内核,阐释了个体与教育、社会和文化之间的内在逻辑,从而厘清了现代教育的宗旨以及教育"成"人的途径的可能性。他对教育行政部门办事人员官僚作风的批评,恰恰印证了新学制七项标准中关于"多留各地方伸缩余地"以保证地方教育的自治空间,促进学校教育与地方社会之间的良好互动。这也是"五四"新文化运动以来,"人权"、"民主"、"自治"等现代社会的核心价值理念逐渐深入人心的真实写照。

一、《新学制课程标准纲要》的刊布与公民科的诞生

全国教育会联合会在议决《学校系统改革案》后,复议组织新学制课程

---

① 这里的"是"指的是教师讲解传授的真理。
② 陈独秀:《新教育的精神》,见丁守和主编:《中国近代启蒙思潮》(中),社会科学文献出版社1999年版,第319—320页。

标准起草委员会,议决四条简则作为组织纲领。1922年10月21日和12月6日,分别在北京和南京召开委员会,邀请各专家列席,分中学小学两组,编订各学科课程要旨,分请专家草拟各科目课程纲要和毕业标准。其中,小学公民课程纲要由杨贤江负责起草;初级中学公民课程纲要由周鲠生起草。由于修身科被取消,或者更准确地说将修身科分为两段:初小改为"社会",高小改为"公民"。其中,社会科中包含了公民、卫生、历史和地理科的内容。

　　1923年4月25日,新学制课程标准起草委员会在上海举行会议,将小学、初中各科目纲要逐条加以复订。6月4日,新学制课程标准起草委员会在上海继续开会,复订小学、初中各科纲要,刊布新学制课程标准纲要1册。①

　　刊布的小学公民课程纲要开篇厘定了公民课程的总目标:"使学生了解家庭、学校、社团、地方、国家和国际的关系,启发改良社会的常识和思想,养成适于现代生活的习惯。"②然后将总目标分解,根据学生的特点,从学生生活实际出发,认识自己在家庭、学校、市乡、国家和地方组织的生活概况及与自己的关系,制定了每一学年要达到的具体目标,内容如下:

　　第一学年:

　　1. 家庭生活概况——例如父、母、子、女的服务责任,以及与自己的相互关系等。

　　2. 学校所定规约的原由和遵守方法等。

　　3. 自己对于家庭学校的行为和责任等。

　　第二学年:

　　1. 学校生活概况——例如学校的性质、事业、经费的由来,以及教师学

---

　　① 小学课程标准纲要规定小学课程为国语、算术、公民、卫生、历史、地理、自然、园艺、工用艺术、形象艺术、音乐、体育12个科目。初级小学校将公民、卫生、历史、地理科合为社会科;自然、园艺二科合为自然科,实际科目为8科。初级小学前两年每周授课不少于1080分钟(18小时);后两年不少于1260分钟(21小时);高级小学每周至少授课1440分钟(24小时)。初级中学课程标准纲要规定初中课程分六大科,即社会科、言文科、算术科、自然科、艺术科、体育科,实行学分制。社会科包括公民、历史、地理,学分分别为6、8、8。言文科包括国语、外国语,学分分别为32、36。算术科学分为30。自然科学分为16。艺术科包括图画、手工、音乐,学分为12。体育科包括生理卫生、体育,学分分别为4、12。规定每半年每周上课1小时为1学分,必修课为164学分,选修课16学分,修满180学分即可毕业。

　　②《新学制课程标准纲要》,商务印书馆1925年版,第12页。

生的责任,并与自己的关系。

2. 邻居相互的关系及其公共事业。

3. 临近职业状况的观察。

4. 续自己对家庭和学校的行为和责任。

第三学年:

1. 市乡生活概况——例如市乡的性质、经济、事业以及市乡与自己和一般居民的关系等。

2. 县、省组织的概况——例如县省机关的性质和事业等。

3. 学校自治服务的初步。

4. 自己对于家庭、学校和地方社团的责任。①

第四学年至第六学年,分别按照学生的认知程度介绍了国家、学校和地方组织概况,并在第六学年扩充其范围,要求儿童领会和理解现代社会生活常识,包括:公民对于地方、国家的责任;公民与学校组织和教育的关系;公民与地方自治事业的关系及常见改良方法;各种服务公众的方法;职业的种类和择业的方法;本省中等学校的种类和择校、应试等的升学方法;国内家庭、妇女、劳动等特殊问题;完成一个公民需要的条件等等。

在小学公民课程纲要中,建议课程实施时注重公民实践,多以"讲述、表演为公民修养的教学方法,以参观、调查、讨论等为社会组织的教学方法;以学校服务、学校自治为公民训练的具体方法"②,同时注重与其他学科的联络,前四学年与卫生、历史、地理合为社会科教学,第五、六学年仍须与各科联络。

小学公民课程纲要还对小学毕业生在初级和高级学习阶段提出了毕业最低限度的要求。③ 在初级阶段,应"了解个人与家庭、学校、职业的关系和服务的责任;明了市、乡、县、省的组织和公共事业的性质大概;具有投票、选举、集会、提案等关于地方自治的常识"。在高级阶段,毕业学生应"明了国家的组织、经济、地位,以及国际的情势;明了公民对国家、国际的重要责任;能述做良好公民的重要条件"④。

初级中学公民课程纲要从个人与人类社会生活、国家和国际之间的关

---

① ② ④《新学制课程标准纲要》,商务印书馆1925年版,第12—14、14、15页。

③ 小学6年分为初级和高级两个阶段,1—4年级为初级,5—6年级为高级。

系厘定课程总目标,要求学生通过课程学习,"了解和研究人类的社会生活,了解宪政的精神,培养法律的常识,略知经济学原理,略明国际的关系,养成公民的道德"①。由于初中授课实行学分制,其中公民科共占6学分。② 因此,课程纲要共分六段,每段约占一学分。

在第一段,纲要在小学公民科学习的基础上,要求通过公民课程学习,了解家庭、学校、同业组合(行业协会)、地方自治团体、国家等组织原则,并养成个人习惯包括公正、诚信、名誉心、尚秩序的精神以及自制力、礼节、清洁诸德。

在第二段"宪政原则"部分,对"国家的性质、政治组织、代议制度的运用、中央政府与地方政府、人民权利自由、人民对国家的义务、法律和公共治安"等九个方面提出一定要求,其中政治组织包含两个层面:一是从政体、立宪政治、宪法、民主政治、代议政治和直接立法展开;一是从政府以及行政、立法、司法各部之职权进行阐述。

第三段主要介绍中华民国的诞生、政府组织、国宪和省宪常识,其中政府组织包括民国政府组织和地方政府组织。

第四段涉及经济常识,主要包括"生产原则、交易制度、分配方式、消费习惯(含储蓄)和财政政策"等领域,其中财政政策包括预算、租税、公债、厘金、关税等项。

第五段为"社会问题",主要涉及"教育、职业、卫生、劳动、禁酒禁烟、救贫及其他慈善设备和救荒"等社会问题。

第六段为"国际关系",囊括了"对外关系、国防、外交、国际关系的维持、不平等的国际关系、国际组织"等六个方面的国际问题,有助于对学生进行国际理解教育,拓展学生的国际视野,并学会从世界立场分析国际问题。

《新学制课程标准纲要》关于中小学公民课程目标、内容和毕业标准的公布,对学校造就一个合格的公民提出了最为基本的素质要求。但随着课程的实施,逐渐暴露出一些问题,这对传统的以讲授为主的教学方法提出新的挑战。

---

① 《新学制课程标准纲要》,商务印书馆1925年版,第41页。
② 按照学分制,每半年度每周上课一小时为一学分,初级中学分为三年,共六学期,即每一学期一学分。

二、《中小学课程暂行标准》的颁布与党义科的设置

1928 年 2 月，教育部公布了《小学暂行条例》，在高初小学一律增加"三民主义"一科及"党童子军"。1929 年 8 月，教育部中小学课程标准起草委员会组织多位专家讨论《中小学课程暂行标准》草案，提出了简化课程的建议。比如将初小社会自然合并为常识科，高小社会包括公民、卫生、历史、地理，把公民科和三民主义合为党义科。在讨论通过的《中小学课程暂行标准》中，对社会科的教科目的规定为："启发关于社会的基本知识，引导对于人生、社会活动、文明进化、革命意义等的认识。增进对于社会文物制度的探索、思维、设计改进，参加活动等的兴趣和经验。培养改进生活，救助民生，革新经济组织等的思想和愿望。启迪尽力社会，服从公意，信赖民权，忠于团队等的精神。培植爱己爱人，参加民族运动，促进世界大同等的道德知识和志愿。"①

在初级中学课程暂行标准中，以"党义科"和"党童军"取代了"公民科"，从而取消了公民教育。而且由教育部中小学课程标准起草委员会所编制的党义科课程标准直到 1934 年 8 月始获国民党中央党部审查通过，才由教育部公布。

作为执政党，像国民党政府这样基于"训政"需要，在学校推行党化教育，迅速引起了社会方方面面的不满和抵制。以胡适和任鸿隽为代表的知识分子纷纷发表文章，对国民党实施党化教育进行了深刻地批判。任鸿隽还专门撰文分析党化教育与公民教育的区别：

一个理想中有教育的人，在智慧方面，至少的限度，必须对事理有正确圆满的了解，对于行事有独立自信的精神。要养成这样的人格，第一的需要，是智识上的好奇心。有了智识上的好奇心，方能对于各种的问题或事务，加以独立的研究。研究所得的结果，才是我们信仰的根据。这种教育的方法，在党的立场看来，是最危险的。他们的信仰，是早经确定了的；他们的问题，是怎么的拥护这个信仰。因为要拥护信仰，所以不能有自由的讨论与研究；因为不能有自由的讨论与研究，所以不能有智识上的好奇心。这个情形，恰恰与十七世纪初年，欧洲宗教的专制思想相类似……

---

① 《中小学课程暂行标准》（第一册），卿云图书公司 1929 年版，第 44 页。

正因为如此,教育的目的,在一个全人(格)的发展,党的目的,则在信徒的造成。教育是以人为本位的,党是以组织为本位的。有了"党化",必定是没了"教育";反过来说,要有"教育",必定要除去"党化"。①

由于遭到社会各界的强烈反对,当局又很快恢复了公民科。1932年10月,教育部公布了修订的《中小学课程标准》,规定设"公民科",不再特设党义科,而是将党义教材融化于国语、社会、自然等科目中,另外增加了公民训练,作为实施训育之标准。在公民科中,规定其教育目的在于使儿童认识个人与社会的关系,培养良好的道德习惯和参加社会活动必需的知识,指导儿童了解国家民族的历史、地理和文物制度的大概,进而明了人类状况、世界大势。该科的作业规定,首先是儿童所应具的公民知识道德和习惯的练习。

《中小学课程暂行标准》公布以后,教育部同时通令各省组织研究会,并指定学校研究试验,于1930年6月前将试验的意见呈报教育部以供参考。1931年6月,教育部聘专家组织中小学课程及设备标准编订委员会,根据各省的意见加以修订,完成之后,正拟公布,因"九·一八"和"一·二八"事变发生,遂行搁置到1932年8月,又重新聘专家再事修订,并分别于1932年10月和11月正式公布了《幼稚园小学课程标准》及《初级高级中学课程标准》。

三、《中小学课程标准》的颁布与公民训练目标

与《中小学课程暂行标准》不同的是,《中小学课程标准》对学分制进行了改革,恢复为时数单位制,同时考虑到三民主义不应仅于党义一科内教学,各科教学均应注意之,尤其国文、史地等科应渗透三民主义的思想,因此,除了各科课程标准应考虑外,仅从学科的分并而论,本次颁布的《中小学课程标准》中最重要的变动是:(1) 高级特设卫生科;(2) 取消党义科;(3) 社会科增添公民材料;(4) 工作科改称为劳作科,体育科改称健康科。②

由于改党义科为公民科目,内容除党义外,并增加道德、政治、法律及经济等教材,以完成公民训练。

新颁布的《中小学课程标准》分别拟定了"小学课程总目标"和公民训练的目标。其中小学课程总目标为:

---

① 任鸿隽:《党化教育是可能的吗?》,载《独立评论》1932年第三号。
② 赵廷为编著:《新课程标准与新教学法》,开明书店1932年版,第2页。

（一）培养儿童健康的体格；

（二）陶冶儿童良好的品性；

（三）发展儿童审美的兴趣；

（四）增进儿童生活的知能；

（五）训练儿童劳动的习惯；

（六）启发儿童科学的思想；

（七）培养儿童互助团结的精神；

（八）养成儿童爱国爱群的观念。①

从小学课程总目标规定的条文中，不难看出学校教育旨在实施一种以公民教育为中心的课程体系设计。在传承中华民族固有道德的基础上，养成现代公民的健全人格。

《中小学课程标准》中规定了公民训练的"目标、纲要、愿词及规律、条目、实施方案要点"等五个项目。规定的目标有意识地从"习惯、能力和观念"三个层面提出。在颁布的《幼稚园小学课程标准》中提出了公民训练的目标："发扬中国民族固有的道德，以忠、孝、仁、爱、信、义、和平为中心，并采取其他各民族的美德，制定下列目标训练儿童，以养成健全公民。"从生活中的卫生、品德、经济和政治常识出发，拟定了具体的公民训练目标如下：

1. 关于公民的体格训练：养成整洁卫生的习惯，快乐活泼的精神。

2. 关于公民的德性训练：养成礼义廉耻的观念，亲爱精诚的德性。

3. 关于公民的经济训练：养成节俭劳动的习惯，生产合作的知能。

4. 关于公民的政治训练：养成奉公守法的观念，爱国爱群的思想。②

"纲要"是训练目标的细化，分为 32 个德目。

根据目标纲要，规定中国公民规律，使教员易于指导儿童信守。

在公民训练标准中还提出了"愿词"："我愿遵守中国公民规律，使我身体强健，道德完全，做一个中国的好公民，准备为社会国家服务。"③

"规律"在现在看来就是具体做一件事应该坚持的准则或必须遵守的基本规范。比如，在纲要德目中的"清洁"一目，它在"规律"中表述如下："中国

---

①②③教育部中小学课程标准编订委员会：《幼稚园小学课程标准》，中华书局 1936 年版，第 33—34、43、44 页。

公民是清洁的。我的身体、衣服、饮食以及我所在的地方，都要保持清洁。"①又如在第23个德目"中国公民是守规律的"中列有：我每日准时到校；我依次出入教室，不争先；我在开会的时候，一定很安静；我不因别人不守规则，自己也不守规则等等。

公民训练标准包括三十二个"条目"，每一个条目均是描述好公民标准的命题，每一个条目下面又有数目不等的细则，用以对条目进行诠释和细化，同时也是用来训练学生日常行为习惯的养成目标。比如第五个条目是"中国公民是自制的"，下面列举了12个细则，现罗列如下：

（1）我不轻易向人家借东西；（2）我不向人借钱；（3）我不到不正常的场所去玩；（4）我没有得到允许，不动别人的东西；（5）我不做不正常的娱乐；（6）我不唱卑劣的歌曲；（7）我自己不高兴的时候，不拿别人出气；（8）我要控制我的脾气；（9）我要摒除不良的嗜好；（10）我不因羡慕人家的好东西，而强制家长购置；（11）我要遏制不正常的欲望；（12）我在危险的时候，要力持镇静。②

其中还对标准具体实施提出建议，如（1）到（4）条放在第二、四学年学习，（5）到（12）条则在五、六学年进行教学，一方面考虑学生理解水平的可接受性，提出不同层级的表现标准；另一方面结合学生的心理特点，拟定不同的自制能力层次。

四、《修正中小学课程标准》与教育总目标

由于在实施过程中遭到社会方方面面的议论和批评，反映的问题主要集中在"课程太繁重"、"课程太硬化、呆板"以及"课程太迁就升学"三个方面。③ 1936年7月，教育部公布《修正小学课程标准》，首次增加总纲一项，规定小学教育总目标，作为各科教学目标之依据。小学教育总目标的制定是在参照小学规程第二条之规定，"以发展儿童身心，并培养儿童民族意识、国民道德基础及生活所必需的基本知识技能"确定其主旨，具体列举如下：

185

---

① 《小学课程标准》，商务印书馆1933年版，第45页。

② 教育部中小学课程标准编订委员会：《幼稚园小学课程标准》，中华书局1936年版，第52—53页。

③ 熊明安主编：《中国近代教学改革史》，重庆出版社1999年版，第94—95页。

1. 关于发展儿童身心的：

(1) 培育健康的体格与健全的精神。

2. 关于培养民族意识的：

(2) 养成爱护国家，复兴民族的意志和信念。

(3) 培养爱护人群，利益大众的情绪。

3. 关于培养国民道德基础的：

(4) 培育公德及私德。

(5) 启发民权思想。

(6) 发展审美及善用休闲的兴趣和能力。

4. 关于培养生活所必需的基本知识技能的：

(7) 增进运用书数及科学的基本知能。

(8) 训练劳动生产及有关职业的基本知能。①

作为一门学科，公民训练必须服从小学教育的总目标的规定并以此为参照依据。《修正小学课程标准》根据发扬中华民族固有的道德的遗训以及新生活运动的精神制定而成，目的在于通过对儿童实施公民训练，养成健全的现代公民。综上所述，我们可以看出公民训练的基本目标与小学教育的总目标在培养国民道德基础和健全精神方面是完全一致的。

自国民政府成立后，1928 年 5 月到 1936 年 7 月，中小学课程标准的制定和修正依次经历了暂行课程标准时期、正式课程标准时期和修正课程标准时期。其间，由于政治局势的变化以及课程在实施过程中存在的问题，反反复复听取方方面面的意见，延请专家分科逐加检讨，详度事实，综合众意，依次对各科课程标准进行了修正。其中，在《初级中学课程标准》中明确提出了课程目标：

（壹）使学生由实际生活，体验群己之关系，养成立己合群之善良品性。

（贰）使学生明了三民主义之要旨，及地方自治之基本知识，培养其健全之公民资格。

（叁）使学生了解我国固有道德之意义及实践新生活运动之规律，确定复兴民族之道德的基础。②

---

① 《第二次中国教育年鉴》，商务印书馆 1948 年版，第 209 页。

② 《初高级中学课程标准》（修正本），商务印书馆 1936 年版，第 1 页。

《初级中学公民课程标准》按三学年六学期编排,分"公民之意义"、"学校生活与公民道德之培养"、"家庭生活"、"社会生活"、"公民与国家"、"公民与政治"、"地方自治"、"地方财政"和"农村繁荣与公共幸福"九个条目。每个条目下列举有具体的内容纲要,而且贯穿新生活运动的精神。最后,从"作业要领"和"教法要点"两个方面提出了课程实施的方法概要,其中作业要领是:

(一)学校训育及管理应与公民教学密切联络,学生自治团体为实践公民生活良好组织,应指导其进行。

(二)于可能范围内应令学生参加实际公民活动,如社会调查及经济调查等项。

(三)培养学生组织能力与治事方法,于学生集会时并应充分运用民权初步。

(四)学校应与学生家庭切实联络,以收学校教育与家庭教育合作之效。

(五)酌授关于公民科应有之特殊教材(例如社会服务之特殊训练)。①

在"教法要点"中,特别针对青年学生在这一时期的思想特点,从教材编订、学校设施、训练方法、团队意识与个性发展以及社会实践等六个方面提出了在公民训练过程中应该遵照的注意事项。其中,"为正确青年思想起见,教材中的偏激性材料应从略,而且讲解教材时,应注重实际社会调查材料与事实;学校环境对于普通及特殊训练应有适当之布置与设备,使学生观感接触,获得良好公民之训练;除于团体生活中施行公民训练外,宜考察学生个性,施以适当之个别训练,以培植其人格修养"。

187

由上可见,《初级中学公民课程标准》关于公民教育的理念、内容和方法均比较先进,既重视公民智识的讲解,又注重实际的公民训练;既重视团队精神的培养,又关注儿童个性发展和健全人格养成;既重视学校环境及其训练设备的装备,又重视教材内容的编选。事实上,公民课程实施的最终效果如何要受到许多因素的制约,其中,教科书的编写质量是影响课程质量的重要因素之一。

---

① 《初高级中学课程标准》(修正本),商务印书馆1936年版,第2—7页。

第四节　公民科教科书的编写与出版

　　1915年9月，《青年杂志》创刊。它高举民主与科学两面大旗，对封建主义的愚昧和专制统治发起了猛烈抨击，引发了声势浩大的以启蒙为主导的新文化运动。随着民主与科学的深入人心，各种教育改革思潮风起云涌①，平民教育的呼声高涨，各地陆陆续续开展了各种普及、推广教育实验运动，这一切都加速了教科书的现代化进程。

　　1922年《壬戌学制》颁布后，教科书发行制度基本延续了民国元年的审定制，只是教科书的审定机关有所变动。当时公民科教科书，主要由商务印书馆、中华书局、世界书局、开明书局、大东书局等一些大的出版机构发行，其中商务、中华与世界三家书局，占了大头。由于这些出版机构有自主编辑教科书之权利，而各校也有自主选择教科书之权利，因此，在《壬戌学制》颁布后不久，市面上便已有了许多不同版本的公民科教科书。

　　虽说教科书种类繁多，但其学科内容的知识框架，基本上是按照"群己关系"、"公民常识"和"社会问题"三个方面编排的。从群己关系来说，可分为公民与家庭之关系，公民与学校之关系，公民与市县之关系，公民与国家之关系，公民与国际之关系等；从公民常识的角度来看，则划分为政治、法律、卫生、道德、经济、国际关系等领域；在社会问题中设计了"贫穷问题、教育问题、生产、交换、分配、消费问题、关税与不平等条约问题"等议题。

　　但是，随着时局的变化，教育宗旨和学校教育目标也因之发生变化，这对教科书的科目名称和内容编排也提出了相应要求和限制。

一、新学制公民教科书

　　1923年6月4日，《新学制课程标准纲要》手册在上海颁布。各大出版

---

　　① 这一阶段，民治教育思想、科学教育思想、公民教育思想、教育独立思想、大同教育思想等教育思潮此起彼伏，形成了各种教育思潮交相辉映、相互辩论和争鸣的重要时期。

商十分重视教科书的编写和刊行，尤其是中华书局和商务印书馆仍然占尽优势拔得头筹。这一时期主要出版了《新小学教科书公民课本》（中华书局，1923）、《新中学教科书初级公民课本》（中华书局，1923）、《新学制社会教科书》（商务印书馆，1924）、《新学制公民教科书》（商务印书馆，1924）、《新小学教科书社会课本》（中华书局，1925）、《新中华社会课本》（中华书局，1927）和一些公民读本，比如青年协会书局先后在 1925 年 3 月和 10 月出版了《怎样做一个中华民国的良好公民》（青年协会书局，1925 年）和《怎样做公民》（青年协会书局，1925 年）两本小册子。

　　由于小学 1—4 年级的公民课程与历史、地理和卫生归并于社会科中，所以这一时期在初小没有专门编写的公民教科书。1925 年 10 月，中华书局出版了由蒋镜芙、陆费逵、陆衣言和戴克敦编写的《新小学教科书社会课本》。其中关于公民常识、良好公民习惯的养成和公民如何参与公共事务的能力训练的内容分散在各年级各册课本中，为了考虑儿童的可接受性和易理解性，教科书在编排形式方面注重儿童的学习心理，在内容组织上由浅入深：一、二册以图画为主；三、四册图文结合，每课附上重要语句；五册至八册以故事为主，兼图画说明，而且每课在篇首提出二三个问题，课文围绕问题展开，便于教师和学生抓住要点。在遇到同一德目时，教科书在不同年级处理的方式是有差异的。比如，对于"学生自治"，在第四册第一课"学级自治会"的课文中，一幅插图上一位同学正在演讲，动员大家参加学级自治会。下面配有文字："好哥哥，好弟弟，好姐姐，好妹妹，大家快快来，组织学级自治会。"①可以说，这样题材的课文既是一种公民意识的培养，也是一种公民实践的引导和训练。同样的德目，在第五册第一课"学生自治会"中，首先提出三个问题：1. 学生自治会怎样组织？2. 怎样选举各部的干事？3. 各部的职权怎样分任？② 课文介绍了学生会组织的构成、运作以及如何才能发挥其职能，通过学习可以了解关于学生会组织的常识，并用以指导学生自治的公民

189

————————

　　① 蒋镜芙、陆费逵等：《新小学教科书社会课本》（第四册），中华书局 1925 年版，第 1 页。

　　② 蒋镜芙、陆费逵等：《新小学教科书社会课本》（第五册），中华书局 1925 年版，第 1 页。

实践。

由中华书局出版的供高小学生使用的《新小学教科书公民课本》，通过故事的形式组织课文，注重儿童个人道德、公民道德的修养以及公民知识的训练。一方面讲述如何学会做人的道理，养成好学、爱整洁、勤俭、乐于助人、爱国家的品德和情感；另一方面，告诉学生什么是职业、国家统治机关有哪些、国会有什么作用、政府的职能是什么、法院是怎样审判案件的、地方如何自治等公民常识。

1923年8月，中华书局出版了由舒新城编写、陆费逵审校的《新中学教科书初级公民课本》，共三册。教科书内容由团体生活、政治组织、经济生活、社会问题、国家关系和道德问题六大段落组成。① 由于公民科目的内容比较抽象，而按照新学制所规定的初中学生年龄为十三至十五岁，考虑到"学生的理解力还没十分发展，文字太严肃，容易流于干枯，足以使学生生厌恶之念"②，因此，课文组织仍然沿用故事体。

由于公民科的目的在于"知行并进"，教科书编写者建议教师在使用时，关于"知"的方面，于正文材料外附加许多练习题目，引导学生自己研究；对于"行"的方面，教师可用积极的暗示，指导学生组织读书会等活动，使学生在无形之中受其影响。③而且尽量少用注入式的讲演方式，多加注意于实际活动，如参观、调查。如果能够根据教科书的内容编成戏剧或演说词，让学生参与表演，则能收获更多益处。课程教法的改进，促进了公民科课程质量的提升。

由于过去的修身科十分注重个人道德的养成，因此，在新学制实施被公民科取代的当时，普通公民课本少有讲及道德问题。教科书的编写者意识到这一问题之后，在第六段落专门从"道德的起源、道德的进化、道德上的根本问题和公民的道德修养"四个层面讨论道德问题。尤其在公民道德修养

---

① 初级中学实行学分制，公民科占6个学分。每周一个小时，每学期学一个段落，修得一个学分。这样每一段落四章，每章四节，每节一个小时，三册教科书刚好可以用三年。

②③舒新城：《新中学教科书初级公民课本·编辑大意》（第一册），中华书局1923年版，第1，2页。

一节,把个人道德、社会道德、国家道德和国际道德作为公民道德的必修范畴,从一个更为广泛的视角审视公民道德生长的精神空间和实现路径的可能性。

由此可见,这一时期的公民教科书,由于经历了民国元年以来军阀混战的四分五裂的局势以及"五四"新文化运动的个人主义启蒙和洗礼,对良好公民应该具备的知识、习惯和精神同等注意,同时对传统道德中的合理元素予以保留,还有甚至通过宗教信仰知识的介绍,以期通过课程学习养成忠勇服务、承担责任的明达公民。

由刘湛恩编写的《怎样做一个中华民国的良好公民》一书,表达了上述思想。首先它回答了什么是公民以及公民与国民的区别。作者通过聊天谈话的方式讲述了公民的含义,认为"公民和国民不同,住在一个国家的普通人民,倘是本国国籍的都可以称作国民。而公民必须具备一定资格,和相当年龄,能够享有公权参与国家地方公共事情的方才可以称做公民"①。在这里,公民资格是根据法律规定的,有年龄、户籍、学识、经验和财产五项;公权是法律上规定国民应享的权利,根据约法规定有自由权、请求权和参政权。其中自由权、请求权是一般国民共同享受的,至于参政权则是因年龄、财富、知识道德而有所限制。虽然法律规定国民一律平等,但是为了公共利益计,不得不设置一些限制,这些限制就是公民的法定资格。接着,作者从政治、经济和社会三个方面阐述了当下中国为什么需要良好的公民的现实情形,并系统地归纳和总结了如何以"高尚行事、公正待人、以恩立身以悯世"②的宗旨或准则造就公民人格、做一位良好的中华民国公民的途径。

二、"三民主义"与党义科

1927年4月,国民政府在南京正式成立,次年6月15日,北伐胜利,南京国民政府宣告完成统一大业。虽然军阀割据的问题暂时解决了,但是国民党内部的派系斗争仍然十分激烈。因此,如何重建一种思想信仰,作为一

①②刘湛恩:《怎样做一个中华民国的良好公民》,青年协会书局1925年版,第5—6、7页。

种新的意识形态以统帅人心,显得十分迫切而具有特别的现实意义。在这种背景下,孙中山的三民主义被确定为国民党的党义,随后被正式纳入学校课程之中,1931 年 9 月经中国国民党第三届中央执行委员会第一五七次常会讨论通过三民主义的实施原则。

尽管这一时期的教科书名称没有多大变化,但是三民主义不仅作为一门单独的课程出现,而且其思想分散渗透到其他科目之中。1928 年 5 月,经大学院审定,商务印书馆出版了由丁晓先、常道直编写的《新学制社会教科书》(1—8 册),供初小四个年级八学期使用。在"编辑大意"第三条中表明:"本书注重三民主义教育的精神,极力灌输革命和进步的思想知识,以养成儿童平民化和团体化的性格。"[①]实际上,在教科书中,除了在第五册第五课"国父的故事"中提到了三民主义是解放被压迫民族的福音外,再没有找到"三民主义"的字样。

这一时期还出版了与公民教育相关的一系列教科书,[②]在内容上先后增加了以"三民主义"为核心的党义科和新生活运动提出的重建传统道德"礼义廉耻"的思想。在教学方法上更加注重公民实际训练。

1928 年 1 月,中华书局出版了由吕伯攸、郑昶编写的《新中华党义课本》一至八册,供初小一至四年级使用。教科书成功地将孙中山抽象的"三民主义"转化为儿童可理解的生活常识:"根据孙中山先生之史实、学说、主义及民权初步,于形式方面务使其儿童化、文学化,俾引起其研究之兴趣,且每册均按照年级之高低循序渐进期不背儿童教育之原则。"[③]

----

① 丁晓先、常道直:《新学制社会教科书·编辑大意》(第一册),商务印书馆 1923 年版。

②《新主义教科书前期小学社会课本》(世界书局,1927)(1—8 册,初级小学专用);《新中华党义课本》(中华书局,1928)(1—8 册);《初中党义》(世界书局,1929)(全六册);《新中华社会教科书》(中华书局,1929)(1—8 册);《新时代社会教科书》(商务印书馆,1932)(1—8 册);《小学公民课本》(中华书局,1933)(1—4 册);《好公民》(世界书局,1933)(1—8 册);《公民训练小册·模范公民》(世界书局,1933)(1—8 册);《社会课本》(公民编)(世界书局,1933)(1—4 册,高级小学专用);《新公民》(中华书局,1934)(1—8 册);《复兴中学公民课本》(商务印书馆,1934)(1—5 册);《初中公民》(正中书局,1935)(1—4 册)。

③ 吕伯攸、郑昶:《新中华党义课本·编辑大意》(第一册),中华书局 1928 年版。

在魏冰心、徐映川编写的《初中党义》中,教科书坚持"以党治下的公民为立足点,以'三民主义'为中心材料"的编写原则,使学生能够被造就为"能知能行"的健全公民。全书由"我和社会的关系"、"我应该研究党义"、"民族主义"、"我愿服膺行易知难学说"、"我愿练习民权的运用"、"我应该研究五权宪法"、"建国大纲"和"实业计划"等条目构成,集中体现了孙中山的"三民主义"思想和学说,以及孙中山创建国民党的历史和提出国家建设的程序:从军政时期到训政时期最后走向宪政时期。特别是在第三册第二单元"我愿练习民权的运用"部分,教科书根据总理的遗嘱,首先说明民主国家要发达民权,民众必须先有集会的常识和经验,次则略叙集会的原则、组织及会议的顺序、习惯。在教科书编写者看来,《民权初步》一书好比兵家的操典、化学的公式①,非浏览诵读之书,而是习练之书。因此,教科书中介绍的仅仅是关于集会的必要常识,借以引起集会的兴趣,而练习民权的实际运用,还需要在日常生活实践中操练。

由此可见,在教育变革中,任何一种新的理念要在现实的土壤中生根发芽,必然会遭遇到新与旧、传统与现代、外部与内部等多种层面的复杂问题。因此,虽然新学制的公布体现了现代教育精神的价值诉求,其追求的"培养健全人格,发展共和精神"的教育宗旨体现了国民教育的"成"人培养目标,但是,由于教科书的理念与学生现实生活脱节甚至出现严重剥离,加之许多学校的公民科教员并没有接受过公民训练的经历,于是,学校公民课程一直停留在纸上谈兵、以师生口耳相传为主的教学方式上,大大制约了公民课程实施和训练的效果。

三、正式课程标准与公民训练教科书

1932 年 10 月教育部正式颁布《中小学课程标准》,在《幼稚园小学课程标准》里明文规定了小学公民训练标准。在这一背景下,由陆伯羽等编辑的《模范公民》教科书于 1933 年 7 月在世界书局正式出版印行。

《模范公民》一共八册,供初级小学四学年实施公民训练使用。全书编

———————

① 这里应为"化学方程式"。

辑的重要原则和依据是教育部颁布的小学公民训练标准里关于一、二、三、四学年的具体条目。教科书编制采用单元法，各条目互相联络，以便指导公民训练实践。教科书编辑的框架按照"单元——次序——条目——故事——德目"组织，既体现了与教育部颁布的小学公民训练标准的一致性，又遵循儿童学习的心理特点，同时也为一线教师在组织教学时提供了基本的依据和参照顺序，便于学校开展公民训练的教学实践（见表 3.1）。

表 3.1　初级小学公民训练第一阶段训练概要表

单元	初步学校生活指导							
次序	一	二	三	四	五	六	七	八
条目	我遇见老师和尊长一定行礼	我每天上学一定携带要用的课业用品	我排队很敏捷在队里很安静	我依次出入教室不争先	我在室内行走脚步很轻	我上课要发言必先举手	我上课时很安静	我在下课的时候做适当的游息
故事	子明上学的一天	忘记了什么没有	排队了	他很守秩序	不要妨碍别人	一种好方法	大家要把他做模范	到操场去
德目	有礼貌	守规律	守规律	守规律	守规律	守规律	守规律	强健

资料来源：陆伯羽：《模范公民》（第一册），世界书局 1933 年版，第 1 页。

《模范公民》教科书在编写时以实践为取向，尤其是十分重视教师在公民训练实践中的示范作用。正如编写者所言："我们深信实施小学校的公民训练，教师就是一个活动的教本，富有模仿性的儿童，看了教师的行为怎样，他就是模仿着教师的行为，也就怎样的做了。"①因此，在教育部颁行小学公民训练标准的实施方法要点中，专门作出规定：公民训练专重实践，不用教科书，在实施过程中要"注意人格感化，教师须以身作则"②。

────────────

①②陆伯羽：《模范公民·敬告教师》（第一册），世界书局 1933 年版。

《模范公民》教科书一共编选了 45 个单元,共分八个阶段。其中第一阶段分别安排了"初步学校生活指导"、"上学回来时的礼节与规律"、"食物的卫生"和"两件卫生的习惯"共计四个训练单元;第二阶段有"日常的卫生习惯"、"怎样保持清洁"、"穿衣服的注意事项"、"关于姿势的卫生习惯"、"学校里的纪律"和"勤勉的习惯"等六个训练单元;第三阶段有"服从和亲爱的研究"、"对人应有的态度"、"食物的卫生"和"日常的两种好习惯"四个训练单元;第四阶段有"对党国旗的敬礼和唱党歌国歌时的态度"、"快乐与讲话的态度"、"用品的爱护与保管"、"公德的研究"、"仁慈和勇敢的两种德性"五个训练单元;第五阶段有"校徽和校服"、"怎样叫做勤学"、"课后的生活"、"服务的方法"、"课外活动的研究"、"自治的初步"、"公共卫生的研究"和"亲爱的德性"八个训练单元;第六阶段有"在家庭中应做的事情"、"日常卫生的规律"、"服装和用品的清洁与整理"、"食物和食前食后的卫生"和"运动与游戏的研究"五个训练单元;第七阶段有"做事的方法和态度"、"对待别人的礼貌和态度"、"团体生活中应守的规律"、"悔过道歉与感恩"、"交友的态度"和"合作研究"六个训练单元;第八阶段有"进取的精神与精细的态度"、"自制的习惯"、"节俭和爱用"、"国货"、"避灾和救险"、"对人的态度"和"爱人和爱生物"七个训练单元。

195

从第一阶段到第四阶段使用的《模范公民》教科书,在编写时采用"条目——故事——图画"的方式,这样既符合儿童的认知特点,同时还能通过讲故事训练儿童的口语能力,培养儿童课外阅读的兴趣,凸显了学校课程在实施过程中相互支持的特点与功能。从第五阶段到第六阶段使用的《模范公民》教科书,在编写时采用"条目——故事——文体"的方式,在每一个条目后面配以文字,或者解释,或者描述,或者延伸,其中文体多以实用为主,有的是一封信,有的是一首歌,有的是公共场所对公民行为规范的规定等等。于是,在儿童的生活世界中开展对小学生进行公民训练的教学实践工作,教科书实际上发挥了媒介、纽带或载体的作用。

《模范公民》教科书内容组织采用从学校到家庭再到社区服务的顺序,旨在培养儿童个人伦理、家庭伦理和社会伦理意识。一些条目或德目的选择不仅与时令变化一致,而且与儿童个体的身心成长发展及其日常生活密切相关,充分体现教科书关注公民训练实践的生活取向。

四、修正课程标准与公民课本

随着《中小学课程暂行标准》和正式《中小学课程标准》的公布以及在各地施行结果，反馈回来意见颇多，尤其是对于课程教学总时数之过多有一致之表示。于是，1936年7月，教育部公布了修正课程标准，取消党义科，恢复了公民科，注重公民的实际训练，提倡新生活运动。

1937年3月，中华书局有限公司出版了由张匡编写、朱文叔审校的适用修正课程标准的《新编高小公民课本》一至四册，教科书力求根据儿童的能力启发其思考，引导其研究，并注重让儿童亲身经历，亲眼观察，亲手调查。例如，在高小第一册第十二课"新闻和时事的研究"中，编写者不仅告诉学生什么是研究，还介绍了常见的关于新闻和时事的研究方法："一是搜集研究的资料，天天读报，订阅杂志，将所载重要新闻和时事，剪贴或摘记大要；二是应用科学的方法，将所剪贴或摘要的新闻和时事，找到它的前因后果，做成有系统的记载，或绘制统计图表，并分类保存，以供日后查考；三是集合多人，各认定研究部分和工作范围，以收通力合作之效；四是先从本地新闻和时事研究起，渐渐扩充到本省、本国和世界。"[①]

同样，在《新编高小公民课本》第一册第四至六课，专门以"新生活运动"为题，着重讲了"礼义廉耻"的道德规范及运用。一方面，介绍了新生活运动的缘起、内容以及应该怎样做才算得上符合礼义廉耻的道德规范与要求；另一方面，结合儿童日常生活中的衣食住行分别将礼义廉耻具体化、生活化、艺术化。由于当时国难当头，日本发动"九·一八"事变占据东北三省后，随时都有试图把我四万万同胞变成亡国奴的可能。因此，新生活运动特别注意将礼义廉耻军事化，提倡严密军事纪律，慷慨为国捐躯献身，全民勤劳节俭做好战争贮备，为雪国耻不惜献出生命。这些内容选进教科书，不仅仅是对传统道德文化的继承与发扬，也是对学生进行民族精神教育的载体，同时教育学生懂得"少年强则中国强"的道理。在教科书第四册最后一课"怎样做一个好公民"一文中，作者从公民身份的角度，对个人在民族、国家和社会中的地位和作用谈到应该承担的公民责任：

对于民族的责任，我们要有强健的体格，使民族的品质增进；要有亲爱

---

① 张匡：《新编高小公民课本》（第一册），中华书局1937年版，第19—20页。

精诚的德性,使民族的团结坚固;要有礼、义、廉、耻、忠、孝、仁爱、信义、和平等美德,使民族的精神发扬,我们要把民族的生命,看得比自己的生命更重要。

对于国家的责任,我们要有爱国的思想,要有献身国家的决心,要有守法的习惯,要尽纳税、服役的义务,更要有行使四种政权和政府协同建设新中国的能力。

对于社会的责任,我们要有节俭、劳动的习惯;要有生产合作的知能;要把大众的利益,看得比自己的利益更重要,要使个人对社会的贡献,大于社会对个人的供给。①

1936年8月,上海大东书局出版了由陶百川编写的《初中公民》一至六册,教科书以"学校生活与公民道德"、"家庭生活与社会生活"、"公民与国家"、"公民与政治"、"地方自治之组织工作"、"地方财政——农村繁荣与公共幸福"等条目为框架,严格依据修正课程标准,贯穿三民主义精神和新生活运动的指导思想,并结合当时中国国内局势,提出了初中公民教育的目标:

1. 使学生由实际生活体验群己之关系,养成修己待人之善良品性。

2. 使学生明了三民主义之要旨及政治、经济、法律与地方自治之基本知识,培养健全之公民资格。

3. 使学生了解我国固有道德之意义,确立复兴民族道德之基础。②

显而易见,《初中公民》教科书在编写过程中,注重吸纳传统道德的修身功能作为合理元素,其间虽然公民课程经历了从公民科到党义科,然后又恢复公民科的变迁过程,但是,以三民主义为主线自始至终贯穿在政治、经济、法律与地方自治知识学习内容的选择和编制过程中,并试图通过新生活运动进行公民训练,复兴民族道德基础,建立全国上下统一抗战的思想基础,重振国民的抗日士气和战斗精神。

公民教科书内容的这一变迁,不仅反映了作为统治阶级的执政党其权力意志在课程编制中的凸显,而且反映了时代变迁、政局变化以及国际风云变幻对学校教育内容和学习方式的影响。同时,教科书内容的变化还凸显

197

---

① 张匡:《新编高小公民课本》(第四册),中华书局1937年版,第21—22页。

② 陶百川:《初中公民·编辑要旨》(第一册),大东书局1936年版。

了在时代风云变幻莫测的背景下,回归传统道德成为超越中西之争和古今之变的价值判断依据和选择路向。

此外,这一时期还出版了《复兴公民教科书》(商务印书馆,1937)(1—4册,高级小学专用)以及《新编初中公民》(中华书局有限公司,1937)(全三册)。为了帮助教师理解公民教育的要旨,还专门编写了公民教授书、公民训练法、公民训练指导书以及公民教本等系列,以克服《新课程标准纲要》颁布前准备不足的问题,进一步通过对教员提供教法指导,提高公民科课程实施的质量。

结 语

现代公民人格建构的文化语境分析及路径探索

近代以来,中华民族从来就没有停止过对强国之梦的追求。一批又一批中国新式知识分子和启蒙思想家,以严复、康有为、梁启超、陈独秀和胡适等为代表,他们运用西方的学术知识体系解构中国传统文化价值,在如何对待传统道德培育现代国民人格上,不论是在"中体西用"的价值指导原则下,还是在"全盘西化"的社会思潮背景中,其思想力量成为推动中国现代化进程的强大动力。

但是,一个多世纪过去了,近代先进士人追求的"自由"、"平等"和"民主"至今没有成为现实。正如霍韬晦先生所言,"民主仍未落实,科学还是居于人后"。① 由此可见,中华民族虽然取得革命的成功,但是国人的思想观念、现代意识和道德水准并没有随着时代的前进而与时俱进,相反,中国人在传统与现代之间的反复挣扎与"中西文化"价值冲突形成的张力交织在一起所构成的日常生活方式,已经凸显中国传统道德"修身"功能的软弱无力,而这一现状的延续表明中华民族正在逐渐丧失成为现代国民的文化血脉和基因。

于是,一个始终困扰我们的问题是:学校德育在重塑国民人格的过程中如何超越"中西文化"价值冲突在传统与现代之间寻求教育切入点。当我们回到历史的文本中,19世纪的启蒙思想家对传统伦理的批判、国民劣根性的剖析以及西方现代价值的解读、澄清和诠释,使我们对特定历史背景和文化脉络中人性的演化逻辑有了更为精准的认知与把握,从而对学校德育课程的演进逻辑有了进一步的体认和判断。

---

① 霍韬晦:《从反传统到回归传统》,中国人民大学出版社2010年版,第84页。

人性假设是研究道德的基础,在人性预设的背后必然隐藏着善恶价值判断,而价值判断和选择是学校德育得以展开和德育课程编制过程中最为繁难的问题。因此,通过对近代以来学校德育课程内容和价值的演变历史进行梳理,有助于进一步认识与发现影响现代学校德育课程变迁的社会思潮、促成学校德育课程嬗变的文化心理机制以及学校德育课程演进的历史逻辑。本研究在对清末到国民政府时期(1900—1937)学校德育课程从修身科到公民科的演变历史进行研究的基础上,从三个层面初步概括和提出了这一时期学校德育课程演进的历史逻辑。

第一节　学校德育"成"人目标由圣贤人格到公民人格

从晚清学堂开设修身科到国民政府时期实施公民训练,是学校德育课程目标涉及公民素养维度的最大一次转换。在传统德育的"修身"课程目标中,十分注重个人私德的修养,试图通过"格物、致知、诚意、正心"的修身实践实现"齐家、治国、平天下"的人生理想或个人抱负。因此,传统的孝、弟、忠、信、爱、义、勇、恭敬、勤俭、清洁诸道德德目以及"礼义廉耻"的伦理取向,既是一种属于个人道德修养追求的目标,同时作为一种道德原则或伦理规范,也是维护一个国家稳定的社会基础。

以"修身为本"的儒家伦理思想是传统德育课程的主流价值取向,其目标追求是培养一种圣贤人格。简言之,这种圣贤人格是以儒家人格为主导范型的传统人格,旨在实现"内圣外王"的道德境界,直接体现在培养对象——"君子"的身上。众所周知,君子重义轻利、自强不息,这种内在精神通过修身实践一以贯之地贯穿于圣贤人格不断完善的过程之中。尽管在传统道德文化中还存在诸如道家追求的"自然无为的顺天人格"和墨家力倡的"仗义而为的侠士风度"等理想人格范式,但是这些人格理想一旦遭遇专制主义文化压制的现实,全部蜕化为缺乏个体独立尊严的依附性人格。这种依附性人格在封建制度的纲常伦理秩序以及依靠血缘、地缘架构的"家天下"社会格局中,人和人之间应然的平等关系逐渐消逝了,取而代之的是一种"主—奴"关系。对于个体而言,一种与生俱来的身份从根本上规定了个人的发展前途,文化传承中的尊卑、贵贱、长幼和上下之规约,把人分成主子和奴才,使人格被形塑为具有分裂特征的双重人格。其间,尤以女性的被奴役最为典型。由此可见,造成中国国民双重人格形成的根源是几千年来封建皇权专制主义文化传统的盛行,同时意味着以修身造就的传统人格在现代文明嬗变的时代背景中必然走向人格范式的转型。

虽然传统人格不能适应社会和时代发展的需要,但是也并非与现代人格水火不容,它同时具有改铸为现代人格构成之合理元素的可能性。严复的"鼓民力,开民德,兴民智"之说开启以"独立人格"易"依附人格"风气,提出以传统人格资源的开拓作为塑造"新民"人格的基础条件。陈独秀发起以"伦理的觉悟"为标志的新文化运动,在陈独秀看来,所谓"伦理的觉悟",实际上是"废除奴隶道德",追求个体独立人格。为此,他提出人的解放与社会的解放在逻辑上应保持内在一致性,这一主张成为 20 世纪初以陈独秀为首的新文化运动的巨子们根据国情而开出的救国救民处方。在陈独秀看来,一代新青年要有自由独立平等的现代人格,具有追求进步、敢于竞争、讲求实际的时代精神,具备放眼世界、相信科学的基本素养。而科学与民主相辅而行,专制与愚昧相依为命。科学是愚昧的克星,民主是专制的死敌。因此,陈独秀认为必须高举科学和民主两面旗帜,彻底扫清和涤荡专制主义遗留下来的封建毒素,以法律保护的言论自由实现对国民现代思想的启蒙。在经历"五四"新文化运动之后,科学和民主的价值渐渐深入人心,它们不仅成为人们看待事物的立场,还是人们判断事物的价值标准及合理性依据,而且这些价值观已经逐渐融入到人们的日常生活中,成为一种典型的处世态度和社会行为方式。但是,科学和民主是实现现代独立人格的手段和条件,理应不能成为追求中国现代化的目的和价值,因此,国民现代独立人格的形塑绝不是建立在对传统人格彻底否定的基础之上,而是必须在厘清以修身主导的私人领域与政治民主的公共领域的界域的前提下,在传统圣贤人格的血脉中建构和重塑现代国民的独立人格。

由此可见,近代以来对独立人格的执着追求,使现代人格的模塑自觉化、系统化、生活化。无数志士仁人希望通过公民教育来改造国民性、养成共和精神和健全国民人格,以确保"国民素质"逐步得到提高,为学校德育课程实现由修身到公民训练的范式转型提供了舆论上的准备。同时,民国之后,由于政体的属性规定,学校德育宗旨涉及到要培养共和国的合格公民问题,因此,这一时期亟待建立新的道德标准。在传统的"仁义礼智信"和"温良恭俭让"之外,现代公民必须具备关于家庭、社会、国家、民族调和、国际关系、人类互动以及国民经济等社会伦理方面的知识,处理各种公共关系的行为态度和道德规范,以及参与社会公共事务的技能等等,而这些内容远非传统的"修身科"一门课所能涵盖。因此,学校德育能否合理传承、吸收传统道德教育的合理元素,充分发挥其修身功能,重视对儿童进行个人行为规范训练,提高个人的道德修养,同时向学生传授关于现代国家政治制度、社会法律概念、个人权利和义务等层面的有关"私人空间"和"公共领域"的公民知识,发展儿童健康的自我意识,训练儿童参与公共事务的实践能力,养成儿童健全的、独立的现代公民人格,则关系到学校德育能否在一定程度上实现教育"成"人的功能问题。

从学校德育目标由培养传统圣贤人格到塑造现代公民人格的转变,意味着个人道德训练必然经历由传统修身注重私德修养到现代公民重视公共道德践履的过程。由于中国古代社会是以自给自足的农业自然经济为基础,它是一个通过地缘和血缘构建而成的宗法社会,为了迎合封建专制统治的需要,以儒家伦理的"三纲五常"为核心准则发展而成的一整套伦理道德规范,呈现出一个显著的伦理政治化特征,表现在:它要求人们以反求诸己的修身方式成为圣人,通过修身实现齐家、治国、平天下的政治理想。但是事实上,由于齐家与治国之间存在巨大的鸿沟,对于绝大多数人而言,一生最后达成的现实目标也不过就实现了齐家而已。

甲午战争之后,国家民族危机日益严重。在此处境下,知识界兴起了"群学"的思潮,提倡"群重己轻,舍私为公",希望打破家庭、宗族、阶级等小单位的隔阂,为国族利益奋斗献身。在这种背景下,梁启超从日本移植了"公德"概念,成为近代第一个在本土提出"公德"的知识分子。梁启超建构的"公德"概念是基于国家伦理和社会伦理的理论假设,其"公德"概念主要包含两个元素:一是爱国心,一是公共心或公益心。这种公德观背后隐含的民族精神虽然与西方的冲击有很大关系,但同时也是中国传统文化脉络中读书人面对民族危机表现出来的一种忧患意识和担当精神,简言之,这种与爱国精神交织在一起的民族精神也是中国传统文化精神的体现,正是在这一精神的激励下,近代以来国人"自强求变",先进士人开始对"国民性"问题进行深刻反思。但是,对于"公德"这一概念在西方政治社会思想中却无法找到一个与之严格相对应的词汇。在西方,所谓的公共道德是一个十分宽泛而庞大的所指,其内容包括了公共领域中所有重要的价值问题,比如自由、平等、人权、博爱、公共服务等等,而上述价值对中国传统道德观念的冲击和挑战恰恰是现代学校德育课程嬗变的历史契机。

　　1911年,资产阶级领导的辛亥革命爆发,推翻了延续两千多年以"一姓之私产"而"家天下"的封建帝制,建立了以"民主共和"为政体的"公天下"——中华民国。由于战乱频仍,百废待兴,人们先前对"民主共和"产生的种种幻想一时还难以兑现,于是演变成一种极端的情绪,表现出对"中华民国"彻底的绝望。这种由于价值权威的缺席导致随后尊孔复古风潮的兴起,使得随之衍生而来的帝制复辟闹剧直接把辛亥革命的果实断送到封建军阀的口袋中。"中华民国"只剩下最后一块空字招牌。"国之不存,民将焉附",正如梁启超言之,"国乃积民而成。舍民之外,则无有国"。① 没有高素质的国民为基础,何以建设一个富强、民主、文明的国家? 同样,没有国家的独立,何以造就具有独立人格的现代国民?

　　由于认识到"国民"之于国家的意义重要性以及"臣民"普遍存在的现实,以陈独秀为代表的一批有识之士,在更高层次上发动了一场旨在以西方"科学"和"民主"造就新型"国民"的兼顾启蒙与救亡的新文化运动。不难看出,新文化运动中的这批急先锋使得当时中国知识分子又一次受到西方科学民主思想的洗礼,他们以传统读书人的忧患意识,不仅承担着将西方价值移植进入本土的重任,同时还身体力行积极推进为其铺路,以实现对国民现代思想和国民意识的启蒙。但是,也要指出,新文化运动中的先进分子,大多带有一些偏激情绪,尤其是在如何对待传统文化与现代文明价值的看法上,存在着绝对肯定或绝对否定的"非此即彼"倾向,把反传统、反专制、反封建与争取"人权"、"民主"和"科学"严格对立起来。而且这种思维模式或思想立场一直影响到后来,直到今天。

　　正如民国成立之初,由于价值权威的缺席导致复古风潮的兴起和帝制复辟的闹剧一样,"五四"新文化运动非理性地反传统同样带来专制主义的反扑以及对传统文化的回归。国民政府成立之后,国民党一方面以三民主

---

　　① 梁启超:《中国积弱溯源论》,见《饮冰室合集》(专集之五),中华书局1989年版,第16页。

义作为意识形态,全面推行党治主义的专制统治,妄图通过"清党"政策实现一党独大的"党天下",可以说是"五四"新文化运动以来出现的首次历史倒退;另一方面,以传统道德文化中的"礼义廉耻"作为推行"新生活运动"的价值合理性基础,以此重振国民抗战到底的士气和信心,可以算得上一次较为成功的抗战精神总动员。不难看出,传统道德文化中属于私德修养范畴的修身养性,其道德功能的发挥并不与属于公共道德范畴的公民人格相抵牾;相反,传统道德教育所追求的以发展个体的传统人格为目标,其体现出来的一种以忧患意识和担当意识为精神特质的道德勇气,与现代公民人格中蕴含的义务感和责任意识乃一脉相承。二者之间能否和谐共生,取决于在民主与法治框架下的现代政治文明制度是否真正落实依法保护公民的私权利,以及对国家公权力同时进行限制和监督的权力制衡机制在政治生活中能否正常发生作用。

第二节　学校德育内容选择的"中西文化"价值取向

自从晚清新政改革以来,学校德育课程在内容选择上,始终围绕如何处理"中学(旧学)"与"西学(新学)"之关系,在把握二者之关系的基础上,开始对西方"自由"、"平等"和"人权"等现代核心价值进行反思,在观照传统道德文化的同时,尝试性地提出了"中体西用"、"全盘西化"等不同的价值指导原则,表明对待传统文化的不同态度以及移植西方现代价值的不同策略或路径。

中国传统文化以家族为单位,以社会群体作为价值主体,形成了一种社会本位的价值系统。它把社会群体看作是产生一切价值的最终依据,并以之作为产生文化价值的最终实体。换言之,一切价值和意义皆是由社会群体派生出来;相反,离开了社会群体,一切个体皆没有自己独立价值的合理性。社会本位的价值取向对个人道德修养提出了相应的规范和目标要求,而以个人为本位的个人主义构成了西方文化价值观念的思想基础和人文传统。个人主义所强调的是,在个人与整体的关系中,个人是出发点、核心和目的,国家和社会的使命就是要保护个人的权利。在所有的权利中,自由、平等是最基本的权利,因而国家和社会的最高使命和最低职责底线就是要保护个人的自由平等权利。在西方人看来,每一个人都有决定自己生活和前途的自由和权利,"无自由,毋宁死",对个体存在意义的价值认同形成西方人"对自己的选择负责"的国民意识。因此,自由和平等既是个人主义坚持的核心价值,也是西方社会公认的政治原则。个人本位的价值取向对国家和政府可能损害公民权利的行为通过民主和宪法的机制进行制约。作为西方文化价值观念的思想基础,个人主义贯穿于西方文化价值观念体系的方方面面,体现了西方价值观念的根本性质,它对中国现代化历程产生了深远的历史影响,同时也对学校德育课程内容的选择提供了一个与中国传统道德文化不同的价值标准体系。

晚清新政改革继续坚持"中体西用"的指导原则,在颁行的《癸卯学制》之中,十分强调学堂立学宗旨务必"以忠孝为本,以中国经史之学为基",在修身科中精选了"朱子的《小学》、刘忠介的《人谱》和《弟子箴言》等蒙养读物"为教科书,强化了读经讲经的教化意义。在注重挖掘传统德育课程中的修身功能外,也逐渐引入了西方德育中关于培养儿童公德意识的观念。这些变化,一方面是洋务派与维新派和革命派之间相互斗争和妥协的结果;另一方面,由于受"中体西用"指导原则的制约,在与封建专制统治者的利益不相冲突的前提下,对于中国传统道德与西方现代价值之间形成的张力,在德育课程中按照一定权重的大小和比例的多少纳入教科书而得到消解。当然,在德育教科书的具体编写和课程讲授过程中,其内容的选择还会受到出版商、教科书编写人员个人主观立场的影响以及教员个人喜好或价值取向的限制。

民国初年,在中华民国教育部颁布的《普通教育暂行教育办法》中,明义要求"一律废止读经",这一政策导向否定了清末"中体西用"的指导思想,而对来自西方资产阶级关于平等、民主和自由的价值情有独钟。教育部在新颁布的教育宗旨中公开否定以"忠君"、"尊孔"为核心的前清教育宗旨,力倡军国民教育、实利主义教育、公民道德教育、世界观教育与美感教育等"五育并重"的教育方针。事实上,由于"忠君"并不等同于"爱国",所以否定"忠君"体现了时代进步的精神特质;但是,如果不对儒家伦理道德思想进行全面认真的盘点、清理和检视,就全盘否定"尊孔"则有可能陷入以反传统为标志的激进主义泥坑,造成整个社会价值权威的缺席,最后又必将回到专制主义的文化传统中去。

随着袁世凯亲手导演的帝制复辟闹剧的发生，代之而起的是愈演愈烈的复古狂潮，尤其是对以孔子为代表的儒家伦理道德价值产生了强烈的回归愿望。这种像钟摆一样在"中国传统与现代"价值之两极之间的反复和摇摆，使得以陈独秀、高一涵、胡适、鲁迅等为代表的现代知识分子对封建专制文化的毒瘤有着非同一般的清醒认识，他们高举"科学"与"民主"大旗，投入到反封建、反专制、反传统的"五四"新文化运动潮流中，对中国封建专制主义与儒家伦理教育传统进行激烈批判和彻底清算。这种以中国传统读书人"铁肩担道义"的忧患意识和道德勇气，承担知识分子对国民进行现代思想启蒙的社会责任，从而为真正意义上的中国现代德育课程体系建构与探索奠定思想基础。虽然"五四"新文化运动以"科学"和"民主"作为诊治国民愚昧和封建专制主义的处方良药，但是由于这场运动多少带有激进主义的色彩，显得冲动有余理性不足，没有对传统文化的构成元素进行全面清理，而让其消逝在一浪高过一浪的反传统口号声中。由此可见，现代意义上的中国德育课程价值的演进是在"中西文化"价值冲突和观念博弈中得以渐次生成与发展，是在复古与反复古的思想斗争中得到沉积并广泛传播。学校德育课程体系中公民科的设置正是在这种历史背景下应运而生，在取代了传统的修身科之后，在"中西文化"的张力中与时俱进地选择学校德育内容。

公民科在学校课程体系中的设置并不意味着公民教育的思想观念和行动在现实生活中立即兑现。在南京国民政府成立后，执政的国民党根据"训政"需要，在学校里开始推行党化教育，极力推行三民主义思想，同时，当局在《中小学课程暂行标准》中要求将公民课与三民主义课合并为党义课，从而取消公民教育。这种把一个人或一种思想神圣化，属于极权主义国家的典型特征，其目的就是让国民变成不会思考的工具，成为专制特殊利益集团的奴隶，从而又一次通过强权把国民驱入"从臣民到公民再回到臣民"的历史怪圈中。面对这种局面，以胡适、任鸿隽为代表的自由知识分子采取了坚决抵制的态度，他们纷纷撰文表达了公共知识分子的声音：一方面对党化教育的危害进行了深刻的批判；另一方面，从学理上分析了公民教育与党化教育的本质区别。由于社会各界的强烈反对，当局很快又在学校恢复了公民课。

1931年，"九·一八"事变爆发，面对来自民众日渐高涨的抗日呼声和日军的得寸进尺，以蒋介石为首的国民政府顿时在政治上陷入了"内忧外患"的被动局面。为了迅速破解时局难题，蒋介石发起了旨在恢复传统道德的"新生活运动"，标榜以"礼义廉耻"之四维作为维护国家稳定的中心价值原则。

由上可见，中国的现代化历程始终伴随着"中西文化"之间的冲突和融通，而且这一过程与国人对传统落后元素的不断否定以及对现代西方文化的核心价值追求交织在一起。学校德育课程的历史演变就发生在上述时代背景和历史脉络中，它在内容选择中必然通过价值标准体系的传承和更新不断对历史和时代做出回应。因此，当我们为了构建和谐社会重新对中国传统道德所倡导的"仁义礼智信"和"温良恭俭让"进行认真检视和深刻反思之时，在以个人主义为核心的西方现代文明价值和政治智慧的观照中，我们会发现，"中西文化"在自然人性的框架下完全可以开诚布公地平等对话，重新诠释"仁义与公义"、"礼治与法治"、"求真与较真"、"诚信与信心"、"克己与自治"和"知耻与奋进"等德目之德育价值和意义，并以"己所不欲，勿施于人"和"己欲立而立人，己欲达而达人"的忠恕之道作为维护世界和平伦理秩序的中国道德智慧或地方性知识传统。

结语 现代公民人格建构的文化语境分析及路径探索

207

第三节　学校德育教科书的现代化——从"修身"到"公民"

自从晚清引入西方学校制度以来，修身被正式确定为学校课程科目。随着新式学堂数量激增，对教科书的需求增大，教科书出版的竞争加剧，对教科书的编写质量提出较高要求。这一时期修身教科书的编写，主要依据德目主义和人物主义来展开。

德目主义是指把人类道德经验高度概括和凝结为德育内容，并罗列为各种"德目"，像"正直"、"守时"、"勇气"、"公益"等等，以此作为传递道德经验的抓手，借助于专门德育教师的课堂讲授，使被教育者识记、理解和掌握这些"德目"，试图以此达到道德教育的目的。德目主义是一种源远流长的德育模式，依据德目主义编写的教科书具有以下三个特点：一是德育内容在整个学校教育中自成体系,具有相对独立性和德育知识系统的完整性;二是强调直接性或直观性,由教师直接讲授、灌输、注入的各种道德行为规则和社会规范可以直接或直观地通过德目编写来体现;三是具有高度概括性和理想主义的色彩,由于德目用语简洁、凝练,十分抽象,因此,教科书在编写中为了取得较好的德育效果,常常采用图画、图文结合或者故事编写的方法组织德育内容。但是,由于德育教学中,德目内涵的知识权威和价值判断被德育教师掌控着,教师成为德育的主体,是德育知识的主动传授者,而学生成为被动的德育知识接受者,学生始终处于受支配、从属、服从的客体地位,德育过程成为一个纯粹的德育知识从主体流动到客体的单向传递过程。因此,以德目编写而成的德育教科书难以克服自身的弱点和不足。

人物主义是指将中外著名的道德典范人物的故事选编成具有德育价值的文本,通过教师向学生进行叙述、阐释、澄清和评价,利用榜样示范作用实现道德教化的德育目的。人物主义对于儿童的模仿学习是一种有效的德育模式,在教科书编写中具有以下特点:一是选编的人物要具有相当的知名度,能够承担道德权威的德育功能;二是选编的人物故事发生的情境具有可移植性,主人公或当事人与德育对象应属于同龄人或年龄相差不多;三是选编的道德榜样具有示范性,易于儿童模仿和学习。由于选编的人物及其故事发生的背景与儿童生活的时代背景有一定距离,因此,这类教科书在实际使用过程中往往难以达到预期的德育效果。

从清末到民初,这一时期修身教科书的编写基本上采用了德目主义与人物主义相结合的方式进行,对于不同年级采用不同层次的教科书,除了课文篇幅的长短、体裁的选择、陈义的深浅等方面有所差别外,教科书编写的核心思想都体现以教师和伦理知识为主导,在实际德育课程实施过程中显现出其致命的弱点:一是以伦理知识承载德育价值的德目,属于抽象的、书本上的道德,在没有标准的前提下不分年级而采纳,不符合儿童的个性和学习程度;二是以教训式的伦理组织的德目大多基于人性恶的假设,在教授中容易使儿童感到压抑;三是以古代和国外人物为道德典范进行德育教化,在时间跨度上和文化语境上脱离了儿童的现实生活;四是伦理知识的教授方法以传统的讲授为主,而没有实际情境的道德训练,使儿童内心难以产生对道德价值的认同。因此,一些知识分子对传统的修身科教科书提出了批判,指出应加强以游戏、体操以及待人接物作为实际的训练方法,使儿童道德的本能在活生生的情境中渐渐显现出来并得到发展,从而激发儿童的道德意义感。

民初之后,教育界一直致力于德育教科书改革,但是,在编写中基本上与清末商务印书馆的《最新修身教科书》(1907—1911)的模式相近,把德目主义和人物主义结合起来,只是在主题立意、题材选择等方面进一步体现了国民教育的需要。本期修身教科书具有以下特征:一是教科书在内容题材选择上注重中外古今道德的汇通,教科书的德目绝大多数都是采集于中外历史故事、中国传统道德和西方现代文明的核心价值观;二是注重个人道德修养和现代公德意识的培育,在教科书中保留了像"戒谨"、"报本"和"行仁"等大量的传统德目,同时增加了诸如独立、自由、自尊、平等、守法和纳税等体现现代国民意识的德目,而且即使采用了传统的德目,也在文字叙述中从现代的立场进行阐释;三是教科书采用圆周法编写,"温故而知新",符合儿童的认知特点,并针对不同年龄儿童对同一德目采用不同表达方式,比如在一、二年级可能是一幅图片,在二、三年级可能是图片与文字共用,四、五年级则全部采用文字叙述。

随着"五四"新文化运动的兴起,以高一涵、陈独秀等为代表的知识分子纷纷著文,开始对国民进行现代思想启蒙,国家观念和公民意识渐渐深入人心,这些内容也被选择纳入教科书的编写中。这一时期虽说公民教科书种类繁多,但其学科内容的知识框架,基本上是按照"群己关系"、"公民常识"和"社会问题"三个方面编排的。而且教科书在编写过程中,既注重吸纳传统道德的修身功能作为合理元素,同时也表达了对现代文明社会提倡的平等、权利、自由、法治等核心价值的诉求。由于这一时期学校德育普遍倾向于以全面主义取代德目主义和人物主义,使得学校德育的范围大大拓展,德育途径日渐多样化,这对德育教科书的编写提出严峻的挑战。其间,虽然教育部颁布了课程标准纲要,教科书的编写变得有据可查,但是,深受平民主义、实验主义和民治主义等教育思潮影响的学校公民教育,实现了由公民知识的讲授到公民技能训练的课程范式转型,这对公民教科书的编写也带来深远的影响,学校德育教科书又一次面临时代和历史的变迁。

因此,自从《壬戌学制》正式确立学校公民科课程之后,公民教科书的演变经历了三个主要阶段:一是深受"五四"新文化运动的影响,教科书中大量充斥关于公民常识介绍、良好公民习惯养成和公民自治能力训练的内容,为了考虑儿童的可接受性和易理解性,教科书在编排形式方面顺应儿童的学习心理,内容组织上由浅入深,编排形式上随着儿童年龄的增长由低段的以图画为主、图文结合到高段的以故事为主兼图画说明,体现了德育教科书的现代化历程。二是在国民政府成立之初的党治时期,以三民主义作为指导思想贯穿学校德育全过程,导致公民教科书一度被党义教材取缔,虽然不久恢复了公民科的课程设置,但是在公民教科书的编写中,教科书坚持"以党治下的公民为立足点,以三民主义为中心材料"的编写原则,在涉及公民知识的内容选择上仍然受到三民主义思想框架的制约,因此,在这一时期的公民教科书中基于培养"能知能行"的健全公民的考虑,已经意识到增加公民实际训练内容的必要性。三是从 1932 年颁布《中小学课程暂行标准》到1936 年颁行《修正中小学课程标准》,笔者把这一时期简称"课程标准时期",公民教科书编写发生在"从党义科的取消到新生活运动的广泛开展"这一时期,教科书在如何对待传统道德与现代公民身份之资格要求方面,着实下了一番功夫:一方面,注重选取使学生由实际生活体验群己关系以养成修己待人之善良品性的内容,使学生了解我国传统道德之意义,确立复兴民族道德价值之基础;另一方面,介绍三民主义之要旨及政治、经济、法律与地方自治之基本知识,培养儿童健全之公民资格,使儿童认识到个人在民族、国家和社会中的地位、作用以及个人应该承担的公民责任。

由上可见,学校德育教科书经历了从晚清的"修身"到国民政府时期的"公民"的演变历程,在教科书编写指导思想上由于受到"中体西用"、"读经复古"以及"全盘西化"思潮的影响,德育内容的选择经历了从重视传统道德价值的传承到试图将西方价值移植到本土的一个反复过程;在确立教科书编写依据上,从德目主义、人物主义到二者相结合,使得德育价值的确立过程在力求超越"中西文化"之间差异性的视野中,在传统与现代的历时态演变过程中维持教科书现代化的一种微妙的平衡。

参考文献

专著

1. [美]本杰明·史华兹. 寻求富强：严复与西方. 叶凤美译. 南京：江苏人民出版社,1990

2. 蔡元培. 中国伦理学史. 北京：商务印书馆,1910

3. 陈平原,杜玲玲. 追忆章太炎. 北京：中国广播电视出版社,1997

4. 陈奇. 刘师培思想研究. 贵阳：贵州人民出版社,1999

5. 陈侠. 近代中国小学课程演变史. 福州：福建教育出版社,2007

6. 陈序经. 中国文化的出路. 上海：商务印书馆,1934

7. 陈旭麓. 陈旭麓学术文存. 上海：上海人民出版社,1990

8. 陈筑山. 公民道德之根本义. 中华平民教育促进会,1931

9. 常乃德. 全民教育论发凡. 上海：商务印书馆,1925

10. 程湘帆. 小学课程概论. 上海：商务印书馆发行,1923

11. 丁守和. 中国近代启蒙思潮. 北京：社会科学文献出版社,1999

12. 丁致聘. 中国近七十年来教育纪事. 上海：商务印书馆,1935

13. 董渭川. 旧教育批判. 上海：中华书局,1949

14. 杜维运. 史学方法论. 北京：北京大学出版社,2006

15. 冯开文. 中国民国教育史. 北京：人民出版社,1994

16. 高谦民. 中国小学思想品德教学史. 济南：山东教育出版社,1996

17. 龚启昌. 公民教育学. 南京：正中书局,1948

18. 郭秉文. 中国教育制度沿革史. 福州：福建教育出版社,2007

19. 郭双林. 西学激荡下的晚清地理学. 北京：北京大学出版社,2000

20. 胡朴安,江亢虎. 读经问题讨论. 上海：三通书局发行,1939

21. 霍韬晦. 从反传统到回归传统. 北京：中国人民大学出版社,2010

22. 雷良波等. 中国女子教育史. 武汉：武汉出版社,1993

23. 李华兴. 民国教育史. 上海：上海教育出版社,1997

24. 李泽厚.中国近代思想史论.北京:人民出版社,1979

25. 刘大椿,吴向红.新学苦旅.桂林:广西师范大学出版社,2003

26. 刘军宁.北大传统与近代中国.北京:中国人事出版社,1998

27. 刘湛恩.怎样做一个中华民国的良好公民.青年协会书局,1925

28. 柳诒徵.中国文化史(上中下).上海:正中书局,1947

29. 吕达.课程史论.北京:人民教育出版社,1999

30. [美]鲁滨孙.新史学.何炳松译.桂林:广西师范大学出版社,2005

31. 康德.法的形而上学原理.北京:商务印书馆,1991

32. 马勇.蒋梦麟教育思想研究.沈阳:辽宁教育出版社,1997

33. 马勇.章太炎讲演集.石家庄:河北人民出版社,2004

34. [美]诺斯.制度、制度变迁与经济效绩.上海:上海三联书店,1994

35. 钱理群.拒绝遗忘.汕头:汕头大学出版社,1999

36. 钱穆.中国文化史导论.上海:正中书局,1948

37. 单中惠,王凤玉.杜威在华教育讲演.北京:教育科学出版社,2007

38. 申建林.自然法理论的演进——西方主流人权观探源.北京:社会科学文献出版社,2005

39. 申晓云.动荡转型中的民国教育.郑州:河南人民出版社,1994

40. 盛朗西.小学课程沿革.上海:中华书局,1934

41. 舒新城.近代中国教育思想史.福州:福建教育出版社,2007

42. 宋璞.张伯苓在重庆.重庆:重庆出版社,2004

43. 孙宝瑄.忘山庐日记(上).上海:上海古籍出版社,1983

44. [美]孙隆基.中国文化的深层结构.桂林:广西师范大学出版社,2004

45. 邰爽秋.中小学课程问题.上海:开明书店,1935

46. 檀传宝.问题与出路——若干德育问题的调查与专题研究.杭州:浙江教育出版社,2009

47. 田正平.中国教育史研究(近代分卷).上海:华东师范大学出版社,2001

48. 田正平.中国小学常识教学史.济南:山东教育出版社,1996

49. 汪晖.无地彷徨:"五四"及其回声.杭州:浙江文艺出版社,1994

50. 王伦信.清末民国时期中学教育研究.上海:华东师范大学出版社,

참

2002

51. 王忍之.辛亥革命前十年间时论选集(第一卷).上海:上海三联书店,1978

52. 王亚南.中国官僚政治研究.北京:中国社会科学出版社,1981

53. 王颖春.从修身到公民再到三民主义与党义:民国公民教育课程的演变.北京师范大学硕士学位论文,2008

54. 吴世昌.中国文化与现代化问题.上海:观察社,1948

55. 熊明安.中国近代教学改革史.重庆:重庆出版社,1999

56. 熊明安.中华民国教育史.重庆:重庆出版社,1990

57. 徐雉.中国学校课程沿革史.上海:太平洋书店,1929

58. 杨彬如.尚公儿童自治概况.上海:商务印书馆,1925

59. 杨亮功.早期三十年的教学生活.合肥:黄山书社,2008

60. 杨念群主编.空间·记忆·社会转型.上海:上海人民出版社,2001

61. [英]伊辛,[英]特纳主编.公民权研究手册.王小章译.杭州:浙江人民出版社,2007

62. 虞和平.经元善集.武汉:华中师范大学出版社,1988

63. [澳]约翰·柯莱威利.中国学校教育.张昌柱等译.石家庄:河北教育出版社,1995

64. 张耿西.小学公民训练的理念与实际.上海:中华书局,1936

65. 张君劢.明日之中国文化.上海:商务印书馆,1936

66. 张枬,王忍之.辛亥革命前十年间时论选集(第1卷下).北京:三联书店,1960

67. 赵廷为.新课程标准与新教学法.上海:开明书店,1932

68. 郑航.中国近代德育课程史.北京:人民教育出版社,2004

69. 中国近代史编写组.中国近代史.北京:中华书局,1983

70. [美]周锡瑞.改良与革命——辛亥革命在两湖.杨慎之译.北京:中华书局,1982

71. 周予同.中国现代教育史.福州:福建教育出版社,2007

72. 朱寿朋.光绪朝东华录.北京:中华书局,1958

73. 庄志龄.学堂春秋.上海:上海文化出版社,2005

74. Abe, Hiroshi. "Borrowing from Japan: China's First Modern

Educational System. "In Ruth Hayhoe and Marianne Bastid, eds. , *China's Education and the Industrialized World*. Armonk, NY: M. E. Sharpe, 1987, 57—80.

75. Ayers, William. *Chang Chih - tung and Education Reform in China*. Cambridge: Harvard UP, 1965.

76. Bailey, Paul. *Reform the People: Changing Attitudes Towards Popular Education in Early Twentieth Century China*. Edinburgh, 1990.

77. Bailey, Paul. *Gender and Education in China: Gender Discourses and Women's Schooling in the Early Twentieth Century*. London and New York: Routledge, 2007.

78. Biggerstaff, Knight. *The Earliest Modern Government Schools in China*. Ithaca: Cornell UP, 1961.

79. Borthwick, Sally. *Education and Social Change in China: The Beginnings of the Modern Era*. Stanford: Hoover Institution Press, 1983.

80. Burton, Margaret E. (Margaret Ernestine). *The Education of Women in China*. NY: Fleming H. Revell, 1911.

81. Chauncey, Helen R. *Schoolhouse Politicians: Locality and State During the Chinese Republic*. Honolulu: University of Hawaii Press, 1992.

82. Chen, Theodore Hsi-en. "Education in China, 1927—1937. " In Paul K. Sih, ed. *The Strenuous Decade: China's Nation - Building Efforts*, 1927—1937. NY: St. John's University, 1970, 289—314.

83. *Christian Education in China: The Report of the China Educational Commission of* 1921—1922. Shanghai: Commerical Press, 1922.

84. Culp, Robert. "Setting the Sheet of Loose Sand: Conceptions of Society and Citizenship in Nanjing Decade Party Doctrine and Civics Textbooks. " In Terry Bodenhorn, ed. , *Defining Modernity: Guomindang Rhetoric of a New China*, 1920—1980.

214

Ann Arbor: Center for Chinese Studies Publication, 2002.

85. Culp, Robert. *Articulating Citizenship: Civic Education and Student Politics in Southeastern China*, 1912—1940. Cambridge, MA: Harvard University Asia Center, 2007.

86. Kaske, Elisabeth. *The Politics of Language in Chinese Education*, 1895—1919. Leiden: Brill, 2007.

87. Keenan, Barry. *The Dewey Experiment in China: Educational Reform and Political Power in the Early Republic*. Cambridge: Harvard UP, 1977.

88. Keenan, Barry. *Imperial China's Last Classical Academies: Social Change in the Lower Yangzi*, 1864—1911. Berkeley: Institute of East Asian Studies, 1994.

89. Israel, John. *Student Nationalism in China*, 1927—1937. Stanford: Stanford UP, 1966.

90. Lewis, Ida Belle. *The Education of Girls in China*. NY: Teachers College, Columbia University, 1919.

91. McElroy, Sarah Coles. "Forging a New Role for Women: Zhili First Women's Normal School and the Growth of Women's Education in China, 1901—1921. " In Glen Peterson, et al. eds. , *Education, Culture, and Identity in 20th century China*. Ann Arbor: University of Michigan Press, 2001, 338—374.

92. Paul J. Bailey. *Educational Reform in Early Twentieth-Century China*. Ann Arbor: Center for Chinese Studies, University of Michigan, 1988.

93. Rawski, Evelyn. *Education and Popular Literacy in Ch'ing China*. Ann Arbor: University of Michigan Press, 1989.

94. Wentworth, Phoebe White. *Fair Is the Name: The Story of the Shanghai American School*, 1912—1950. Los Angeles: Shanghai American School Association, 1997.

95. Ye, Weili. *Seeking Modernity in China's Name: Chinese Students in the United States*, 1900—1927. Stanford: Stanford UP, 2001.

96. Yeh Wen-hsin. The Alienated Academy：Culture and Politics in Republican China，1911—1937. Cambridge：HUP，1990.

论文

97. 宝成关,颜德如. 谭嗣同民权观新探. 史学集刊,2000(2)

98. 毕苑. 从《修身》到《公民》：近代教科书中的国民塑形. 教育学报,2005(2)

99. 毕苑. 经学教育的淡出和近代知识体系的转移：以修身和国语教科书为中心的分析. 人文杂志,2007(2)

100. 曹斌,卜渊博. 鲁迅与现代人格的建构. 榆林学院学报,2008(3)

101. 曹仁山. 国家主义与公民教育. 中华教育界,卷 15(1)

102. 柴文华. 论胡适的人伦学说. 中国哲学史,2001(2)

103. 常道直. 国家主义与平民教育问题. 中华教育界,卷 15(1)

104. 程湘帆. 论本届中华教育改进社未成立之限制教会学校案. 教育季刊,卷 1(3)

105. 程湘帆. 小学校训练公民之机会. 教育与人生,第 32 期

106. 丛小平. 从母亲到国民教师——清末民族国家建设与公立女子师范教育. 清史研究,2003(1)

107. 戴斌武. 刘师培伦理思想研究. 重庆三峡学院学报,2004(4)

108. 邓亦武. 民初复古尊孔运动与中国现代化. 阜阳师范学院学报(社会科学版),2002(1)

109. 董立山,刘鄂. 论李大钊的宪政思想. 河南理工大学学报(社会科学版),2006(4)

110. 费揽澄. 论学校养成公德心之方法. 中华教育界,卷 4(2)

111. 冯国泉,张洪. 严复的自由观和法治观. 理论与现代化,2009(2)

112. 傅若愚. 公民教育与平民教育. 教育与人生,第 32 期

113. 高觉敷. 囫囵吞枣式的美国化教育. 教育杂志,卷 17(12)

114. 高觉敷. 学校与社会. 教育杂志,卷 18(4)

115. 高仁山. 国家主义与公民教育. 中华教育界,卷 15(1)

116. 高一涵. 共和国家与青年之自觉. 青年杂志,1915 年卷 1 (1)

117. 高一涵. 国家非人生之归宿论. 青年杂志,1915 年卷 1(4)

118. 高一涵. 民约与邦本. 青年杂志,1915 年卷 1(3)

119. 谷凤田. 群体活动与发展. 学生杂志, 卷 12(4)

120. 顾红亮. 消极个性与积极个性——分析五四主流思想家个性观的一个新视角. 华东师范大学学报(哲学社会科学版), 2004(6)

121. 顾倬. 乡村教育问题丛录. 小学教育月刊, 第 6 期

122. 何菁. 国民道德之商榷. 中华教育界, 卷 9(6)

123. 胡适. 今日教会教育的难关. 教育季刊, 卷 1(1)

124. 胡艳蓓. 当代西方公民教育思想述评. 国外社会科学, 2002(4)

125. 黄秉衡. 群育论. 教育丛刊, 卷 5(3)

126. 黄书光. "中体西用"价值选择与清末学堂德育探索. 河北师范大学学报(教育科学版), 2007(5)

127. 黄兴涛, 曾建立. 清末新式学堂的伦理教育与伦理教科书探论——兼论现代伦理学学科在中国的兴起. 清史研究, 2008(2)

128. 黄炎培. 我国图强所必要之训育方针. 教育杂志, 卷 10(1)

129. 冯卫斌. 民国时期小学课程改革浅探. 安徽教育学院学报, 1998(1)

130. 吉予观. 基督教小学标准草案. 教育季刊, 卷 1(4)

131. 贾可卿. 论陈独秀的启蒙思想. 学习与探索, 2009(3)

132. 贾世英. 道德教育之明星. 中华教育界, 卷 8(6)

133. 金崇如等. 中学公民教育之改造与实施. 中华教育界, 卷 16(6)

134. 金焕玲. 新文化运动中陈独秀对国民道德的批判. 安庆师范学院学报(社会科学版), 2009(5)

135. 金天铎. 乡村教育调查之经过. 农林新报, 第 35 期

136. 姜琦. 学生自治的性质及其条件. 新教育, 卷 3(2)

137. 菊农. 教育理想与教育史. 留美学生季报, 卷 11(1—2)

138. 雷震清. 公民教育概论. 中华教育界, 1926(16)

139. 李步青. 小学教育根本改造论. 中华教育界, 卷 15(6)

140. 李承贵. 论严复对中国传统道德的改铸. 福建论坛(人文社会科学版), 2004(5)

141. 李栋. 新学制小学课程纲要的草案和修正案. 新教育评论, 卷 1(22)

142. 李璜. 国家主义的教育与伦理教育. 中华教育界, 卷 15(1)

143. 李强华. 批判与超越:康有为人性论思想新解. 兰州学刊, 2007(4)

144. 李强华. 中国近代价值观的嬗变. 山西师大学报（社会科学版），2007(6)

145. 黎锦熙. 为反对设"读经科"和中学废止国语给教育总长章士钊和次长陈任中的呈文. 国语周刊，第 22 期

146. 黎晓平. 中国现代人权观念的起源. 中国法学，2005(1)

147. 梁荣滔. 改造中国教育之根本方法. 中华教育界，卷 15(8)

148. 廖世承. 今后对于中学教育应取的方针. 中华教育界，卷 14(10)

149. 廖世承. 今后中学教育的问题. 教育杂志，卷 17(6)

150. 林红. 追求人性解放是鲁迅人文思想现代性的核心. 长春大学学报，2001(1)

151. 凌纯声. 东大附中初级中学课程之过去现在与将来. 教育杂志，卷 17(8)

152. 刘保刚. 清末公民教育思想探析. 中州学刊，2005(11)

153. 刘光彩. 试论孙中山伦理思想之精义. 广西大学学报（哲学社会科学版），2000(2)

154. 刘经庶. 学生社会服务之研究. 新教育，卷 2(1)

155. 刘莉萍. 论中国近代文化变迁中的大同思想. 山西高等学校社会科学学报，2007(9)

156. 刘廷芳. 我对于基督教在中国教育事业的信条. 教育季刊，卷 1(1)

157. 刘心坦. 谭嗣同人性思想简论. 福建教育学院学报，2003(10)

158. 刘薰宇. 五四以来的教育. 教育杂志，卷 18(5)

159. 鲁萍. 简论清末道德视野下的群与个人. 四川大学学报（哲学社会科学版），2003(2)

160. 罗廷光. 改造中之国民教育. 国家与教育，第 9 期

161. 罗廷光. 国家主义与中国小学课程问题. 中华教育界，卷 15(2)

162. 罗志田. 清季科举制改革的社会影响. 中国社会科学，1998(4)

163. 孟宪承. 什么是改革教育的方案. 新教育评论，卷 1(10)

164. 孟宪承. 小学读经也成问题吗?. 新教育评论，卷 1(2)

165. 缪文功. 论修身教授不可专用儒家言. 教育杂志，1912(12)

166. 那瑛. 梁启超的公私观. 史学集刊，2007(5)

167. 牛秋实. 袁世凯与近代教育改革. 河南科技大学学报（社会科学

版),2009(3)

168. 欧阳云梓. 论李大钊的人权思想. 河北学刊,2007(6)

169. 潘文安. 职业训练与学生自治. 教育与人生,第 41 期

170. 潘泽泉. 论谭嗣同仁学思想的主体人格精神. 华南理工大学学报
（社会科学版）,2002(3)

171. 邱椿. 教育独立的意义. 国家与教育,第 4 期

172. 邱椿. 小学公民教育的最低标准. 中华教育界,卷 16(6)

173. 邱若宏. 张东荪"社会主义"思想述论. 湖南师范大学社会科学学
报,1999(1)

174. 权佳果. 蔡元培《中学修身教科书》中的伦理及道德教育思想. 武陵
学刊,1998(5)

175. 任鸿隽. 党化教育是可能的吗?. 独立评论第 3 号,1932(5)

176. 邵建. "自由"的两个误区. 社会科学论坛,2003(10)

177. 邵云瑞,颜杰峰. 五四时期李大钊伦理思想的演变. 道德与文明,
2004(5)

178. 沈松平. 梁启超新民思想再论. 宁波大学学报(人文科学版),2002
(2)

179. 沈松平. 论李大钊的新民观. 宁波大学学报(人文科学版),2001(2)

180. 史康健. 试论蔡元培早期国民教育思想之形成. 广西社会科学,
2002(1)

181. 施莉. 蔡元培公民道德教育思想介评. 宁波大学学报(教育科学
版),2008(2)

182. 舒新城. 中等学生生活状况及志愿调查. 中华教育界,卷 16(3)

183. 舒新城. 中国中学教育之分期. 新教育评论,卷 3(34)

184. 宋焕达. 湖南中等教育之过去与现在,《大公报》十周年纪念特刊

185. 宋淑玉. 民初尊孔读经问题辨析. 安徽大学学报(哲学社会科学
版),2005(2)

186. 孙凤华. 从修身科到公民科:清末民初我国学校的公民教育. 华南
师范大学学报(社会科学版),2008(5)

187. 陶知行. 南京中学校训育研究会. 新教育评论,卷 2(23)

188. 陶知行. 无锡小学之新生命. 新教育评论,卷 2(26)

189. 唐毅. 我国今日所需要的中学校. 教育杂志, 卷 17(6)

190. 唐林. 各科中的公民教育问题. 中华教育界, 卷 16(6)

191. 天民. 学校之社会训练. 教育杂志, 卷 8(8)

192. 田正平, 陈胜. 教育负担与清末乡村教育冲突. 浙江大学学报(人文社会科学版), 2008(5)

193. 王爱云. 孙中山对儒家道德的继承及发展. 河南师范大学学报(哲学社会科学版), 2008(3)

194. 王国宇. 论李大钊的平民主义思想. 河北省社会主义学院学报, 2002(1)

195. 王鸿文. 对于小学校实施儿童自治的管见. 小学教育月刊, 卷 2(3)

196. 王潜恒. 公民教育问题. 中华教育界, 卷 15(6)

197. 王乾坤. 关于"吃人". 鲁迅研究月刊, 1996(2)

198. 王世杰. 学校与政治. 现代评论, 卷 4(81)

199. 王天根. 试论章太炎伦理思想的矛盾性. 广西师范大学学报(哲学社会科学版), 2000(1)

200. 王天根. 章太炎的伦理思想及其影响. 广西师范大学学报(哲学社会科学版), 2002(1)

201. 王西征. 党政府与教育主义. 新教育评论, 卷 3(15)

202. 王希曾. 新教育应得的待遇. 新教育评论, 卷 1(6)

203. 王向清, 仰和芝. 章太炎的俱分进化论刍议. 湖湘论坛, 2002(6)

204. 王养冲. 十八世纪法国的启蒙运动. 历史研究, 1984(2)

205. 王震, 吴永. 论陈独秀的中西文化评判及其价值取向特点. 西北大学学报(哲学社会科学版), 2008(2)

206. 王仲和. 视察皖南六县教育所得之印象. 中华教育界, 卷 15(6)

207. 汪懋祖. 教育独立的释义. 新教育评论, 卷 1(18)

208. 卫士生, 刘懋德. 北京清华学校华员公会私立成府小学校概况. 中华教育界, 卷 14(11)

209. 问天. 述内地办学情形. 教育杂志, 1912(7)

210. 翁文灏. 如何改良中学教育. 新教育评论, 卷 2(13)

211. 吴俊升. 国家主义与小学国文教学. 中华教育界, 卷 15(2)

212. 吴澎时. 民国时期家谱中所见私立教育资料. 文献(季刊), 2003(4)

213. 吴云翔.从启蒙到革命——陈独秀的现代化思想及其演变.理论导刊,2007(10)

214. 吴稚晖.读经救国.国语周刊,第18期

215. 熊贤君,吴丹.现代"美育"源流考.贵州师范大学学报(社会科学版),2009(3)

216. 修圆慧.论康有为的自然观.北方论丛,2007(2)

217. 徐曼.刘师培与中国近代伦理学的建构.学术论坛,2007(12)

218. 许苏民.思想史探究:把握时代思潮变迁中"活的灵魂".学术月刊,2004(12)

219. 徐映川.小学公民教育实施问题.中华教育界,卷16(6)

220. 巽成.公民教育之目的.中华教育界,卷6(6)

221. 薰宇.评教育界的几种倾向.立达,10号

222. 严恕.中国式的中国教育.国家与教育,第4期

223. 杨鄂联.我所希望于中学校之一点.教育与职业,第74期

224. 杨国础.十年来的湖南学校教育,《湖南大公报》十周年纪念特刊

225. 杨嘉椿.江苏省立第二师范附属小学校最近概况.中华教育界,卷14(7)

226. 杨嘉椿.我校的常识教学.中华教育界,卷15(4)

227. 杨乐平.论陈独秀的文化价值观,浙江学刊,2009(3)

228. 杨廉.小学校公民教育之实施.国家与教育,第14期

229. 杨天平.民国初年教育宗旨的理论基础.浙江师范大学学报(社会科学版),2002(4)

230. 杨贤江.教科书教授的利弊与采用补充教材之研究.教育杂志,卷18(12)

231. 杨效春.初中课程里两个建议.教育杂志,卷17(6)

232. 杨效春.何物造成良好的公民资格.中华教育界,卷14(6)

233. 杨逸群.新制小学公民课程的实施讨论.中华教育界,卷14(5)

234. 姚大中.公民教育论.中华教育界,卷4(1)

235. 姚寅恭.改革学制的我见.新教育评论,卷2(6)

236. 叶公詹.职业陶冶与小学校工艺科.教育与职业,第67期

237. 荫亭.论美育与道德教育之关系.中华教育界,卷6(1)

238. 虞和平.严复与中国早期现代化的思想启蒙.福建师范大学学报（哲学社会科学版），2004（2）

239. 余家菊.爱国教材在小学教育上的地位.中华教育界，卷6（1）

240. 余家菊.儿童的道德性.中华教育界，卷10（1）

241. 余家菊.教育独立问题.国家与教育，第8期

242. 余家菊.评教育联合会之学制改造案.时事新报，1921年12月3—5日

243. 余家菊.中国教育界之当前问题.晨报副刊，第47期

244. 余先砺.三十年来我国学制系统之变迁，《湖南大公报》十周年特刊

245. 俞子夷.小学教育和职业教育的关系.教育与职业，第74期

246. 袁刚，陈雪嵩，杨先哲."问题与主义"之争九十年回顾与思考.学术探索，2009（3）

247. 袁天亮.清末法学教育概况.西南交通大学学报（社会科学版），2007（4）

248. 张斌.浅析鲁迅的立人思想.烟台职业学院学报，2006（1）

249. 张春香.试析章太炎"大独"人格形成之原因.湖北社会科学，2006（5）

250. 张春燕.严复国民性思想评析.长白学刊，2007（3）

251. 张君劢.社会所有之意义及德国煤矿社会所有法草案.改造，卷3（11）

252. 张君劢.悬拟之社会改造同志会意见书.改造，卷4（3）

253. 张粒民.小学校之公民教育.教育杂志，卷16（4）

254. 张勤.蔡元培"完全人格"教育与和谐发展.教育与职业，2008（21）

255. 张清平.永难忘却的春晖中学.师道，2004（8）

256. 张伟.颠覆与重建——陈独秀早期伦理思想探究.船山学刊，2008（4）

257. 张晓林."美育代宗教"的启蒙意义.华东师范大学学报（哲学社会科学版），2008（4）

258. 张艳国.尊孔与袁世凯复辟.湖北大学学报（哲学社会科学版），2002（1）

259. 张艳丽.试析《新青年》的历史贡献.理论月刊，2009（2）

260. 张映伟.非天道何以人伦——从《新青年》对孔教的批判考察五四运动.人文杂志,2007(6)

261. 张友仁.基督教学校的中学标准.教育季刊,卷1(3)

262. 张耀翔.六百年来最有势力的小学教科书(三字经).新教育评论,卷1(34)

263. 赵乃传.教科书问题.新教育评论,卷2(13—14)

264. 赵乃传.小学里的几个试验问题.新教育评论,卷1(5)

265. 赵廷为.课程改造之理论的基础.教育丛刊,卷5(4)

266. 赵西方.梁启超"新民"人格中的现代性探析.河南师范大学学报(哲学社会科学版),2006(5)

267. 赵炎才.略述刘师培的家族制度思想及其伦理近代化观.学术研究,2004(11)

268. 赵炎才.伦理重构中的时代性与超越性——刘师培伦理道德思想析论.贵州师范大学学报(社会科学版),2001(3)

269. 赵轶尘.一个令我不胜惊讶的教育消息.教育杂志,卷17(5)

270. 赵宗预.小学的公民教育.小学教育月刊,卷2(1)

271. 郑航."五四"时期的文化革新与近代德育观念的转变.华南师范大学学报(社会科学版),2001(2)

272. 郑鹤春.浙江省立第四中学校试行中之二四制的课程标准.教育杂志,卷15(6)

273. 钟尔强.中国近代教育思想变迁之大势.教育丛刊,卷5(6)

274. 钟子健.南开风潮与教育问题.晨报副刊,第40期

275. 周白棣.合科学习与其批评.中华教育界,卷15(4)

276. 周方.十年来之平民教育,《湖南大公报》十周年纪念特刊

277. 周宏军,陈剑旄.蔡元培道德教育思想初探.伦理学研究,2005(3)

278. 周建超.论"五四"时期陈独秀的改造国民性思想.江海学刊,2004(6)

279. 周钧.学生自治与学校.学生杂志,卷11(4)

280. 周玉妃."五四"精神中的公民教育价值解读.中国教师,2009(6)

281. 周予同.全国专家对于读经问题的意见.教育杂志,卷25(5)

282. 朱经农.初级中学课程之职业化.教育与职业,第73期

283. 朱经农.关于编制初中课程原则之争议.教育杂志,卷17(6)

284. 朱元善. 小学校公共心养成之要求. 教育杂志,卷 5(12)

285. 朱毓魁. 今日国家所要求于学生者. 学生杂志,卷 4(9)

286. 祝其荣. 乡村教育调查报告. 中华教育界,卷 14(10)

287. 庄俞. 论小学教育. 教育杂志,卷 1(3)

288. 陈立平,李滨. 论康有为的社会正义思想. 湖湘论坛,2007(2)

289. Averill, Stephen C. "The Cultural Politics of Local Education in Early Twentieth-Century China." *Twentieth-Century China* 32，2 (April 2007).

290. Cong, Xiaoping. "Planting the Seeds for the Rural Revolution: Local Teachers' Schools and the Reemergence of Chinese Communism in the 1930s." *Twentieth - Century China* 32，2 (April 2007).

291. Culp, Robert. "Elite Association and Local Politics in Republican China: Educational Institutions in Jiashan and Lanqi Counties, Zhejiang, 1911—1937." *Modern China* 20，4 (Oct. 1994)：446—77.

292. Culp, Robert. "Self - determination or Self - discipline? The Shifting Meanings of Student Self-government in 1920s Jiangnan Middle Schools." *Twentieth-Century China* 23，2 (April 1998)：1—39.

293. Culp, Robert. "'China—The Land and Its People': Fashioning Identity in Secondary School History Textbooks, 1911—1937." *Twentieth-Century China* 26，2 (April 2001)：17—62.

294. Culp, Robert. *Articulating Citizenship: Civic Education and Student Politics in Southeastern China*, 1912—1940. Cambridge, MA: Harvard University Asia Center, 2007.

295. Miles, Steven B. "Out of Place: Education and Identity among Three Generations of Urban Panyu Gentry, 1830—1931." *Twentieth-Century China* 32，2 (April 2007).

296. Vander Ven, Elizabeth. "It's Time for School: The Introduction of the New Calendar in Haicheng County Primary Schools,

Northeast China, 1905—1919. "*Twentieth-Century China* 32, 2 (April, 2007).

297. Ye, Weili. "Nu liuxuesheng: The Story of American-Educated Chinese Women, 1880s—1920s. " *Modern China* 20, 3 (July 1994): 315-46.

附　录

中华民国临时约法
（1912 年 3 月 11 日公布）

第一章　总纲

第一条　中华民国由中华人民组织之。

第二条　中华民国之主权属于国民全体。

第三条　中华民国领土为二十二行省、内外蒙古、西藏、青海。

第四条　中华民国以参议院、临时大总统、国务员、法院行使其统治权。

第二章　人民

第五条　中华民国人民一律平等，无种族、阶级、宗教之区别。

第六条　人民得享有左列各项之自由权。

一　人民之身体非依法律，不得逮捕、拘禁、审问、处罚。

二　人民之家宅非依法律不得侵入或搜索。

三　人民有保有财产及营业之自由。

四　人民有言论、著作、刊行及集会结社之自由。

五　人民有书信秘密之自由。

六　人民有居住迁徙之自由。

七　人民有信教之自由。

第七条　人民有请愿于议会之权。

第八条　人民有陈诉于行政官署之权。

第九条　人民有诉讼于法院受其审判之权。

第十条　人民对于官吏违法损害权利之行为，有陈诉于行政院之权。

第十一条　人民有应任官考试之权。

第十二条　人民有选举及被选举之权。

第十三条　人民依法律有纳税之义务。

第十四条　人民依法律有服兵之义务。

第十五条　本章所载民之权利，有认为增进公益、维持治安或非常紧急必要时，得依法律限制之。

第三章　参议院

第十六条　中华民国之立法权以参议院行之。

第十七条　参议院以第十八条所定各地方选派之参议员组织之。

第十八条　参议员每行省、内蒙古、外蒙古、西藏各选派五人；青海选派一人。其选派方法由各地方自定之。

参议院会议时每参议员有一表决权。

第十九条　参议院之职权如左：

一　议决一切法律案。

二　议决临时政府之豫算决算。

三　议决全国之税法币制及度量衡之准则。

四　议决公债之募集及国库有负担之契约。

五　承诺第三十四条、三十五条、四十条事件。

六　答复临时政府咨询事件。

七　受理人民之请愿。

八　得以关于法律及其他事件之意见建议于政府。

九　得提出质问书于国务员，并要求其出席答复。

十　得咨请临时政府查办官吏纳贿违法事件。

十一　参议院对于临时大总统认为有谋叛行为时，得以总员五分四以上之出席，出席员四分三以上之可决弹劾之。

十二　参议院对于国务员认为失职或违法时，得以总员四分三以上之出席，出席员三分二以上之可决弹劾之。

第二十条　参议院得自行集会开会闭会。

第二十一条　参议院之会议须公开之。但有国务员之要求或出席参议员过半数之可决者，得秘密之。

第二十二条　参议院议决事件咨由临时大总统公布施行。

第二十三条　临时大总统对于参议院议决事件，如否认时，得于咨达后十日内声明理由，咨院覆议。

但参议院对于覆议事件，如有到会参议员三分二以上仍执前议时，仍照第二十二条办理。

第二十四条　参议院议长由参议员用记名投票法互选之，以得票满投票总数之半者为当选。

第二十五条　参议院参议员于院内之言论及表决，对于院外不负责任。

第二十六条　参议院参议员除现行犯及关于内乱外患之犯罪外，会期中非得本院许可，不得逮捕。

第二十七条　参议院法由参议院自定之。

第二十八条　参议院以国会成立之日解散。其职权由国会行之。

第四章　临时大总统、副总统

第二十九条　临时大总统、副总统由参议院选举之。以总员四分三以上出席得票满投票总数三分二以上者为当选。

第三十条　临时大总统代表临时政府，总揽政务，公布法律。

第三十一条　临时大总统为执行法律或基于法律之委任，得发布命令并得使发布之。

第三十二条　临时大总统统帅全国海陆军队。

第三十三条　临时大总统得制定官制官规，但须提交参议院议决。

第三十四条　临时大总统任免文武职员，但任命国务员及外交大使公使须得参议院之同意。

第三十五条　临时大总统经参议院之同意，得宣战媾和及缔结条约。

第三十六条　临时大总统得依法律宣告戒严。

第三十七条　临时大总统代表全国接受外国之大使、公使。

第三十八条　临时大总统得提出法律案于参议院。

第三十九条　临时大总统得颁给勋章并其他荣典。

第四十条　临时大总统得宣告大赦、特赦、减刑、复权。但大赦须经参议院之同意。

第四十一条　临时大总统受参议院弹劾后，由最高法院全院审判官互选九人组织特别法庭审判之。

第四十二条　临时副总统于临时大总统因故去职，或不能视事时得代行其职权。

第五章　国务员

第四十三条　国务总理及各部总长均称为国务员。

第四十四条　国务员辅佐临时大总统负其责任。

第四十五条　国务员于临时大总统提出法律案公布法律及发布命令时须副署之。

第四十六条　国务员及其委员得于参议院出席及发言。

第四十七条　国务员受参议院弹劾后,临时大总统应免其职。但得交参议院覆议一次。

第六章　法院

第四十八条　法院以临时大总统及司法总长分别任命之法官组织之。

法院之编制及法官之资格以法律定之。

第四十九条　法院依法律审判民事诉讼及刑事诉讼。

但关于行政诉讼及其他特别诉讼,别以法律定之。

第五十条　法院之审判须公开之。但有认为妨害安宁秩序者得秘密之。

第五十一条　法官独立审判不受上级官厅之干涉。

第五十二条　法官在任中不得减俸或转职。非依法律受刑罚宣告或应免职之惩戒处分,不得解职。惩戒条规以法律定之。

第七章　附则

第五十二条　本约法施行后限十个月内,由临时大总统召集国会。其国会之组织及选举法由参议院定之。

第五十四条　中华民国之宪法由国会制定。宪法未施行以前,本约法之效力与宪法等。

第五十五条　本约法由参议院参议员三分二以上,或临时大总统之提议,经参议员五分四以上之出席,出席员四分三之可决得增修之。

第五十六条　本约法自公布之日施行。《临时政府组织大纲》于本约法施行之日废止。

小学公民训练标准

（1936 年 7 月教育部修正颁订）

第一条　目标

根据发扬中国民族固有的道德的遗训，并新生活运动的精神，制定本标准，训练儿童，以养成健全的公民。其目标如下：

1. 关于公民的体格训练：养成整洁卫生的习惯，快乐活泼的精神。

2. 关于公民的德性训练：养成礼义廉耻的观念，亲爱精诚的德性。

3. 关于公民的经济训练：养成节俭劳动的习惯，生产合作的知能。

4. 关于公民的政治训练：养成奉公守法的观念，爱国爱群的思想。

第二条　愿词及规律

（一）愿词

我愿遵守中国公民规律，使我身体强健，道德完全，做一个中国的好公民，准备为社会国家服务。

（二）规律

1. 关于体格的

（1）中国公民是强健的。我保护并且锻炼我的身体，使我的身体强健。

（2）中国公民是清洁的。我保持我身体，以及饮食、衣服、住所、用品等的清洁整齐。

（3）中国公民是快活的。我精神快乐、态度活泼，遇到了困难，也不垂头丧气。

2. 关于德性的

（4）中国公民是自制的。我自己管束自己，不学坏样，不做坏事。

（5）中国公民是勤勉的。我专心读书，努力做事，决不懒惰。

（6）中国公民是敏捷的。我读书、做事，一切举动，都力求迅速。

（7）中国公民是精细的。我对于一切事物，要仔细地观察，精密地判断是非。

（8）中国公民是诚实的。我说真话，干实事，自己信托自己，也可以受别人的信托。

（9）中国公民是谦和的。我不粗暴、不骄傲，待人和气，尤其尊敬知识能力高出于我的人。

（10）中国公民是仁爱的。我孝父母，敬长辈，爱兄弟姊妹以及国内的同胞、国外的朋友，保护无害于人的动物。

（11）中国公民是互助的。我和我的朋友以及全国同胞，守望相助，患难相救，疾病相扶持。

（12）中国公民是有礼貌的。我无论对什么人，都有相当的礼貌。举止行动，力求合于礼节。

（13）中国公民是服从的。我服从父母师长的指导和团体的决议。

（14）中国公民是负责的。我应当做的事情，一定去做，并且尽力做好，即使遇到了困难，也不放弃责任。

（15）中国公民是知耻的。我立志洗雪自己和国家的耻辱，临财毋苟得，临难毋苟免。

（16）中国公民是勇敢的。应当做的事情，我便勇往直前去做，不怕一切困难、危险、失败。不向敌人屈伏。

（17）中国公民是守规律的。我遵守学校以及团体的各种规则和秩序。

（18）中国公民是重公益的。我尊重公共的利益，决不损害公物，糟蹋公地，妨碍公众。

3. 关于经济的

（19）中国公民是节俭的。我搏省钱财，在不必用的时候，决不浪费；但是我不吝啬，也不贪得。

（20）中国公民是劳动的。我常做劳动工作，愿过劳动的生活。

（21）中国公民是生产的。我学习生产的知能，增进社会生产的效率，为大众谋福利。

（22）中国公民是合作的。我愿与大众共有、共治、共享；生产、消费、贩卖都要合作化，以求生活的圆满。

（23）中国公民是奉公的。我愿尽国民应尽的义务，享国民应享的权利，决不假公济私。

（24）中国公民是守法的。我愿遵守国家的法律，决不违法玩法。

（25）中国公民是爱国爱群的。我要爱护我的团体，尊敬我的国家，准备和同胞团结，为国族奋斗。

（26）中国公民是拥护公理的。我主持公道，同情弱小，准备为公理而抵抗横暴。

第三条　条目

（一）中国公民是强健的（1—20 第一二学年起；21—26 第三四学年起；27—29 第五六学年）

1. 我不把不能吃的东西放在嘴里。

2. 我不用手指挖鼻孔、挖耳朵、擦眼睛。

3. 我吃东西分量不过多。

4. 我吃东西细细地嚼碎了再咽下去。

5. 我在应当吃东西的时间吃东西。

6. 我多吃青菜豆腐等滋养料丰富的食物。

7. 我不吃不容易消化的食物。

8. 我每天喝适量的开水。

9. 我不吃腐烂的东西。

10. 我不吃不熟的果子。

11. 我不喝不开的水。

12. 我不吃苍蝇停过的东西。

13. 我除饭食外不多吃零食。

14. 我依照天气的冷热加减衣服。

15. 我每天大便，有一定的时候。

16. 我每天早睡早起，睡起都有一定的时间。

17. 我睡觉的时候，头露在被窝外面。

18. 我用鼻子呼吸，嘴常常闭着。

19. 我的姿势常常正直。

20. 我在下课的时候，做适当的游息。

21. 我在屋子里，要留心开关窗户，调换空气。

22. 我在适当的时间运动。

23. 我在天气好的时候，常常往户外散步游戏。

24. 我在光线充足的地方看书。

25. 我阅读写字时，眼和目的物，必须有适当的距离（三十到四十公分之间）。

26. 我选定一种运动每天练习。

27. 我听医生的指导，种牛痘、打防疫针。

28. 我生病时听医生的说话。

29. 我努力扑灭蚊蝇等害人的东西。

（二）中国公民是清洁的（1—9 第一二学年起；10—20 第三四学年起）

1. 我身边常常带手帕。

2. 我咳嗽或者喷嚏的时候，用手帕掩住口鼻。

3. 我用自己的脸布洗脸。

4. 我用自己的茶杯。

5. 我每天早晚洗刷牙齿。

6. 我大小便以后一定洗手。

7. 我常常洗脸洗手。

8. 我常常洗澡。

9. 我常常剪指甲、洗指甲。

10. 我不吃不清洁的东西。

11. 我饭后一定漱口。

12. 我常常梳洗修剪头发。

13. 我的图书用品，安放得很整齐。

14. 我的帽鞋衣服，不用时，就收拾好。

15. 我的服装常常保持清洁。

16. 我住的屋子常常保持清洁。

17. 我留心保持公共地方的清洁。

18. 我不随地吐痰。

19. 我在便所里大便小便，并且留心保持用具的清洁。

20. 我不随地抛弃纸屑果皮。

（三）中国公民是快活的（1—2 第一二学年起；3—5 第三四学年起；6—10 第五六学年）

1. 我喜欢听笑话、说笑话。

2. 大家快乐的时候，我也快乐。

3. 我不怕生、不害羞。

4. 我做事很高兴，很有乐趣。

5. 我一有空，就活泼泼地去玩。

6. 我喜欢种植花卉，布置庭园。

233

7. 我喜欢欣赏山水风景和美术品。

8. 我喜欢欣赏音乐戏剧。

9. 我遇到困难,不垂头丧气。

10. 我从日常生活中,寻求乐趣。

(四)中国公民是自制的(1—4第三四学年起;5—9第五六学年)

1. 我不随便向人家借东西。

2. 我不向人家借钱。

3. 我不到不正当的场所去玩。

4. 我没有得到允许,不动别人的东西。

5. 我不做不正当的娱乐。

6. 我不唱卑劣的歌曲。

7. 我常常想法控制自己的脾气。

8. 我不因羡慕人家的东西,而强要家长购置。

9. 我在危险的时候,力持镇静。

(五)中国公民是勤勉的(1—2第一二学年起;3—7第三四学年起;8—9第五六学年)

234

1. 我自己能做的事,一定自己做。

2. 我收拾保管我自己的一切东西。

3. 我做事的时候,专心地做。

4. 我用功修习一切功课。

5. 我尽力做轮值的事情。

6. 我多看有益的书报。

7. 我没有特别事故,一定不请假。

8. 我缺了课,赶快补习。

9. 我发生了疑问,一定努力想法解决。

(六)中国公民是敏捷的(1—6第三四学年起)

1. 我收发用品,快而整齐。

2. 我把预定的功课,赶快做完。

3. 我每天应该做完的事,一定做完。

4. 我遇见车马和一切危险,敏捷地避免。

5. 我做事迅速而有效力。

6. 我阅读图书,力求迅速。

(七) 中国公民是精细的(1—4 第三四学年起;5—8 第五六学年)

1. 我仔细地观察事物。

2. 我遇事都想一下,不盲从,不随声附和。

3. 我不迷信。

4. 我选择品行好的人做朋友。

5. 我在做事之前,先定计划。

6. 我做事不草率。

7. 我常常仔细研究新事物新问题。

8. 我找到证据之后,才下论断。

(八) 中国公民是诚实的(1—4 第一二学年起;5—7 第三四学年起;8—11 第五六学年)

1. 我拾到别人遗失的东西,想法送还他。

2. 我损坏了别人或公共的东西,自己承认或赔偿。

3. 我不说谎话,不骗人。

4. 我借了人家的东西,如期归还。

5. 人家有事问我,我恳切地回答他。

6. 我不做假见证。

7. 我不叫别人做自己不愿做的事。

8. 我和人家约会,一定准时践约。

9. 我不掩饰自己的过失。

10. 我运动比赛时保持诚实公正的态度。

11. 我考试时遵守各项规则。

(九) 中国公民是谦和的(1—2 第三四学年起;3—8 第五六学年)

1. 我说话轻而和气。

2. 我对人和颜悦色。

3. 别人和我争论,我心平气和地回答他。

4. 我对于人家正当的责备,乐意接受。

5. 我不蔑视别人的主张。

6. 我宽恕人家无心的错处。

7. 我受了师长等的奖誉,一定不骄傲。

8. 我帮助了别人,不受酬谢,也不夸矜自己的功劳。

(十) 中国公民是仁爱的(1—5 第三四学年起;6—8 第五六学年)

1. 我孝顺父母家长。

2. 我对待兄弟姊妹都亲爱和睦。

3. 我对同学亲爱和睦,和对兄弟姊妹一样。

4. 我爱护本国同胞。

5. 我保护有益于人类的动物。

6. 我在拥挤的地方,一定让年老年幼的先走先坐。

7. 我帮助老弱和困穷的人。

8. 我尊重外国的朋友。

(十一) 中国公民是互助的(1—2 第三四学年起;3—7 第五六学年)

1. 我看见同学有危险的举动立刻劝止他。

2. 我随时随地帮助别人。

3. 我救护有疾病的人。

4. 我尽力帮助遇有急难的人。

5. 我每天做一件有益于人的事。

6. 别人有过失,我能婉言规劝他。

7. 我乐意替社会服务。

(十二) 中国公民是有礼貌的(1—13 第一二学年起;14—23 第三四学年起;24—28 第五六学年)

1. 我出外和回家,一定告诉家长。

2. 我遇见老师和尊长,一定行礼。

3. 我每天第一次遇见熟人,一定招呼。

4. 我和人家分别,能说"再见"。

5. 我把钮扣扣好,鞋跟拔上。

6. 我不打人,也不骂人。

7. 我说话的时候,不喷唾沫。

8. 我和别人同桌并坐,手臂不多占座位。

9. 我不把饭屑、骨头、鱼刺丢在地上。

10. 我到了教室里、会场上……就脱下帽子。

11. 我戴正帽子。

12. 我在人前不赤膊。

13. 我受了别人的赠品,一定表示感谢他。

14. 我感谢扶助我的人。

15. 我要是得罪了人家,一定对他道歉。

16. 我静听别人对我说的话。

17. 我和长者在一起,常替他服务。

18. 我坐时,看见客气的长辈,就站起来招呼。

19. 我在公共地方走路,脚步很轻。

20. 我不打断人家说的话。

21. 我不扰乱别人的作业。

22. 我不站在妨碍人家的地方。

23. 我和客人同桌吃东西,嘴里没有声音。

24. 我进别人的屋子,能轻轻地敲门,或者问一声"可以进来吗?"没有得到允许,不随便进去。

25. 我不私自开看人家的信札、包裹或抽屉。

26. 我尊敬社会上有劳绩的人。

27. 我和别人并行的时候,让年幼或年老的人靠里边走。

28. 我和别人并行的时候,常常留心同步伐。

(十三) 中国公民是服从的(1 第一二学年起;2 第三四学年起;3—6 第五六学年)

1. 我听从父母和师长的训导

2. 我听从维持秩序的人的指导。

3. 我服从领袖的指导。

4. 我服从团体的决议。

5. 我尊重大多数人的意见。

6. 我受了训诫,能反省,并且能改正过失。

(十四) 中国公民是负责的(1—4 第五六学年)

1. 我答应做的,一定做到。

2. 我说要做的,一定尽力去做。

3. 我应常做的,一定去做,并且做得好。

4. 我做事,非到了有结果时不丢下。

（十五）中国公民是知耻的（1—2 第三四学年起；3—11 第五六学年）

1. 我不私取别人或公共的物件。

2. 我有了过失，能悔悟改正。

3. 我牢记国耻事实，时时准备雪耻。

4. 我不取非分的钱财。

5. 我不受非分的奖誉。

6. 我不贪非分的便宜。

7. 别人无理侮辱我，我一定和他讲理。

8. 我受了耻辱，一定努力洗雪。

9. 我爱惜名誉，不做不名誉的事，不说不名誉的话。

10. 我遇到了患难，能挺身而出，不规避，不苟免。

11. 我不谄媚有权势的人。

（十六）中国公民是勇敢的（1—3 第一二学年起；4 第三四学年起；5—8 第五六学年）

1. 我在黑暗里不害怕。

2. 我受了小伤，不哭，也不吵。

3. 我吃了小亏，不哭，也不告诉父母师长。

4. 别人有危险的时候，我立刻去救护他。

5. 我受了不正当的攻击，不灰心，不屈服。

6. 我不受强暴的威胁。

7. 我为了别人，必要时肯牺牲自己。

8. 我决不向敌人表示屈伏。

（十七）中国公民是守规律的（1—12 第一二学年起；13—16 第三四学年起）

1. 我每日准时到校，准时回家。

2. 我每天上学，一定携带要用的课业用品。

3. 我排队很敏捷，在队里很安静。

4. 我依次出入教室或会场，不争先。

5. 我上课时很安静。

6. 我在上课时，要发言必先举手。

7. 我开关门窗，移动桌椅，一定很轻很仔细。

8. 我离开座位时，一定把桌椅放端正。

9. 我用过东西以后，一定收拾起来。

10. 我不高声乱叫。

11. 我在室内行走，脚步很轻。

12. 我走路常注意靠左边，不乱跑。

13. 我在开会的时间，一定很安静。

14. 我使用公共器具，一定依照先后次序。

15. 我一听见信号，立刻遵行。

16. 我离开了教师或家长，也能严守秩序。

（十八）中国公民是重公益的（1—3 第一二学年起；4—6 第三四学年起）

1. 我爱护公共的花木。

2. 我不涂刻墙壁、黑板、桌椅等物。

3. 我不独占公共游戏的器具。

4. 我爱惜公共的图书。

5. 我在众人聚集的地方，很安静。

6. 我能除去地上的纸屑和障碍物。

（十九）中国公民是节俭的（1—2 第一二学年起；3—4 第三四学年起；
5—6 第五六学年）

1. 我爱惜纸张笔墨等一切用品。

2. 我爱惜金钱。

3. 我能定期储蓄。

4. 我服装朴素。

5. 我对于损坏的用具，常常设法自己修理。

6. 可以利用的废物，我尽量利用它。

（二十）中国公民是劳动的（1—3 第三四学年起；4—5 第五六学年）

1. 我早上起身，亲自摺叠被褥。

2. 我愿意而且很高兴地做洁扫等事。

3. 我喜欢做家庭中的一切事。

4. 我尽力做校内的各项事务。

5. 我尊重做劳动工作的人。

（二十一）中国公民是生产的（1—4 第五六学年）

1. 我尽力帮助父母做生产的工作。

2. 玩具用品，能够自制的，我一定想法自己去做。

3. 我喜欢饲养家禽家畜和蜜蜂等物。

4. 我能利用空地，栽种花草蔬菜。

（二十二）中国公民是合作的（1—2 第三四学年起；3—4 第五六学年）

1. 我参加学校内的合作组织。

2. 我遇事都与人合作。

3. 我热心参加社会的合作运动。

4. 我与人合作的时候，牺牲自己的成见。

（二十三）中国公民是奉公的（1—3 第三四学年起；4 第五六学年）

1. 我不放弃选举权，并且自由选举我所佩服的人。

2. 我热心参加学校内的各种团体组织。

3. 应当出席的会议，我都出席。

4. 社会团体委托我做的事情，我一定热心去做。

（二十四）中国公民是守法的（1 第三四学年起；2—4 第五六学年）

1. 我遵守各地方公共的规则。

2. 我爱护法律赋予公民的自由和权利。

3. 我遵守国家的法律。

4. 我对于应尽的义务不推诿，法定的权利不放弃。

（二十五）中国公民是爱国爱群的（1—3 第一二学年起；4—5 第三四学年起；6—9 第五六学年）

1. 我敬重党旗国旗。

2. 我唱党歌或国歌时，一定立正脱帽。

3. 我听见国旗升落的信号，一定起立致敬。

4. 我爱用本国货。

5. 我尊重校徽。

6. 我爱护名胜古迹和纪念物。

7. 我爱护自己的学校和团体。

8. 我愿意牺牲自己，保护国家的一切主权。

9. 我常常看报，留心公众的事情。

（二十六）中国公民是拥护公理的（1—3 第一二学年起；4—5 第三四学

年起;5—9 第五六学年)

1. 我反对大欺小、强欺弱、许多人欺少数人。

2. 我扶助被欺侮的人。

3. 我反抗强暴的人。

4. 我立誓抵抗欺压我们的敌国或敌人。

5. 我同情于被暴力压迫的人们和国家。

6. 我赞成为大众谋利益的团体和国家。

7. 我赞成促进世界安全的集团。

8. 我反对利己害人的一切阴谋。

9. 我对任何人、任何国都平等看待。

第四条　实施方法要点

一、公民训练的实施,须根据如下原则:

1. 全校行政设施,环境布置,应按照训练目标,直接间接以改造儿童全部生活为目的。关于卫生的设备,尤须特别注意。

2. 各科教材和教法,应尽量地根据纲要条目,以谋培育儿童的公民理想,养成儿童的公民习惯。

3. 全体职教员,共负训练的责任,应随时随地注意儿童的各种活动,直接间接引用规律和各条目,指导儿童遵守。

4. 训练用的材料,各校得根据情境,酌量减少活用,或竟将最重要的条目,备先实施。但不得用教科书,并不得督责儿童记忆条文。又条目的条文,反面的禁止,往往比正面的指示警劝而有力,无须勉强修改。

5. 训练儿童的方法:应注重间接的和积极的指导,并注重实践和考查;教师须以身作则,常与家庭密切联络。

二、公民训练的实施,须按照如下的程序:

1. 各校应设一公民训练委员会,共同议定公民训练的组织系统和公民训练的具体方法。全体教员,都须参加。凡不满四级的小学,得由教导会议主持训练事宜。

2. 各校在每学期开始时,应将训练条目,依各年级分别印成小册或活页,分发儿童,使儿童明了本学期内应该注意的事项,常常对照反省。

3. 各级在每学期开始时,应指导儿童组织"级会";全校各级级会,联合组织"校会"。各级级会，得分总务、卫生、艺术、交际等组；校会得设巡警团、小医院、卫生队、报社、图书馆、体育场、公园、俱乐部、合作社等各机关。级会校会，仿地方自治组织或保甲组织，都无不可。如果仿保甲组织，都可以以每个儿童为一户，自为户长；每十人或八九人为一甲，甲设甲长；每级为一保，保设保长；合全校为一乡或一镇，设乡长或镇长；以便集团活动，并可互相策动。

4. 各教员对于儿童智力、体格、兴趣、家庭状况、社会环境，与公民训练有关系的，应在学期开始时及平日，定期举行精密的检验和调查。

5. 各级及全校应定期举行团体训练。以每日十分钟的晨会或夕会为主。除此之外，每周的纪念周或周会，一学期内的各种纪念会及其他集会，都可举行团体训练。各种团体训练，应分别训练事项和训练方式，以使变化多面效率大。

6. 全校或分部应分期举行恳亲会、母姊会，或邀请家长参加纪念周和其他集会，或引导家长参观学校各项设施和儿童的集团活动。各教员对于家庭，并应随时访问，或通讯商讨，或邀请面谈。实施公民训练，须与家庭充分联络，方能收效。

7. 各教员对于儿童的公民实践，应随时及分期纠正、考查、记载、统计，将考查结果于学期终了时填入成绩表，报告家庭。

8. 公民训练委员会于学期终了时，应检查本学期实施状况及其效率，研究利弊的原因，拟据改进计划，以为下学期实施方案的张本。

三、公民训练的实施，须采用如下的方法：

1. 训练规律就是行为的规范，要使儿童一切行为合乎规范，必须在实际的情境里实施训练。如果没有实际的情境可以利用，也得假设实际的情景。训练条目有些已经标明情境，或在某时，或在某地，应有某种行为；教员应提示利用这些实际情境，随机指导儿童实践；有些未曾标明情境，教员应提示各种常见的重要情境，以实践的方法指导儿童。

2. 训练条目中有一部分是理想；许多条目所根据的要目，可说是原理，也是理想。理想的训练：第一应用归纳的方法，儿童在许多实际的情境里，经验了许多特殊的行为，而后可以觉悟到一个综合的理想；第二应培养儿童的情操，情操可以支配行为，例如如果能使儿童有为人必须"诚实"的情操，那就能够依据诚实的要目，推用到各种需要诚实的情境上去，不但只能在某種情景中,实践某一个标目了。

3. 训练条目中有一部分是能力。能力的训练方法,可分三个步骤:先分析某能力必须包含几种基本的能力,次诊察儿童身体的和心理的程度,而后按照儿童程度施行渐进的训练。例如"我阅读迅速",要求阅读迅速,必须经过多年的训练,逐渐具备各种阅读的基本能力,再综合而成"阅读迅速"的能力。

4. 训练条目中有一部分是习惯。范式例行性质的特殊行为,自以养成为宜。习惯的训练方法可分五步:分析、示范、试做、纠正及练习。例如"我关门很轻",可分析为把握门把儿、推上、旋转门把儿等几个动作。示范之后,儿童试做。如有错误,设法纠正。复杂的动作,须经满意的反复练习,方成习惯。而于练习的时候,或养成习惯以后,不可偶有例外,以致尽弃前功。

5. 公共的训练,应利用团体生活的方式,借重社会制裁的力量,故当让儿童做主体,而不当由教员做主体。例如举行中心训练,让儿童讲故事、表演、讨论、订公约(与儿童共同拟定并商定实行的方法)等等。又如举行清洁、勉学、秩序等比赛,当以一组一团或一级为团体单位。较高年级,应随时训练儿童调查并判断自己各种团体组织及社会环境中各种事业的优点和劣点,并计划如何改进。又应酌量各年级儿童的能力,随时使儿童参加社会活动。如灭蝇运动、大扫除运动、户口调查等,以发展社会的意识,练习社会的服务。

6. 个别的训练比公共的训练尤为重要。公共的训练,往往侧重普遍的原理;个别的训练,可以指示实际的情境,提供特殊的建议(一般所谓顽劣儿童,尤当受个别的训练)。训练开始时,当先探究错误行为发生的原因。用调查法,以研究儿童生前和生后的历史、特殊的习惯和兴趣、父母的健康状态、家庭经济和家庭教育,以及邻里情形。用体格检查法,以研究儿童的身长、体重、体力、早熟以及各种缺陷、疾病。用心理检查法,以研究儿童的智力、听觉、视觉,以及精神平衡等状态。次考察校内情形以及当时情境,或足以影响儿童发生错误行为。明白了原因,才可予以相当的矫治或训练。

7. 避灾练习。如避火灾、避盗窃、避空袭、避毒气等;救护练习,如各种急救法的练习;警备练习,如站岗、侦查、报信等,应当时时施行。

8. 健康检查,如每日一次的清洁检查,每月一次的身高体重测量,每年一次的健康总检查或总比赛等,都得设计举行,以为有力的公共训练。童子军课程，有许多可以作公共训练和个别训练的资料，也应充分采用。

9. 公民训练考查法，可分两种：一由教员考查，一由儿童考查。教员考查可从几方面着手，平日随时考查记载，参考其他记载，征求其他教员报告，听取儿童间的舆论，询问家长的意见。儿童考查，重在反省；或按期做报告，或随时记反省表，或共同批评讨论，或受公民测练。教员记载表、儿童报告单、反省表，以及公民测验等，得由各校斟酌情形自行拟订。

（选自《幼稚园小学课程标准》，商务印书馆发行）

后　记

　　本书是在博士后出站研究报告的基础上经反复修改而成。

　　八年前的秋天,我从华东师范大学获得博士学位后进入位于西子湖畔的浙江大学教育学博士后流动站工作,主要从事现代学校课程演变历史的专题研究。合作导师田正平教授正是该领域在国内外享有较高知名度的中国近现代教育史学专家。

　　坦率地讲,从事这样一个具有挑战性的研究课题对于一位非科班出身的我来说其难度之大是很容易想象到的。所谓"非科班"有两层含义:一是我没有经历过教育学科的本科专业学习;二是我缺乏史学方面的学术训练经历。因此,要在短时间内迅速补上相关课程谈何容易。一想到治学道路前面可能遭遇到的困难,我不由在心里打起了退堂鼓。这一切对于一向十分自信且从不服输的我来说,实在显得有些匪夷所思。

　　然而,幸运之神的箭偏偏射中了我。在我快要跨入但还没真正意义上进入专门从事教育学研究的学术之门时,我有幸遇到两位具有不同学术风格、在不同学术领域、又深受中西文化不同背景影响的恩师指点迷津,使我能够较快地成为教育学研究的入门者。

　　首先,我要感谢我的博士生导师钟启泉教授。在三年的博士生学习阶段,钟老师以国际比较研究的宽阔学术视野、敏锐的问题意识、自由的学术研讨风格深深地影响了我的学术气质。印象尤其深刻的是,在申请博士学位论文的开题报告中,由于研究还未深入展开,我仅仅谈了选题的意义就得到先生的默许。这种典型的"怎样做都行"的后现代思想,其实让我明白一个朴素的道理:真正的消极自由就是为你准备了一次自我负责的机会。学术自由的背后同时隐藏着学术研究主体的自律和自主。

　　其次,我从内心深处感激我的合作导师田正平教授。八年前的一个初夏,当我通过 e-mail 向田老师发出真诚的请求时,他在刚刚从教育学院院长位置退下来的办公室约见了我，田老师慈父般的叮嘱、温软和气的话语以及不时递给我擦去汗水的纸巾的那般细心，让一直在毕业前夕劳碌奔波的我一下子有了回家的感觉。这一刻，虽然没有现代先进录影设备的记录，但是，它已经被定格于我对老师深深的感激和绵绵的祝福之中。

进站后不久，由于工作和家庭的原因，我通过人才引进进入杭州师范大学工作。这时不可避免地出现了工研矛盾，但是田老师考虑到我的具体情况，同意转为在职继续从事博士后研究。同时，他并没有因此而放松对我提出的学术训练要求。相反，经常在电话中不厌其烦地询问研究的进度。

四年的时间很快过去了，按照博士后工作进程和管理要求，这段时间是长了一些。但是对于我个人求学意义而言，一生中可能属于最后一次的阶段性学习经历却是如此短暂。当我惴惴不安地把博士后研究报告的初稿亲手交给田老师的时候，一种如释重负的感觉还没有经历太久，很快又被先生拽入下一轮的颠覆式修改和完善之中。尽管现在拿出的第四稿仍然存在不少瑕疵，但是，在我们经历反反复复的对话和讨论之后，我不得不被田老师扎实的史料功底、厚重的历史底蕴以及严谨的治学态度深深地折服。他的认真、细心和敬业已经融入到我们珍贵的师生情谊中并一代一代地传承下去。如果说，身为教师，在我的学生眼中，我也算得上认真的话，这同样要归功于老师潜移默化的身教，以及默默无闻的无私奉献与治学之路的探赜索隐。

在博士后流动站工作期间，我还要感谢浙江大学教育学院原常务副院长周谷平教授，浙江大学教育学院副院长刘正伟教授，浙江大学教育学院肖朗教授、刘力教授、盛群力教授、张文军博士和刘徽博士。无论是对开题报告提出的专业建议，还是在论文撰写期间给予的细微关心与支持，我从内心深处对你们致以诚挚的谢意。

我也十分感谢家人在我博士后工作期间给予的理解、支持和鼓励，这是我最终能够坚持下来的重要原因之一，同时，也是我追求教育学术志业发展不竭的动力和源泉。

本书在撰写过程中援引了大量关于中国近现代史研究的文献及成果，有力推动了我国公民教育思想及公民课程演进历史背景的研究，在此对于广大同仁的知识贡献表示衷心的感谢。

最后，我要再次感谢浙江大学教育学院副院长刘正伟教授，在他的关切和督促之下，对本书初稿的框架和体例做了较大幅度的修订和调整，并将本书收于由他主编的《课程政策与课程史研究丛书》中，在此真诚地感谢刘老师的建议和提携。

本书的出版与山东教育出版社一直以来对教育科学研究的支持是分不开的，责任编辑对书稿提出了专业、细致的修改建议，从书名的拟定，版式结构的调整，部分引文的核实，到与本研究相关的一些学术术语的商榷等等，无不浸润着其认真、较真和求真的专业精神。在此一并致以诚挚的谢意。

岳刚德

二〇一〇年四月二十九日初稿

二〇一一年十一月十九日修改

二〇一二年八月二十八日定稿

二〇一四年六月四日黎明时分修订

于杭州西子湖畔